广东省教育厅广州学协同创新发展中心
广东省普通高校人文社科重点研究基地
广东省高校“城市综合发展决策咨询团队”
广州市新型智库建设试点

研究成果

涂成林 主 编

The Essays of Cantonology

(2019,Vol.1, Issue 5)

当代广州学评论

（2019年第1辑 · 总第5辑）

社会科学文献出版社
SOCIAL SCIENCES ACADEMIC PRESS (CHINA)

学术委员会

（按姓氏拼音字母排序）

发刊词

当今世界，国际的竞争往往表现为城市间的竞争，而城市间的竞争最终是“以文化论输赢”。故此，自第二次世界大战以后，以城市为研究对象的各种学科不断涌现，并逐渐从特色城市研究（如敦煌学、延安学）过渡到对重点城市的综合性研究。于是，以国际知名城市或特色城市为研究对象，深入城市的历史脉络和现实问题，试图构建一门综合性学科的尝试，在国内外不同城市和地域迅速展开。国际上出现了“伦敦学”“东京学”“巴黎学”等学科研究，国内则有“北京学”“上海学”“杭州学”“武汉学”“成都学”“泉州学”等方兴未艾，渐成声势，并推出了不少研究成果。

然而，当我们反观广州这个具有 2200 多年历史的城市时，却别有一番滋味在心头。作为长期雄踞国内综合实力第三位的国家重要中心城市和历史文化名城，海内外学界对广州的研究虽然汗牛充栋，但直到前些年仍鲜有人提出研究“广州学”的明确倡议，也很少见“广州学”研究的具体成果。这不仅与广州当下在国内的总体实力和城市地位不相称，也与广州自秦代以来一直是华南地区中心城市和综合门户城市的地位不相称，更与广州作为岭南文化中心地、近现代革命策源地、改革开放前沿地、海上丝绸之路发祥地的地位不相称。可见，在当前国际竞争格局、城市发展趋势和广州转型升级的大背景下，开辟“广州学”的研究领域不仅必要，而且及时。

值得欣慰的是，广州在 2200 多年的发展历史中虽然城市定位与功能多有变化，但其作为商贸中心的地位一直没有变化，这使得广州在中国对外商贸、对外交流中始终占有一席之地。因此，如果我们以“Canton”为关键词搜索海外研究广州的资料和成果，就会发现关于广州的史料和研究卷帙浩繁，不胜枚举，特别是近 400 年来国际学术界不乏研究广州的高端成果。这些研究成果再加上国内千年以来特别是近现代学界广州研究的丰硕成果，不仅为“广州学”的研究奠定了坚实的基础，而且为“广州学”的成熟确立了国际视野，开启了“广州学”无限发展的可能。

因此，就有了研究“广州学”的倡议和探索，就有了“广州学协同创新发展中心”的制度建构与安排，它将扭转和改进当下广州研究中研究机构条块分割、专家学者各自为战、研究成果重叠分散的现状，从学科高度和学术框架来统摄广州研究的不同方面，并遵循严谨的学术态度对广州发展的历史和现实问题研究进行系统的梳理和规划。

因此，就有了“广州学论坛”的举办，就有了《当代广州学评论》的诞生，它将作为“广州学”协同创新的公共平台，汇集海内外“广州学”研究的专家学者，兼容并蓄，博采众长，努力汇聚和传播“广州学”的最新研究成果，打造“广州学”研究的高端学术品牌。

衷心期望海内外学者关注和参与，让我们共同见证《当代广州学评论》的发轫、成长和成熟。

《当代广州学评论》编辑部

2015 年 10 月

目 录 Contents

学科前沿

广府文化研究

海上丝路研究

广州学与城市形象

城市专题研究

史海钩沉

学科前沿

广州学：当代城市研究的学术镜像

涂成林*

摘要： 城市研究需要在学科建制和方法论意义上有更为深入的拓展，广州学可以作为其镜像。在研究的展开上，城市研究可以分为专业、个案和综合三个维度，在广州学的研究中则从城市过往的记忆、当下的感知、未来的构想三个层面展开。城市研究的未来建构应从学科建设的内外建制、理论与实践的无缝对接、本土化的坚守与国际化的拓展、学者与学术共同体的成熟四个方面进行深度和广度的拓展。

关键词： 城市研究　广州学　方法论　学术镜像

城市研究是人文社会科学的前沿领域。围绕具体城市而展开的研究，在不同的学术维度中可以形成彼此契合的对话空间和学科领域，这早已为东京学、纽约学、北京学、上海学等学科的建立所证明。而从针对一个城市的研究出发，可以将这一场肇端于20世纪初期的区域主义运动在当代学科建设与学术研究之中的内涵与外延加以呈现。本文尝试以广州学为例，将其作为当代城市研究的学术镜像，力图通过讨论学术界近年来对“广州学”这一学科领域的具体建构过程，为城市研究的深度和广度拓展提供思路、范例与批评。

一　当代城市研究的多个维度

从传统学科体系来看，当代城市研究是一个典型的跨学科领域，如关

* 涂成林，博士研究生导师，二级研究员，广东省广州学协同创新发展中心负责人，主要研究领域为马克思主义哲学与文化批评、科学学与科技政策、城市综合发展等。

于城市史、城市文化、城市经济、市民政治等，这种视角可以被称为“专业的维度”。而针对城市的讨论，显然早已超出这种带有特定学科立场和方法的视角，显现出多维度并存的研究局面。大致来说，当代城市研究至少有以下三种维度，可以供不同学科背景者切入“城市”研究。

（一）专业的维度

这一维度是从传统学科体系切入对城市的观察。其研究历时最久，由经济、社会、政治、文化、历史等诸多学科合力对城市进行开拓性研究，形成了研究当代城市的重要文献基础。但值得指出的是，从专业维度讨论城市往往不以城市为核心，其视野更为广阔，只是例证不可避免地涉及城市。比如马克思讨论资本主义的萌芽而不得不涉及伦敦，美国学者彭慕兰讨论农业而不得不涉及北京。可是，晚近以来，这种研究愈发专注于城市，显现出城市自身在传统学科领域中的特殊地位。典型者如从政治经济学角度考察城市的著名的美国学者大卫·哈维，其研究开篇即明确指出：“我将只讨论城市化的资本主义形式，因为我接受这样一种观点，即资本主义生产模式下的‘城市’有其特定的含义。”①

（二）个案的维度

这是针对关于城市的具体个案展开的分析。这种研究自新史学或称“新文化史”的研究方法兴起以来，就具有颇为重要的学术地位。这种研究的基础是地方性知识的合法性得到确认，并随着人类学兴起而成为显学，其多是针对城市中发生的具体事件、具体年代、具体人物所展开的讨论。例如，美国圣路易斯华盛顿大学马钊关于20世纪40年代北京青年男女交际纠纷的研究、加拿大多伦多大学孟悦关于19世纪30年代至20世纪初上海繁华景象的研究，都属此类。②

（三）综合的维度

这是对城市化进程在21世纪以来于信息化技术手段下逐渐加快而形成

---

① 〔美〕大卫·哈维：《资本的城市化：资本主义城市化的历史与理论研究》，董慧译，苏州大学出版社，2017，第1页。

② 载杨念群主编《新史学：感觉·图像·叙事》第一卷，中华书局，2007，第251~330页。

的研究新取向。它的出现是为了适应当前城市发展的新需求、新趋势，为了解答城市在当代出现的新问题、新困境而不得不进行的视野拓展和技术综合。例如，关于创意城市、智慧城市、海绵城市、全球城市的研究，都离不开人文社会，乃至工程学、信息学等多个学科。而不同学科的涉及，乃是围绕关于城市发展的同一问题所展开的，这是它与专业维度的不同之处。

二　广州学维度的城市学术镜像

大体来说，上述三种研究维度，大致是关于城市学发展的研究方法论递进过程。早期关注城市的学者，多是从专业背景进入的，而在20世纪中后期随着区域主义而兴起的人类学视野，则可能多关注个案。晚近以来，由于技术的推进，上述两种研究都有统合进“综合维度”的趋势。从这个角度来反思广州学的学术建构，可以看到一种关于城市学术想象的展开，往往也包括了三个层面，即过往的记忆、当下的感知、未来的构想。这与城市学本身的研究方法演进形成对照。

从关于城市研究的历史记忆来说，广州学研究，一方面依托《广州大典》这个千卷典籍，寻求城市发展的历史、文化记忆；另一方面通过广州2000年城市对外交流史，以“Canton”为关键词搜寻西方海量的历史研究文献，实现对广州的贯通古今、洞悉中外的历史、文化理解和阐释。

就前者而言，广州市有关方面多年前就开始立项资助“《广州大典》研究专项”，取得了一系列明显的研究成果；就后者而言，广州大学广州学协同创新发展中心已经立项推出《广州学译丛》，精心搜罗国际上关于广州研究的权威资料并付梓出版，自当产生积极的国际文化学术交流效应。

而针对城市研究的当下感知来说，广州学研究，一方面坚守城市研究的现实取向和文化追求，致力于打造广州城市的文化品牌，利用学者的研究聚焦和成果，推出《广州学研究丛书》《广州学·广州万象丛书》《当代广州学评论》等；另一方面又关注和研究广州城市发展的现实问题，推出“广州蓝皮书”系列和“决策内参”系列。这种兼顾学理与应用的研究，旨在通过历史与现实、经济与文化的对接和兼容，来提升广州城市整体发展的竞争力和影响力。

从关于城市研究的未来想象来看，广州学研究致力于协同创新平台建设和体制机制创新，以期展示广州学对城市研究的可持续发展能力。这大体包括以下三个方面：一是通过广州学协同创新发展中心、广州学与广州大典研究会及其他系列平台，构建可持续发展能力，形成一种“深耕机制”；二是打造广州学国际论坛及相应学术论坛，通过制度化的学术交流建构可持续发展能力；三是建构人才引进和人才培养机制，依托多途径的人才队伍（包括高校、科研机构、政府政策研究部门、群团组织等），形成广州学人才梯队，打造广州学研究的人才可持续发展能力。

三　城市研究的广度与深度拓展

广州学是当代城市研究的代表之一，但有关其发展历程的研究并不能代表城市研究的全部。自后现代思潮流行以来，以地方性知识为象征的具体城市研究，才是城市学作为一个整体学科命名的全部内涵。而以广州学的发展为镜像，综合东京学、伦敦学、北京学、上海学乃至泉州学、温州学等学科的已有成果，可以展望未来城市研究在广度与深度两个方面的拓展。简要而言，至少有以下四个方面值得深思。

（一）学科建设的内外建制

城市研究虽然有时也被称为“城市学”，但这一学科式的命名并没有进入经典学科规范体系，也不在国务院学位办学科目录之列。这是因为很难将各地情况不一的“某某（城市）学”综合成一门完整的学科，“城市学”这样的命名有架空之嫌。因此，转而深耕某个具体城市的学科研究，是当代城市研究的有效路径。而这一路径是需要在学科建设内外进行多重合力的。也就是说，除了高校本身的学科建制（如专业院系、学位方向的建立等）努力之外，还需要学科建设之外有相关建制，比如探索建立地方学的研究会、图书馆等公共文化机构，以及与地方政府政策制定部门的充分、有效沟通机制建立等。

（二）理论与实践的无缝对接

之所以需要学科建设之外的建制，是因为在问题取向、综合研究成为城市研究主要维度的当下，缺乏实践基础的讨论很难具有理论反思价值。无论在服务国民经济，还是推进社会进步领域，城市研究都应该倡导有理论高度的“接地气”。而倡导“理论与实践相结合”，这看似老生常谈，实则有更为深远的学术意义。就城市研究而言，在该领域比较专注实践的是城市规划等工科研究，而相比之下，其对人文社科理论的关切就显得颇为不足。如果能够通过强化问题意识，促进工科与人文社会科学的深入对话，其实是强调理论与实践无缝对接的学科关怀，也是学术社会意义的实际显现。

（三）本土化的坚守与国际化的拓展

城市是普遍的，也是具体的。说它是普遍的，是因为城市化进程是人类发展的整体趋向，而其结果则是全球关注城市，因为全球人口多半生活在城市。说它是具体的，则是因为没有一个人生活在抽象的城市概念里，我们都是在某个或某几个有限的具体城市中落脚、安家。前者决定了城市研究必然有国际化取向，因此需要在更为广阔的视野中来反思具体的城市，同时要承接人类文明交流史上更为深厚、丰富的文化成果来支撑具体的城市，如海外对“Canton”的认知演变；而后者则意味着我们讨论城市问题仍需要从在地关怀出发，在将具体问题普遍化的同时，把普遍理论具体化。这是当前城市研究亟须拓展的两个方向，从而为其学科建设积累各种资源。

（四）学者与学术共同体的成熟

自现代学科分类体系建立以来，我们长期在某个经典学科内学习、工作，学者身上的学科标签往往已经根深蒂固，既有的学术“地盘”也都各自划出疆界，突破不易。但城市的发展，尤其中国城市的发展日新月异，围绕相关问题展开研究的学者也日渐增多，更遑论学者早已指出，“恋地情结”（Topophilia）乃人类共有的精神现象。[①] 在此基础上，经过相关学科和学术平台建设，推进研究人才和学术共同体的形成，已在进程之中，而就我国城市研究发展现状来看，这一进程实有加快之必要。

---

① 〔美〕段义孚：《恋地情结》，志丞、刘苏译，商务印书馆，2017，第136页。

以广州学的建构为镜像，确实可以看出当前我国城市研究的一些成绩、问题与方法、路径，但无论如何，更为深远的讨论仍有待更多有识之士的参与。因为，毕竟我们将长久地生活在城市，我们也都期待“城市让生活更美好”。

广州学研究的地方特色与全球共性

包海山*

摘要： 粤港澳大湾区除具有开放的经济结构、高效的资源配置、强大的集聚外溢功能和发达的国际交往网络等一般湾区经济特征之外，最大的特点是“一国两制”的制度对接与融合的优势。粤港澳大湾区是全世界唯一“一区两制”一体化融合发展的地方。这对全球经济社会文化生态一体化融合发展以及构建人类命运共同体，都具有极其重要而深远的现实意义和历史意义。地方特色与全球共性是辩证统一的关系。无论是地方学还是全球学，都应该从不同的角度，研究全局性、根本性的问题。当我们把人类作为一个“类主体”，用全球性坐标来审视世界时，就会对全球治理、构建人类命运共同体等有更全面、更深刻的理解。

关键词： 广州学　全球学　融合发展

一　鄂尔多斯学与广州学的交流合作

近年来，广州学学者与鄂尔多斯学学者都重视相互交流与合作。广州学研究者参加在鄂尔多斯举办的“地方学的应用与创新座谈会”“中国地方学研究交流暨鄂尔多斯学学术座谈会”等，并提交相关论文，例如李明华的《关于广州学的整体文化背景与个体文化体验》、梁达平的《城市学、地方学及鄂尔多斯学的兴起与发展》、广州市文史研究馆的《广州学的研究概况、理论探讨及学科建设——广州学理论与实践调查报告》等。鄂尔多斯学研究者也积极参加近几年的“广州学与城市学地方学学术报告会”，笔者

* 包海山，鄂尔多斯学研究会副会长，草野思想库副理事长，主要研究地方学。

连续几年提交《地方学遵循同一规律来协同发展》《地方学研究的个性与共性》《中国学共融点与地方学协同发展》《解放思想是改革开放之魂——地方学融合发展促进人类命运共同体的构建》等系列文章。

广州学研究者与鄂尔多斯学研究者在北京学、杭州学、扬州学等其他地方学学术研讨会上也相遇和交流。广州学研究是开放的、包容的，因而能够吸引更多的研究者。在当地，广州市人民政府文史研究馆、广州市人民政府参事室、广州大学广州学协同创新发展中心、广东省广州学协同创新发展中心、广州大学广州发展研究院、广州市广州学与广州大典研究会等积极参与到广州学的研究中。广州学不仅是与广州市每个人的利益和发展相关的综合性学科，也是与全球一体化融合发展相关的系统性学科，希望广州之外的专家学者与我们共同研究广州学。

鄂尔多斯学与广州学交流合作是为了共同探索地方学的客观规律。恩格斯指出："历史进程是受内在的一般规律支配的。……在表面上是偶然性在起作用的地方，这种偶然性始终是受内部的隐蔽着的规律支配的，而问题只是在于发现这些规律。"[①] 只有发现、认识和揭示了某种必然规律，才能形成某种学科知识体系，例如数学、物理学等都揭示了定律，构建地方学学科体系也是如此。

在地方学中，每个"地方"都有鲜明特色，而学科知识体系所揭示的是不受地域局限、不以人的意志为转移的"在本质上是同一的"客观规律。邓小平曾指出："我坚信，世界上赞成马克思主义的人会多起来的，因为马克思主义是科学。它运用历史唯物主义揭示了人类社会发展的规律。"[②] 马克思所揭示的人类社会发展规律，也是每个地方社会发展的规律。例如，鄂尔多斯经济、社会、文化、生态发展的规律是客观存在，无论从鄂尔多斯学、广州学还是从中国学、全球学的角度来研究，本体论层次上的客观规律本身不会改变，所改变的只是探索和揭示规律的视野和格局，只是看在什么样的历史背景和社会环境中来研究，只是探寻鄂尔多斯与各个地方乃至整个世界的内在必然联系。各地构建和应用综合性系统性学科知识体系的意义，一方面是通过各个地方学之间的广泛交流、协同创新、融合发

① 《马克思恩格斯选集》第四卷，人民出版社，1995，第 247 页。

② 《邓小平文选》第三卷，人民出版社，1993，第 382 页。

展，凝聚更多的智慧，整合更多的资源，共同探索和揭示在本质上是同一的客观规律；另一方面是把通过共同探索和揭示在本质上是同一的客观规律所构建的综合性系统性学科知识体系，应用于各个地方经济、社会、文化、生态一体化融合发展。

二 广州学研究的地方特色

地方特色包括很多内容，例如特有的地形地貌、自然环境、民间习俗、民族风情等，而在顺应时代潮流的一体化融合发展中的特殊表现，也可以形成地方特色。2018 年是我国改革开放 40 周年。广东是改革开放的排头兵、先行地、实验区，也由此形成了广东改革开放的地方特色，换句话说，改革开放在广东这个地方更有特色。

习近平主席在博鳌亚洲论坛 2018 年年会开幕式上的主旨演讲中指出："1978 年，在邓小平先生倡导下，以中共十一届三中全会为标志，中国开启了改革开放历史征程。"他说：40 年来，中国人民坚持立足国情、放眼世界，既强调独立自主、自力更生，又注重对外开放、合作共赢，既坚持社会主义制度，又坚持社会主义市场经济改革方向。40 年来，中国人民坚持对外开放基本国策，打开国门搞建设，成功实现从封闭半封闭到全方位开放的伟大转折。今天，中国人民完全可以自豪地说，改革开放这场中国的第二次革命，不仅深刻改变了中国，也深刻影响了世界！①

改革开放深刻改变了中国，特别是深刻改变了中国人的思想观念；也深刻影响了世界，特别是在与国际接轨中逐渐形成开放包容、合作共赢的发展理念。例如发展市场经济和实现一国两制，这是具有全球影响力的系统性工程。

1. 市场经济

建立具有中国特色的社会主义市场经济体制，把社会主义与市场经济结合起来，这是中国改革开放的重要成果。中国改革开放总设计师邓小平认为，市场经济是发展经济的有效工具，资本主义可以用，社会主义也可

① 《习近平出席博鳌亚洲论坛 2018 年年会开幕式并发表主旨演讲》，新华网，http://www.xinhuanet.com/world/2018-04/10/c_1122660064.htm，2018 年 4 月 10 日。

以用。根据邓小平的“南方谈话”，党的十四大正式确立了“社会主义市场经济”的概念。社会主义市场经济的确立给中国带来前所未有的改革开放动力。

市场经济最基本的特征是生产力和生产关系具有资本属性。资本主义和社会主义都可以建立市场经济，是因为都存在资本。资本是人类共同创造出来的，资本的各种社会职能都是人类所共同赋予的，而且只有社会全体成员在生产、分配、消费各个环节共同参与，资本才能动起来。

恩格斯认为马克思有“两个伟大的发现”，一是辩证唯物主义历史观，二是彻底弄清了资本和劳动的关系，而“资本和劳动的关系，是我们全部现代社会体系所围绕旋转的轴心”。他说：“由于这些发现，社会主义变成了科学，现在首先要做的是对这门科学的一切细节和联系做出进一步的探讨。”①

新时代马克思主义理论中国化的创新发展，使党的领导作为政治力量和组织资源，能够对资本和劳动同时发挥重要作用。因此，需要对组织和资本的关系、组织和劳动的关系以及由此发生系统性变化的资本和劳动的新型关系等一切细节和联系做进一步的探讨，从而增强道路自信、理论自信、制度自信、文化自信。可以说，有组织的市场经济是新时代中国特色社会主义经济特征。

党的十九大报告指出：“中国特色社会主义最本质的特征是中国共产党领导，中国特色社会主义制度的最大优势是中国共产党领导。”正是这种本质特征和最大优势，成为构建新时代中国特色社会主义市场经济的政治力量和组织资源。这种政治力量和组织资源作为第三方出现，就能够打破在无组织的市场经济中，资本对劳动的支配和奴役，从而使组织、资本、劳动形成三个支点，在有组织的市场经济中形成某种新的平衡，实现新的转型发展，从根本上改变当代全部社会体系所赖以旋转的轴心的构成要素和旋转方式。正是中国改革开放以及进入新时代的社会实践，为马克思主义中国化的创新发展奠定了坚实基础。

2. “一国两制”

因为资本主义和社会主义都有市场经济，都存在资本关系，这是相同

① 《马克思恩格斯选集》第三卷，人民出版社，1995，第 589 页。

的基础，所以“一国两制”乃至全球两制一体化融合发展成为可能，甚至是必然。

邓小平先生曾经在《一个国家，两种制度》中指出：“‘一个国家，两种制度’的构想是我们从中国自己的情况提出来的，而现在已成为国际上注意的问题了。……世界上一系列争端都面临着用和平方式来解决还是用非和平方式来解决的问题。总得找出个办法来。新问题就得用新办法来解决。香港问题的成功解决，这个事例可能为国际上许多问题的解决提供一些有益的线索。”① 他说：“改革开放迈不开步子，不敢闯，说来说去就是怕资本主义的东西多了，走了资本主义道路。要害是姓‘资’还是姓‘社’的问题。判断的标准，应该主要是看是否有利于发展社会主义社会的生产力，是否有利于增强社会主义国家的综合国力，是否有利于提高人民的生活水平。……总之，社会主义要赢得与资本主义相比较的优势，就必须大胆吸收和借鉴人类社会创造的一切文明成果，吸收和借鉴当今世界各国包括资本主义发达国家的一切反映现代社会化生产规律的先进经营方式、管理方法。”② “一国两制”，特别是全球两制一体化融合发展，有利于吸收和借鉴人类社会创造的一切文明成果，有利于吸收和借鉴当今世界各国一切反映现代社会化生产规律的先进经营方式、管理方法。改革开放的影响力是全局性、系统性的，例如“一国两制”以及粤港澳大湾区建设是一脉相承的改革开放的重大成果。

2017 年 7 月 1 日，在国家主席习近平见证下，国家发改委、广东省、香港特别行政区、澳门特别行政区签署了《深化粤港澳合作推进大湾区建设框架协议》。按照协议，粤港澳三地将在中央有关部门支持下，完善创新合作机制，促进互利共赢合作关系，共同将粤港澳大湾区打造成国际一流湾区和世界级城市群。

粤港澳大湾区除了具有开放的经济结构、高效的资源配置、强大的集聚外溢功能和发达的国际交往网络等一般湾区经济特征之外，最大的特点是“一国两制”的制度对接与融合的优势，是全世界唯一“一区两制”一体化融合发展的地方。这对“一国两制”“一球两制”的融合发展具有启示

① 《邓小平文选》第三卷，人民出版社，1993，第 59 页。
② 《邓小平文选》第三卷，人民出版社，1993，第 372~373 页。

和推动作用，对全球经济、社会、文化、生态一体化融合发展以及构建人类命运共同体，都具有极其重要而深远的现实意义和历史意义。以全球视野来看，“一区两制”一体化融合发展，或许是粤港澳大湾区最大的地方特色，而广州市作为广东省政治经济文化中心发挥着特殊的重要作用。

中国进入新时代，中国人将以更加自信的姿态融入世界，走向未来。习近平指出：“中国人民的成功实践昭示世人，通向现代化的道路不止一条，只要找准正确方向、驰而不息，条条大路通罗马。”“面向未来，我们要相互尊重、平等相待，坚持和平共处五项原则，尊重各国自主选择的社会制度和发展道路。”①

殊途同归，无论是资本主义还是各具特色的社会主义，最终都会共同实现科学社会主义。在这个发展过程中，相互尊重、平等相待非常重要。这既包括世界各国尊重中国自主选择的中国特色社会主义的社会制度和发展道路，也包括中国尊重世界各国自主选择资本主义的社会制度和发展道路。

三　地方学与全球学的融合发展

地方学是系统性学科体系，而系统性是相对而言的，即一个巨系统包含了所有的系统。粤港澳大湾区城市群包括广州、深圳、珠海、佛山、惠州、东莞、中山、江门、肇庆 9 市以及香港、澳门两个特别行政区。其中，广州、香港、澳门都有系统性的城市学或地方学，即广州学、香港学、澳门学。然而，对于粤港澳大湾区城市群一体化融合发展来说，广州学、香港学、澳门学就不再具有独立的系统性，而是一个更大系统的组成部分。对于“岭南学”来说，广州学、潮州学、香港学、澳门学以及广西桂学、海南学等，也只是其中的组成部分。中山大学中文系吴承学在《“岭南学”刍议》中认为：从“岭南文化研究”到“岭南学”，不仅是量的增加还应该有质的变化。“岭南学”应该是一门包容性强的专门学问，有理论性、系统性，是一个完整的、方法性强的研究体系。未来“岭南学”的内涵与外延

① 《开放共创繁荣　创新引领未来——习近平在博鳌亚洲论坛 2018 年年会开幕式上的主旨演讲》，人民出版社，2018。

必将得到丰富和扩展，生发出更多的学术生长点，使这门学科更加丰富和活跃。

对于每个地方来说，能不能构建新的系统性学科知识体系，就看能不能在同一个主题和目标下实现多学科的有效整合，形成一个有机整体，达到某种共融状态。多学科的有效整合需要跨学科研究，包括跨地域应用的各学科，以及各地方学之间的跨学科研究。而“去学科”是跨学科的最高境界。跨学科与去学科是对立统一的辩证关系，就像在地感与全球化、世界每个地方与地球自然村、地方学与全球学都是对立统一的辩证关系。形式上的去学科，实质上则是构建新的学科，是在更大的系统内形成一个新的共融的有机整体。去学科也包含着去复杂化，就是发现并且抓住最基本规律与现实问题之间的最近、最直接的联系，从而更有效地解决问题。从广州学、岭南学到中国学、全球学可以看到这种发展趋势。总之，在道生一、一生二、二生三、三生万物的演化中，在万物层面会出现万种学科；而在人法地、地法天、天法道、道法自然的回归中，在一个巨系统内达到去学科的境界，就会形成一个新的共融的有机整体。

无论是地方学还是全球学，最终所揭示的是人类社会发展的客观规律。中国政法大学全球化与全球问题研究所所长蔡拓在《全球学与地方学的发展离不开人类文明的大道》中认为：无论是全球学还是地方学，都离不开人类文明的大道，而人类文明的大道，就是人类文明的普遍性。全球学是以全球化为时代和学科背景，探索世界的整体性联系和人类作为一个类主体的发展特点、进程与趋势的新兴综合性学科。在全球化时代，不仅要从中国看世界，更要学会从世界看中国。全球学就是试图突破传统的、习惯上的思维局限，用另一种新坐标来审视世界，解释世界，并用以指导人类的实践。蔡拓在《全球学导论》中认为，全球性是指以人类为主体，以全球为舞台，以人类共同利益与价值为依归所体现出的人类作为一个类主体所具有的整体性、共同性、公共性新质与特征。[①]

当我们把人类作为一个“类主体”，用全球性坐标来审视世界，就会对全球治理、构建人类命运共同体等有更全面、更深刻的理解。习近平指出：“中国人民将继续与世界同行、为人类做出更大贡献，坚定不移走和平发展

① 蔡拓等：《全球学导论》，北京大学出版社，2015，第487页。

道路，积极发展全球伙伴关系，坚定支持多边主义，积极参与推动全球治理体系变革，构建新型国际关系，推动构建人类命运共同体。”① 这是必然的发展趋势。

形成人类命运共同体，有其客观规律。马克思说：“规模不断扩大的劳动过程的协作形式日益发展，科学日益被自觉地应用于技术方面，土地日益被有计划地利用，劳动资料日益转化为只能共同使用的劳动资料，一切生产资料因作为结合的、社会的劳动的生产资料使用而日益节省，各国人民日益被卷入世界市场网。”② 从解决商品社会全球性根本性问题来看，马克思说：“劳动的解放既不是一个地方的问题，也不是一个国家的问题，而是涉及存在现代社会的一切国家的社会问题，它的解决有赖于最先进各国在实践上和理论上的合作。”③

无论是地方学还是全球学，都应该从不同的角度，研究全局性、根本性的问题。当“资本和劳动的关系，是我们全部现代社会体系所围绕旋转的轴心”时，从劳动即人的角度来看，未来社会的基本原则是实现每个人的全面而自由发展，而只有在利益和命运共同体中才能实现个人的全面而自由发展；从资本的角度来看，社会总资本具有不断高度集中的必然规律，而社会资本高度集中的背后是人类智慧的有效整合。那么，人类命运共同体与高度集中的社会总资本之间的关系，将会发生什么样的实质性变化？怎样使资本主义、各具特色的社会主义向科学社会主义平稳自然地转型发展？这将是马克思理论创新发展的重要内容，而探寻其必然规律，也应该是跨学科的综合性、系统性的地方学、全球学研究的重要内容，而且由于有相同的根本性的研究内容，地方学与全球学能够协同创新、融合发展。

---

① 《开放共创繁荣　创新引领未来——习近平在博鳌亚洲论坛 2018 年年会开幕式上的主旨演讲》，人民出版社，2018。

② 《马克思恩格斯选集》第二卷，人民出版社，1995，第 268 页。

③ 《马克思恩格斯选集》第二卷，人民出版社，1995，第 609 页。

广州学是跨地域空间的学术研究*

刘介民**

摘要： 以往的学术研究更多重视时间维度的探索，空间意识较为薄弱。当前的人文社会科学研究发生“空间转向”，人们开始关注地域的结构特征和空间意蕴的阐释。时间和空间是人类思考的两种基本维度。“空间转向”对于人文社会科学研究的影响是全方位的。包括各个学科、各个领域都开始关注空间问题。

关键词： 广州学　地域空间　广府文化

把空间视角引入地方文化研究，不仅有望突破地域文化研究局限于时间维度的传统模式，而且会给地域研究和跨学科建设注入新的活力。广州大学推出的广府文化系列书目，如王丽英的《道教与岭南俗信关系研究》（2014），耿淑艳的《岭南古代小说史》（2015），刘介民的《广府民俗艺术审美》（2016）等都是以岭南或广州地方作为研究对象，都是以地域命名的地方性学术著作。不同的地理环境和时空孕育了各具特色的地域文化。这些地域文化既有差别，又具有一些共同特征。“作为一门地方学，它就是一个地区长期形成的有自己独特特征、自成体系、有自身发展规律的专门学问”。[①] 学术意义的“广州学”不同于传统“岭南学”。广州学研究对象面向多维空间，包括历史、社会与文化，关注广州当下经济社会发展中的人、事、物。深化地域文化研究、开发，打造具有鲜明地区特色的地区文化品牌，更好地为经济社会服务。

---

* 本文为广府文化研究中心、广东省教育厅创新团队项目（项目编号：2016wcxtd010）。

** 刘介民，广州大学人文学院中文系教授，从事比较文学、民俗艺术和文学批评研究。

① 陈育宁：《再说鄂尔多斯学》，宁夏人民出版社，2009。

一 地方文化的文化特征

一方水土孕育一方文化，一方文化影响一方经济，造就一方社会。不同个性特质、各具鲜明特色的地域文化，不同社会结构和发展水平的地域自然地理环境、民俗风情习惯、政治经济条件，孕育了不同特质、各具特色的地域文化，从广州学角度研究地域文化的情况和变化，既可分析其静态，也可考察其动态。这样，文化活动的社会现象就像一个场，地域中的人不是一个而是一群。广州学概括了这个群的活动场，因此兼论时空的地域学研究才更有意义。地域文化研究与一般的文化专题研究不同，它的显著特点是既关注当下地域文化的形态，也关注地域文化传统，更重视地域文化性格和地域文化精神的研究。地域文化与现代文化交相辉映。

首先在于地方文化具有明显的地域性。一个地区与另一个地区在文化形态上不同，一地有一地的特点，如汉文化、中原文化、荆楚文化、岭南文化等。其次，地域文化形成过程的长期性。中华民族文化形成，经历了几千年的历史，各地的文化形态也在几千年的演化中形成各自的特点。一个地区历史遗存越多，它的地域文化就越发达。再次，地域文化具有相互渗透和包容性。任何形态的事物都不可能孤立存在，各地人群的相互流动，自然使文化习俗互相渗透，互相影响。最后，地域文化表现形式的广泛性。作为大概念意义上的文化，它包含了从社会意识形态到生产生活的各个层面，不同地域的人，其生产、生活、习俗、语言都表现出与别处的不一样。

基于以上思考，研究地域文化，既要立足于所研究的地域，又不能局限于所研究的地域；既要研究它的地域特点，又要研究它与相近地域文化的关联。广州学既要研究作为“百越”“南越”“闽越蜀”诸族群时期的文化，研究它的历史渊源，又要研究其现时的表现形式；既要研究其表象的狭义文化形式，又要研究其深层次的、全方位的、决定与指导意识形态的文化内核。

首先，地方学是对“三种文化”现象的研究。研究历史文化人物的文化实践及文化成果，称为“名人故里文化”和“名人遗迹文化”；研究以一个地方为文化背景，或是反映该地域社会生活的文化成果，即“社会集群文化”。其次，对一个地方丰富的历史古文化，即“古文化遗存”研究，如古文化遗址考证，原始社会遗址研究，故城遗址、古墓葬研究，古文物研究等。再次，对广大人民群众丰富多彩的社会文化生活及社会文化现象，即“大众民间文化”研究。各地方均有自己的文化瑰宝，如古地方音乐、古民间绘画、古地方戏曲、古地方歌舞等。从次，对一个地方的古建筑、古农业、古商业、古生态、古生物、古气候等研究。这是一种精神化了的“物质形态文化”。最后，对一个地方的“文化现象”研究。地方文化是中华文化历史的缩影。对一个地方的“文化形态”研究，要深化对地域优秀传统文化的挖掘、研究，做好文化遗产的保护、开发。

二　地方学的研究视角

地球上的生物是有领域的，作为高等生物的人类更是有自己的领域。国家有国家的领域，称作疆域；几个国家结盟，有结盟体的空间领域。国家内的地区，如行政区、省（邦、州）区、市（城、镇、郊）域；再小，则村有村界，户有房基地，都是带有领域感的地域空间。从物化的空间可以衍生出抽象的哲学领域、文化领域、思维领域、专业领域。这种从一定的地域空间到思想文化之间的双向互动，古已有之。作为文化思维的产物：文字记述的书、以图形与符号描绘的地图，都反映着作者创作时代的领域感，也就是说，对它们的研究和使用，不能只留意以时间角度为重的史料价值而忽视写作人的空间感。从历史的角度来说，一种文化不能被看作一个民族聚居区或者一个封闭的场，而应被看作一个综合体和一种碰撞的产物。每个民族的历史与文化发展都与一个动态的过程分不开，这个过程包括民族的迁移，不同文化的接触，相互影响以及由此所产生的改变。在某些历史时期中，不同民族居住地区的合并，以及民族特质的融合，逐渐使各种影响融为一种明确的文化特征。探察古代人类交流的道路，阐明不同地域的文化曾经是如何交往，血缘与族缘的影响如何逐步让位于地缘和其他因素的影响，都是当前人类应该追索、研究的问题。欲弄清以上涉及地域空间的问题，如若没有历史地理学者的参与，给出完满的解答，是很难想象的。

研究对象是界定一门学问或学科的重要依据，也是一门学科赖以构建的主体和核心。“一个地方构成‘学’要具备‘四有’，即有自身独特特征的研究对象，有自成体系的研究内容，有其自身发展脉络和规律，有相应的理论知识和研究方法等，可称为地方学的四要素。”① 这一论述说明，地方学是把研究某一具有特定文化意义的区域作为自身的研究内容，实际上是把有某种共同文化背景的“地域”视作地方学的研究范围。其实，当今不断创立的诸如“北京学”“泉州学”“上海学”等，它们虽然以“地方”作为本学说的研究对象，但是从一座城市的形成与发展分析，它往往体现了一个区域的文化现象，只不过城市成为一个特定地域文化的缩影。由此可见，地方学中的地方，它既是行政区划意义上的地方管理的概念，也是一个特定区域的集合体。也就是说，当今地方学实际研究的视角，多数是以地域为研究对象。

无比灿烂的中华民族文化，汇聚成地方学，带有相当强烈的人文因素影响。人们说，“人间处处皆学问”。地方学研究的四个视角：一是分布研究，不是仅仅画出地图，而是以文化和历史的地域分布为基础提出问题，考察地域性的变化，注意不同文化、历史的前锋接触。二是流传轨迹研究，考察文化学者和历史学家及作品、风格的流传路径。在时空结合的背景下考察人的行为和文化历史的动态。三是定点研究，考察一时期或长时期内一个文化历史流派的集中发展地点。四是传播研究，传播研究的对象可以是全国传播轨迹的风格、流派，同一事件或同一结构在不同地域中重复出现或形成的模式。但是，由于地方有大小层级之分，有优劣等次之别，因次地方文化具有地方差异性的特点。

要准确地为广州学定位。一门学科之所以确立，要具备完整的学术形态和区别于相邻学科的自身独有的特征。在广东，客家学创立在先，潮学亦成气候。广州是广东主体，广东官话也就是广州方言。谭元亨在《广府寻根》中，专门列了一章“广府学的框架”，并认为打造广州学，建立广州的理论，深化广州文化的研究责无旁贷。

一门学说如果研究内容缺少系统性，从严格意义上讲就不能构成学说。一个地方要构建地方学，最重要的是要有系统化的研究对象。借鉴研讨已有的地方学研究思路，立足地方学系统化地思考。地方学要具备系统的环

---

① 奇朝鲁：《地方学四要素》，《鄂尔多斯学研究》2014 年第 1 期。

境，它的研究内容主要有两种思考。一种思考是将一个地方从古至今的综合体作为研究对象。这种思路虽然与史志研究方式存在差异，但是其字里行间显现出它们之间有很强的关联。另一种思考是把某一领域或某几个方面作为地方学的研究对象，把特色和个性作为地方学的研究重点，具有显著的地域特色。古时候，以黄河流域为天下之称的“中国”，其与“中土”“中原”“中夏”“中华”都是中国人民对自己祖国的共同称谓。在民间，也不乏这样的认知。“一方水土养育一方人”就是人们从地域、环境和生活在这个地域的人的角度，呈现出人们的生存方式不同、思想观念不同、文化性格特征不同等关联特征。

三　建构广州学的必要与可能

地方学是以研究地区历史文化、人文活动、生态环境为对象的学科间的综合学问，是一个跨越自然科学和人文科学的综合性学科。长期以来，学界将叙述历史作为以“时间性”为主要特征的活动，传统上以叙述历史事件作为研究的出发点。近年来，空间成为地方学叙事历史研究的重要维度，如果忽略故事发生的场地空间，以及事件在结构上的空间特性，这种研究就是有所欠缺的。跨地域空间的文化学术研究是地方学的重要领域。借鉴其他学科的空间研究成果，不仅能矫正传统的时间线性思维，进一步拓展历史学研究空间，而且能为跨媒介、跨学科的历史学研究提供契机和新视角；同时，历史学对空间的关注和研究也会影响其他学科，实现学科之间的交流互鉴。史学界对世家大族兴衰的考察，尤其留意到大族迁徙的空间轨迹，“地区独特的地理环境造就了其所具有的独特性”。这种涉及地域空间和“地缘政治”的概念和分析方法，使其研究成果以较新的视野在史学界获得了首肯而被看重。

例如，广州学是颇有学术见地且有重要意义的，这可能是将一般意义上的广州文化研究提升到新的学术高度的一种努力，也可能是广州文化研究在经过较长时间的学术积累和学术史反思之后进行新探索、寻求新发展的一种表征，也有可能带来广州文化与学术研究的一次显著进步。

（一）文化背景和文化基础

研究广州，一定要考虑它的文化背景和文化基础。广州是全国第一批历史文化名城之一，建城有 2200 多年的历史。历史上，秦始皇派任嚣、赵佗率兵南下收复岭南，那个时候就有了番禺（广州）。一座城市有 2200 多年的历史，这在中国是不多见的。广州这个城市，历史上文化昌盛、名人荟萃，所以我们今天研究广州学，有非常好的基础。对于广州的研究，我们曾经归纳出四个“地”的概念。

第一个“地”，广州是岭南文化的中心地。岭南文化作为一种地域文化形式，从广府开始发源。以广州为核心的广府文化，覆盖所有说粤语的地区，这些地区都是广州学的研究范围。

第二个“地”，广州是海上丝绸之路的发祥地。关于这个问题，广州学者同泉州的专家有一些意见分歧。现在全国很多地方都在争海上丝绸之路发源地，泉州走得快一些，比广州走得快，他们很早就建了海上丝绸之路博物馆。现在宁波、徐闻以及其他地方都说自己是海上丝绸之路的发祥地，笔者认为可以几个地方联合一起向联合国申报世界文化遗产。

第三个“地”，广州是近现代革命的策源地。大家知道辛亥革命的策源地在广州，广州有孙中山活动的很多遗址，有大元帅府。涉及近现代革命，还有黄埔军校、农民运动讲习所的旧址、北伐军的大本营等，这些都是近现代革命的见证。

第四个“地”，广州是改革开放的前沿地。这一点大家都比较了解，就是 40 年来广州一直在改革开放的前沿，这是按照中央的部署，率先进行各个领域的改革。①

用四个“地”的描述来表达广州这座城市的历史、现在和未来。

关于地方学的学科与学问的关系，笔者感到目前不光是广州学做学科不够，做学问也还不够。地方学和地方志不一样，地方志的研究主要是收集整理、核实、记录地方的历史资料。地方学主要是开展研究，纵论古今，是可以穿越的，从古代穿越到现在都是可以的。它是以思想和理论的成果

---

① 左鹏军：《建构“岭南学”之必要与可能》，《华南师范大学学报》（社会科学版）2008 年第 8 期。

为现实服务的。对广州来讲，研究广州学主要是从城市定位来看这个问题。

（二）建构广州学之可能

近年来地域文化研究有明显的再兴之势，如京派文化、海派文化、湖湘文化、巴蜀文化、滇黔文化等。广州学具有与上述诸学同样的价值，是地域文化与学术寻求突破、深入发展的愿望和体现。广州学的提出，与当下的文化建设目标和发展方向相一致，具有广泛的社会文化价值。任何一个地方的社会文化建设与发展都离不开富有地方特色和学理依据的人文学术支撑。历史经验证明，缺少了丰富文化品格、深厚文化底蕴的时代精神总是苍白无力、不能持久的。人文学术正是以其无用之大用对社会发展和历史进步做出贡献。广州学的提出实际上与广州地区当下和今后的发展进步关系密切。它也必将承担起社会文化建设与发展的使命，其意义不仅是纯学术的，也应当具有更加广泛的社会文化价值。因此，从学术建设和文化发展的角度看，建构广州学是必要的。

从学科建设、学术发展和当下文化进程的角度看，建构广州学是必要的。笔者认为，提出广州学概念并对之进行有效的理论阐发与实践探索，以及进行学科建构的努力是值得的。有着较为充分的学理依据的学科概念的提出，往往是一个新学术领域被开拓和认同的起点，也往往反映了学术研究的一般规律和逻辑进程。岭南学概念的提出就具有这样的标志性意义。广州学的提出，反映了广州文化研究的学术进展与内在要求，主要呈现出两种趋势，一是分门别类日益精细，二是学科交叉融通综合。现代学术发展的这种趋势既在一些方面与中国传统学术相异，又在一些方面与之相同。

（三）广州学核心的综合性

广州学核心的正统文化立场及价值判断是广州人对自己所处地理位置和文化位置的一种由不情愿到情愿，甚至自得地带有文化立场意味的表述。广州学从他者到自我的文化含义与意味的变迁是复杂漫长的，千百年来其行政区划多有变化、错综复杂。但是它所指称的广府地区的地理范围的轮廓总是清晰的。广州学主要是以人文学术为核心的多种学科的集合，是一个以人文学科为核心的具有开放性特点的综合性学科。最理想的境界是达到古今融通、中西合璧的境界，实现传统方法与现代方法的完美结合。也就是说，广州学的理论和方法应当具有开放兼容的特点和更新进取的机制，这是保持其学术生命力和学术价值的重要条件。从学科建设与学术发展应当具备的基本条件来看，建构广州学是可能的。还需要说明，广州学的提出既是基于先辈与时贤的研究和理论思考，也是当下学术机缘和文化环境的触发，目前主要还是一种学术构想，尚处于探索和建构的初始阶段；专门学科意义上的广州学的正式确立还需要多方面长时间的努力。

广州一直是华南地区的中心城市，要考虑如何站在历史和现实结合的高度，来实现其辐射带动作用。比如，广州的制造业要做“高端控制”，要做上游，做研发，做总部，做自主品牌，至于加工、配套、零配件，可以转移到周边地区，带动周边地区发展。从地方学角度看，关于广州的研究还有很大的空间，它不同于广州历史、广州经济、广州社会、广州文化等具体学科的研究，广州学是一门综合性的研究，时间维度是纵贯古今，空间维度是跨越各界，功能维度是学术价值与对策应用并举。在这些方面，广州学学者还要向各地的同行学习，把研究推向深入。

人文社会科学研究在发生“空间转向”，文化研究应积极广泛地吸收和借鉴其他学科的相关理论成果。空间研究应该积极做出各种尝试，比如运用地理学和文化学的理论知识，推进文化地理学建设；鉴于文学与政治之间的复杂关系，可以运用政治空间理论观照一些文学问题；也可用有关经济空间理论来透视某些文学现象；而对我国这样一个多民族国家来说，运用民族空间结构理论来观照我国的多民族文学，意义更是显而易见。

将空间视角引入地方学研究，有望催生地方文化研究新的增长点。回顾以往文化传统的时候，人们通常易于关注时间维度，而忽略了空间维度。实际上，空间的展开本身也是一个重要的时间衍生过程。从空间角度思考文化，地方学找到了一个新的角度，对拓展文化研究空间和催生文化研究新的增长点具有重要意义。

从《杨良瑶神道碑》看广州学的学科研究

钟昌斌*

摘要：《杨良瑶神道碑》是1984年在陕西省咸阳市泾阳县发现的一通记载着大唐宦官杨良瑶生平历史的神道碑，其中关于他从广州出使黑衣大食的碑石文献曾震惊了当时的考古界。本文从碑石记载杨良瑶与广州有关的事件，特别是他从广州出发出使黑衣大食的历史事件着眼，以一个古代内陆地区的人的视角，探讨了构建广州学与广州学研究的相关问题。

关键词：杨良瑶神道碑　广州学　文物研究

“广州学”是在21世纪学科格局中提出来的新学科，一些学者认为，保存了4000多种广州地方文献的《广州大典》是“广州学”的基础，这说明“《广州大典》作为‘广州学’文献基础的重要意义”①。实际上，任何一门地方学，都建构在地方文化典籍之上，只不过，地方文化典籍可能随着时间的推移，特别是随着考古发掘的逐步推进，会在不少方面取得新的发现。1984年4月，陕西省咸阳市泾阳县文物工作者，在田野文物调查时，在当时扫宋乡（2002年后并入云阳镇）大、小户杨村附近发现了一通大唐石碑，2014年10月26日，一位农民在田间劳作时，又挖到了完整龟形石座。该碑首高85.5厘米，碑头篆额“唐故杨府君神道之碑”九字，三行，每行三字。碑身高189.5厘米；上部宽93.5厘米，下部宽102.5厘米，碑石石座长为1.5米左右、宽1米左右。碑的正面镌刻行书碑文，记叙了“唐故右三军僻仗、太中大夫、行内侍省内给事，赐紫金鱼袋、上柱国、弘农县开国男、食邑三百户”等杨良瑶的家族渊源和生平事迹。《唐故杨府君神

*　钟昌斌，地方文化学者，中国巴山文化研究会会长。

①　涂成林：《当代广州学评论》，社会科学文献出版社，2017，第6页。

道之碑》（见图 1），即本文称之为《杨良瑶神道碑》，这一通出土于远在广州千里之外的内陆陕西的石碑，弥足珍贵之处在于它总计 2689 字，其中有 303 字记载了杨良瑶这位不见于正史文献的航海下西洋的外交使节的出使故事，比郑和下西洋的时间提前了 620 年，这颠覆了“郑和是中国下西洋第一人”的历史学界共识，在当时考古界引起一片哗然。那么，这 303 个字直接记录杨良瑶从广州出发，出使黑衣大食①的历史文献，对我们今天构建“广州学”带来什么样的思考，本文围绕这个问题进行探讨。

图 1　唐故杨府君神道之碑

① 黑衣大食为古代阿拉伯帝国的第二个世袭王朝，史称阿拔斯王朝，定都巴格达，存续时间为 750~1258 年，中国史书称黑衣大食。

一 《杨良瑶神道碑》是一通记载着大唐宦官杨良瑶与广州相关的碑石文献，它对广州学研究具有重要的价值

文献积累“可能成为学科发展的新生长点”①，出土于唐朝京畿地区的《杨良瑶神道碑》作为记载大唐四朝元老杨良瑶率兵平定战乱、担任外交使节出使黑衣大食等人生经历的文献，特别是有关杨良瑶在广州的重要记载，为我们构建“广州学”提供了一个新的思考切入点。

（一）与一个地方相关联的人物成为地方学研究的重要对象，《杨良瑶神道碑》记载着大唐宦官杨良瑶与广州的关系，使他成为广州学人物研究的重要对象

“地方学”是对“特定地域空间内的生态环境、经济方式、社会构成、文化传统与文化现象等诸方面进行综合研究的学问”②，而一个地方的政治、经济、文化、生态的变化发展，都与生活、工作在这里的人有着紧密的关系。广州，早在新石器时代先民们就在这里从事渔猎和原始农业活动。周朝，中原人开始南迁，并给岭南人带来了北方的文化和文明。关于“仙人献穗福临羊城”的传说，说的是在周朝时期，广州连年灾荒，南海的天空出现五朵彩色祥云，五位仙人身穿五色彩衣，分别骑着不同毛色、口衔稻穗的仙羊，降临广州。仙人把优良的稻穗赠给了广州人，并祝愿这一地区永无饥荒，祝罢仙人腾空飞逝，五只仙羊化为石羊留在广州山坡。从此，广州就有了“五羊城”“穗城”“羊城”的美称，这表现出广州人对广州未来发展的美好期盼。在东汉章帝与和帝两朝期间，在朝廷任议郎的杨孚，广州番禺下渡村（今属海珠区新滘镇）人，性格耿直、不攀附权贵。在和帝即位之初欲出兵攻打匈奴的情况下，杨孚提出对边疆少数民族应用文治，不宜妄动干戈。东汉永元十二年杨孚上疏整顿吏治，倡导以廉为标

① 涂成林：《当代广州学评论》，社会科学文献出版社，2017，第6页。

② 张妙弟等：《地方学与地方文化——理论建设与人才培养学术研讨会论文集2012》，知识产权出版社，2012，第41页。

准，以孝治天下，其许多政治主张对当时的政治生态产生了重要影响。杨孚任临海太守期间，著有《临海水土志》，成为岭南文化的开拓者，这说明广州人杨孚对岭南文化建设做出了突出贡献。在晋朝，吴修任广州刺史时，传说有五仙骑五羊背着五谷来到广州州治的厅堂上，吴修将五仙人像绘于厅堂之上，以为祥瑞。据说现今广州惠福西路的五仙观就是五仙降临之地，广州人在此为纪念五仙人专门修建了五仙观，在大殿内还有五仙和五羊的塑像。在今五仙观东侧，还有一块巨大的似脚印状的红砂岩凹石，被称为“仙人拇迹”，可见，吴修对广州政治经济、社会文化产生了重要影响。20 世纪 80 年代，在远隔数千里之外的内陆地区陕西，出土的《杨良瑶神道碑》，记载了朝廷命官杨良瑶曾经到广州处理有关政务的事情，他“复命至于广府，会叛军煞将，凶徒阻兵，哥舒晃因纵狼心，将邀王命，承公以剑求表，上闻公山立嶷然，不可夺志，事解归阙，时望翕然。至十二年，迁宫闱令”。碑文是说晋大历八年，杨良瑶在广州时，遇上循州（海丰）刺史哥舒晃叛乱，杀了广州刺史兼岭南节度使吕崇贲，杨良瑶“公山立嶷然，不可夺志”，严词拒绝叛乱。之后，杨良瑶回到京城，他“得到了很高的时誉”[①]。几千年以来，难以计数的广州人以及与广州相关联的人，都为广州的政治经济、社会文化发展做出了重要贡献，都是研究广州学所涉及的对象，记录大唐宦官杨良瑶在广州处理地方叛乱中发生的一段惊险故事的碑石文献，自然会成为我们研究广州那一段历史不可多得的重要史料。

（二）《杨良瑶神道碑》记载了大唐宦官杨良瑶从广州出发出使黑衣大食的有关情况，成为重要历史文献

“碑石在中国古代文化中有着重要的地位。在中国文明的进程中，当甲骨文消泯、金文衰微之际，古人用刀笔赋予冰冷的石头以艺术生命和历史内涵。”[②] 碑石记载着在一定地域发生的重要事件，是地方学考察的重要内容。

《杨良瑶神道碑》记载的大唐外交使者杨良瑶的生平历史，杨良瑶是唐

---

① 荣新江：《丝绸之路与东西文化交流》，北京大学出版社，2015，第 89 页。

② 赵力光：《碑石文化》，《今日中国》（中文版）2003 年第 11 期。

代四朝元老，他曾率兵平定战乱。杨良瑶碑文字里行间都反映着唐代时期社会风貌和民俗风情，记载着他在唐德宗年间率领外交使节团队从广州出发下西洋，到达南亚、中东，抵达黑衣大食等地区的有关事迹，成为我们研究古代广州地区发展的重要文献资料。碑文记载了京畿宦官杨良瑶在唐德宗年间，受皇帝之命，携带唐德宗授予的国书，率领外交使节团队，从广州出发，经马六甲海峡、跨印度洋、到达两河流域的中东，最后抵达黑衣大食。《杨良瑶神道碑》记载杨良瑶从广州下西洋的这一壮举，比中国远洋航海文化具有代表性的人物——明朝的郑和下西洋足足早了620年左右，同时，也说明广州远在唐朝时期在中国对外政治、经济等诸多方面的突出地位。《资治通鉴·唐纪四十一》记载，唐大历十三年十二月“（路）嗣恭初平岭南，献琉璃盘，径九寸，朕（代宗）以为至宝”。有学者认为，“这个从岭南带回京城的琉璃盘，很有可能就是杨良瑶携至的，应当是一件来自海外的珍贵玻璃盘”①。这些研究表明，在唐朝，广州已经成为连接海外与大唐内陆地区商贸最重要的一环。

二 《杨良瑶神道碑》关于杨良瑶出使黑衣大食的记述，为广州学构建出一个基本的学科架构

碑石文献涉及的领域广泛，内涵深邃，在一定程度上反映某一个地区政治、经济、文化等方方面面的历史轨迹，并从多方面达到了证史志之实、补史志之阙、纠史志之谬的作用。因此，对丰富的碑石古籍文献的整理与发掘，不仅在延续和发展民族优秀传统文化上有着重要的作用，同时也为当今地方学研究提供了极其重要的历史资料。在陕西发现的《杨良瑶神道碑》，从一个侧面反映出内陆地区的人们对具有典型海洋文化特点的广州发展历史活动及创造成果所表现出来的精神的一个基本认知，因此，《杨良瑶神道碑》文献，特别是关于杨良瑶一行出使黑衣大食所反映的广州当时在政治经济文化方面的记述，为构建《广州学》提供了一个基本的思想框架，这可以从碑石的有关记载得到证明。

在《杨良瑶神道碑》中，关于他出使黑衣大食的历史事件有这样一段

① 荣新江：《丝绸之路与东西文化交流》，北京大学出版社，2015，第90~91页。

记载：

> 贞元初，既清寇难，天下乂安，四海无波，九译入觐。昔使绝域，西汉难其选；今通区外，皇上思其人。比才类能，非公莫可。以贞元元年四月，赐绯鱼袋，充聘国使于黑衣大食，备判官、内傔，受国信、诏书。奉命遂行，不畏厥远。届乎南海，舍陆登舟。邈尔无惮险之容，懔然有必济之色。义激左右，忠感鬼神。公于是剪髮祭波，指日誓众，遂得阳侯敛浪，屏翳调风，挂帆凌汗漫之空，举棹乘颢淼之气，黑夜则神灯表路，白昼乃仙兽前駈。星霜再周，经过万国，播皇风于异俗，被声教于无垠。往返如期，成命不坠，斯又我公扙忠信之明效也。
>
> 四年六月，转中大夫。七月，封弘农县开国男，食邑三百户。功绩既着，恩宠亦崇；若惊之心，日慎一日。
>
> 十二年，加太中大夫，余如故。

《杨良瑶神道碑》这一段关于杨良瑶出使黑衣大食的记载从以下几个方面为广州学学科构建指引了一条新路径。

第一，稳定的政治经济和社会文化环境是确保一个地方能够承载新的发展功能的关键因素，广州能成为杨良瑶出使黑衣大食的起始站，与当时这里的环境密切相关。杨良瑶出使黑衣大食是大唐一项全新的外交决策，选择在什么地方出发十分关键。晚唐时期，历经动乱的大唐不少城市百废待兴，作为沿海城市的广州，在杜佑的治理下，已经“既清寇难，天下乂安，四海无波，九译入觐”，这里的环境“面貌更新，人知礼仪，而且发展海外贸易，珍稀物品贸迁而来”①。也就是说，当时的广州在安史之乱之后，经过整治，百姓生活在一个祥和安宁的环境之中。过去，黑衣大食虽然与唐王朝长期保持着通使外交关系，但由于受大唐国内动乱的影响，而吐蕃政权也威胁到大唐的安全。不少学者认为，杨良瑶出使黑衣大食，其目的是抵制吐蕃政权给唐王朝西域边疆所造成的军事压力，希望构建一个“北和回纥，南通云南（南诏），西结大食、天竺”，以困吐蕃的外交环境，是在国内政局基本稳定后实施的一个战略。所有这些说明，特定地域要创造

---

① 荣新江：《丝绸之路与东西文化交流》，北京大学出版社，2015，第 89 页。

一定的物质成果，这里的人们必须以其创造出的非物质性精神要素做支撑，两者相辅相成，缺一不可。历史上的广州，能够被杨良瑶选定为出使黑衣大食的出发地，也是基于这样的考虑。

第二，正确的选人用人方式，直接影响到一项决策目标的实现。杨良瑶选择从广州出使黑衣大食并取得成功，证明了大唐选人用人的全面正确。《杨良瑶神道碑》关于出使黑衣大食的记载，阐述了实施这一外交工程的选人用人问题。大唐王朝为了确保出使黑衣大食这一事关朝廷安危的决策能够成功，根据“昔使绝域”的现实需要，通过“比才类能”选拔出来的，这从一个侧面显示出当时选人用人制度的情况。从杨良瑶出使黑衣大食产生的后果来看，杨良瑶“四年六月，转中大夫。七月，封弘农县开国男，食邑三百户。功绩既着，恩宠亦崇；若惊之心，日慎一日。十二年，加太中大夫，余如故”。这种对杨良瑶不断的封赏，足以证明唐德宗选用杨良瑶出使黑衣大食的正确，杨良瑶的不断升迁，更加说明杨良瑶出使黑衣大食取得了让人认同的显著成效。当然，杨良瑶为确保实施这一决策成功，也在广州做出各项努力。

第三，大唐使者出使黑衣大食把广州作为出发地，表明朝廷对广州的政治经济和社会文化的高度关注与认可。在杨良瑶所处的晚唐时期，唐朝为什么要选派他从广州出发出使黑衣大食？从唐高宗永徽二年八月向黑衣大食遣使节朝贡开始，至唐德宗贞元十四年九月最后一次外交使节离唐回国，在 148 年间黑衣大食使节进入唐都长安有 39 次之多。从唐玄宗天宝十一年十二月黑衣大食谢多诃密首次派遣使节来唐，唐王朝授其使节“左金吾卫员外大将军”勋位，到德宗贞元十四年，“以黑衣大食使含嵯、乌鸡（一作焉鸡）、莎比（一作莎北）三人并为中郎将，放还蕃”，亦有 16 次之多。这些都说明，唐朝与黑衣大食有着紧密的外交关系，但在现存的唐代正史文献中，还没有发现有唐王朝正式派遣使节航海下西洋的确切记录。据《杨良瑶神道碑》碑文分析（见图 2），当时年满 50 岁的杨良瑶亲率外交使团，以“聘国使”身份携带判官和国信、诏书，通过海路出使印度洋沿岸南亚、中东国家，其政治目的很可能是与阿拉伯、印度等国建立国际联盟，共同遏制新崛起的吐蕃王朝。《新唐书·大食传》记载：“贞元中，（黑衣大食）与吐蕃为劲敌，番兵大半西御大食，故鲜为边患，其力不足也。”从这可以看出，杨良瑶下西洋的外交活动所产生的重要影响，同时也证明该碑有关派遣杨良瑶一行航海出使黑衣大食的记载作为史学资料弥足珍贵。

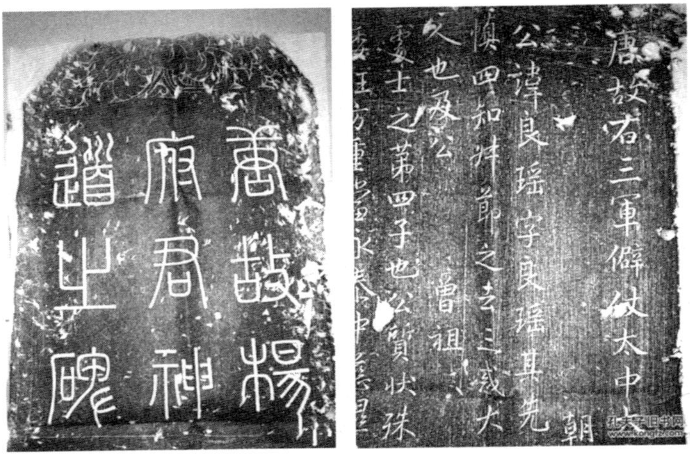

图 2 《杨良瑶神道碑》拓本

第四，碑文对杨良瑶不畏艰辛的精神赞美，是对广州形成的海洋文化精神的全面认同，这为开展广州学研究提供了难得的碑石文献。《杨良瑶神道碑》高度赞扬杨良瑶等出使黑衣大食所展现出的不畏艰辛的精神，认为杨良瑶出使黑衣大食从广州出发可谓“忠感鬼神”的壮举，仔细品味“邈尔无惮险之容，懔然有必济之色”这段文字，不难看出，这是对广州人千百年来所形成的海洋文化精神的总结。当然，《杨良瑶神道碑》关于海洋文化精神的描述，必将成为广州学积极探究海洋文化难能可贵的新文献资料。

第五，对广州地区及海路沿途的人文风情进行了生动描绘，为广州学研究提供了丰富的地域文化资料。走海路就要面对惊涛骇浪，本是不怎么熟悉海洋的内陆人杨良瑶，虽然曾经到过安南（今越南河内），对近海航行有相应的体验，但对于出使黑衣大食这样的远洋航行，他自然知道可能会遇到重重危险。为了这次远航，杨良瑶做足了各方面的准备。特别在精神上，他按照在广东沿海一带渔民出洋捕鱼有剪下头发祭奠海神的习俗，“手指上天，对众发誓，由此，他们得到风平浪静的回报”。这“透露出来的，就是面对海洋，古人必然要用庄严的祭祀活动，来求得上天相助，鬼神帮忙”。“杨良瑶一行的祭祀仪式在哪里举行呢？最有可能的地点，就是广州的南海祠，也叫南海庙。”“唐朝时期的南海神庙，应当就在珠江的岸边，所以杨良瑶一行很可能在祭祀仪式完毕后，就从这里‘舍陆登舟’，扬帆远航了。”① 其实，广东沿海这种祭海习俗，一直流传不断，到了宋代以后，它逐步演变为妈祖朝拜文化。

从对《杨良瑶神道碑》中所蕴涵的地方学思想不难发现，它从内陆地域人的视角，阐述了大唐时期广州政治经济社会文化发展情况，是一份十分难得的广州学研究文献资料。从一定意义上讲，《杨良瑶神道碑》，特别是其中303个字的关于杨良瑶出使黑衣大食的碑文，为今天构建广州学提供了一个基本的学科研究思路，也正是有了这一思路，显示出《杨良瑶神道碑》在推进广州学学科发展中的突出地位。

三 出土于陕西记载大唐时期广州政治经济社会文化的《杨良瑶神道碑》，让人感受到内陆人对广州城市地域文化的一种认识，从内陆人的视角研究广州，可能为推进广州学研究提供一个新视角

《杨良瑶神道碑》发现于陕西地区，内容却涉及远隔数千里的沿海城市广州的碑石，碑文中虽然关于广州的记载不多，但是令人能够从中比较清晰地感受到广州在大唐时期作为最重要的区域中心城市的地位和城市海外贸易功能的价值，这也为广州后来的城市定位与发展可能产生了一定影响。

（一）大唐时期的广州，已经成为国际性商贸大都市，广州在国际经贸中的历史地位成为广州学研究的重点

广州位于广东珠江三角洲北部，濒临南海，为西江、北江、东江三江汇合处。周朝时，楚国派大臣来到这一“百越”人聚居的地方，“百越”归服于楚时称楚庭。周赧王时，在南海之滨筑城，称南武城。秦朝始皇帝三十三年，派任嚣率兵统一岭南，设立南海郡，广州当时称番禺。任嚣任南海郡尉时，筑番禺城，俗称“任嚣城”，这座小城在今广州仓边路旧仓巷一

① 荣新江：《丝绸之路与东西文化交流》，北京大学出版社，2015，第90~91页。

带。汉初，赵佗接管南海郡，吞并附近地区，建立南越国，自立为南越武王，并以番禺为首邑，开始称为广州。此时的广州已经和海外一些国家有了贸易往来。在广州象岗发现的南越文王帝陵墓出土的银盒以及玛瑙、水晶等多种质料首饰，有的就是中亚或南亚的舶来品。这说明，广州在汉朝时期已经成为港口城市，唐朝为岭南道治。在《杨良瑶神道碑》出土之前，张广达先生在《海舶来天方，丝路通大食——中国与阿拉伯世界的历史联系的回顾》中提到："在唐代，确曾横渡印度洋且有姓名可考的中国人有二人。一为达奚弘通，一为杜环。"① 荣新江先生在研究《杨良瑶神道碑》中认为，杨良瑶选择广州作为出使黑衣大食的出发地，就是了解杜环在阿拉伯地区的见闻和他回程所经的海路情况。杜环是在天宝十年随安西四镇节度使高仙芝西征石国（塔什干）在怛罗斯战败被俘，却因此得以从中亚前往阿拉伯世界的核心地区（今伊拉克境内），流寓黑衣大食都城苦法（今伊拉克的 Meshed-ali）等地约十年，在肃宗宝应元年随商舶，经海路回到广州。他记述此行见闻的《经行记》原书已佚，其片段文字保留在他的叔父杜佑所撰《通典》卷一九二、一九三《边防典》中。这些研究说明，在大唐时期，大唐已经与阿拉伯世界进行商贸往来，而"广州也是当时远洋航行船舶的集结地"②。在唐代，以广州这个世界著名的港口为基地，中国的对外贸易范围扩大到南太平洋和印度洋区域诸国。为了加强对外贸易的管理，在这里设置了中国最早的外贸机构和海关"市舶使"，总管对外贸易。另外还有"蕃坊"，供外国商人居住。外国到广州的船，帆飘如云；侨居广州的外商（主要是阿拉伯人）数以万计，最盛时达10万人以上。由此可见，广州是中国古代对外贸易的重要港口。也就是说，研究广州的经贸发展历史规律，将成为广州学最重要的内容。

（二）大唐时期的广州，蓬勃发展的造船业已经成为这座城市重要的标志，典型的航海工业发展成为广州学必须研究的重要内容

从《杨良瑶神道碑》文献不难发现，在大唐时期广州的航海工业已经

① 载周一良《中外文化交流史》，河南人民出版社，1987，第243~302页。

② 荣新江：《丝绸之路与东西文化交流》，北京大学出版社，2015，第88~89页。

发展到很高的水平。从碑文“奉命遂行，不畏厥远。届乎南海，舍陆登舟。邈尔无惮险之容，懔然有必济之色。义激左右，忠感鬼神。公于是剪髪祭波，指日誓众，遂得阳侯敛浪，屏翳调风，挂帆凌汗漫之空，举棹乘颢淼之气，黑夜则神灯表路，白昼乃仙兽前驱”的字里行间，亦可看出大唐时期以造船为代表的航海工业取得的成就。荣新江先生通过对《杨良瑶神道碑》的研究，对广州为什么能作为杨良瑶出使黑衣大食的出发地做出回答，他认为这里发达的经济条件是其中最重要的原因之一。实际上，在杨良瑶一行来到广州的时候，广州在广州刺史、岭南节度使杜佑的治理下，“乃修伍利，开康庄，礼俗以阜，火灾自息，南金象齿，航海贸迁”“导其善利，推以信诚，万船继至，百货错出”[①]。由此可见，这一时期的广州海外贸易之发达。其实，早在天宝七年高僧鉴真在广州的时候就看到广州城外，“江中有婆罗门、波斯、昆仑等舶，不计其数，并载香药、珍宝，积载如山。其舶深六七丈。师子国、大石国、骨唐国、白蛮、赤蛮等往来居（住），种类极多”[②]。著名的阿拉伯学者贾希兹（776~868 年）在其编纂的《商务观察》中开列了从中国输送到巴格达的货物，“有丝绸、瓷器、纸、墨、鞍、剑、香料、麝香、肉桂以及孔雀等等”。伊本·胡尔达兹比赫也列举中国输往阿拉伯世界的商品明目，“计有白绸、彩缯、金花锦（销金缎）、瓷器、麻药、麝香、沉香木、马鞍、貂皮、肉桂等”[③]。这么丰富的海外货物贸易，如果没有强大的航海造船工业作支撑，是难以想象的。据《中国印度见闻录》法译本序言和《印度珍奇志》记载：“波斯湾的商人乘坐中国的大船，才完成他们头几次越过中国南海的航行。”[④] 桑原骘藏在《中国阿拉伯海上交通史》中称：“大食海舶虽然轻快，但较之中国海舶，则不免构造脆弱，形体畸小，抵抗风涛之力不强也。”[⑤] 2007 年，被命名为“南海一号”的一艘南宋沉船在广东阳江附近的海底被整体打捞出水，更加证明我国古代广州等沿海城市造船工业以及航海贸易的发达程度，广州的这种经济现象，自然要成为广州学研究的重要方面。

---

① （唐）权德舆：《杜公淮南遗爱碑铭并序》，载《全唐文》卷四九六，中华书局，1983，第5056 页。

② 载荣新江《丝绸之路与东西文化交流》，北京大学出版社，2015，第 88 页。

③ 载李刚、崔峰《丝绸之路与中西文化交流》，陕西人民出版社，2015，第 71 页。

④ 载荣新江《丝绸之路与东西文化交流》，北京大学出版社，2015，第 88 页。

⑤ 〔日〕桑原骘藏：《中国阿拉伯海上交通史》，冯攸译，商务印书馆，1934，第 119 页。

（三）浓郁的海洋文化将成为广州学研究的重要内容

地方学属于根植于地方文化肥沃土壤之中的综合性学科，《杨良瑶神道碑》关于杨良瑶出使黑衣大食前的准备，用“公于是剪髪祭波，指日誓众，遂得阳侯敛浪，屏翳调风，挂帆凌汗漫之空”寥寥数语，展现出广州与内地农耕文化不同。

广州，地处广东省中南部，北靠珠江三角洲，南临海南，是历史文化古城。从秦朝开始，两千多年来广州一直是华南地区政治、军事、经济、文化和科教中心。特殊的地理位置，形成了独特的区域文化。广州是中国海上丝绸之路的起点，长期担负着中国与西方交流的重要角色。秦汉时期，海上丝绸之路基本形成，三国和隋朝时期得到发展，唐、宋时期进一步繁荣，由于海上贸易的发展，广州的文化深受各种文化影响，形成了具有广州特色的文化风格，这种文化风格，自然成为广州学研究的重要内容。

附：

《唐故杨府君神道之碑》铭文

唐故右三军僻仗、太中大夫、行内侍省内给事，赐紫金鱼袋、上柱国、弘农县开国男、食邑三百户杨公神道碑铭并序

朝请郎、行虔州南康县丞、云骑尉、翰林待诏陆邳撰

承务郎、守郴州司兵参军、云骑尉、翰林待诏赵良裔书

给事郎、守洪州都督府兵曹参军、云骑尉、翰林待诏汤陟篆额

公讳良瑶，字良瑶，其先周宣王子尚父，受封诸阳，寔曰杨侯。晋灭其国，因以为氏。厥后代济勋德，遂为名家。至若王孙以薄葬称，楼船以大功命，敞因谦畏为相，雄由辞赋荣名。洎乎伯起之慎“四知”，叔节之去“三惑”，大鸟集于葬墓，飞鳣降于讲堂。或朱轮十人，或太尉四代，光照两汉，裕垂后昆，氏族源流，远矣盛矣。于是根蒂旁薄，枝叶蕃昌，有望表弘农，有族居天水，则公之先代，本弘农人也。

及公曾祖，为唐元功臣，官至云麾将军、右威卫中郎将，以功多赏厚，赐业云阳，至今家焉。遂为京兆人矣。

祖怀贞，皇许州别驾。

考彦昱，处士，高标世利，处士园林，公即处士之第四子也。

公质状殊观，心灵独立，气概感激，慑于时流。少以节义为志行，长以忠勇为己任，故得入为内养，侍玉墀以承恩；出使外方，将天命而布泽。累经试效，益着功劳；诚素既彰，委任方重。

当永泰中，慈、隰等州狼山部落首领塌实力，继章掠众，聚兵逼胁州县，不顾王命，恣行剽劫，虔刘晋郊之士庶，震骇虢略之封疆。于时两河初平，四远犹耸，朝廷难于动众，皇上姑务安人。遂遣中使刘崇进衔命招抚，以公为判官。崇进畏懦而莫前，公乃愤发而独往，口宣恩德，气激凶顽，遂使天威挫其铓，皇泽流其骨髓，莫不交臂屈膝，弃甲投弓，革面回心，稽颡受诏。既而复命，阙下大惬，圣衷有诏赐禄，仍授文林郎、行内侍省掖庭局监作。由是恩顾稠迭，委任频繁，奉使必适于所难，临事未尝有不当，是用东西南北，匪遑止宁；险阻艰危，备尝之矣。

大历六年，加朝议郎、宫闱局丞，守职不渝，在公无替；昼日三接，风雨一心；天颜不违，圣眷斯至。当信重之际，罔敢告劳；安梯航之心，何远不届。遂奉使安南宣慰，降雨露于荒外，委忠信于洪波。往返无疑，匪僭程度；复命至于广府，会叛军煞将，凶徒阻兵，哥舒晃因纵狼心，将邀王命，承公以剑求表，上闻公山立巍然，不可夺志，事解归阙，时望翕然。至十二年，迁宫闱令。内官式叙，中禁肃清，由公是拜也。洎建中末，遇銮舆顺动，随驾奉天，勤劳匪躬，始终一致。

兴元初，天未悔祸，蛇豕横途。皇上轸念于苍生，臣下未遑于定策。公乃感激出涕，请使西戎，乞师而旋，遮寇以进，覆武功之群盗，清盩厔之前途，风云奔从而遂多，山川指程而无拥。兴元既得以軠跸，渭桥因得以立功，再造寰区，不改旧物，繄我公乞师之力也。其年二月，迁内侍省内给事。六月，加朝散大夫。此例骤迁，盖赏劳矣。

贞元初，既清寇难，天下乂安，四海无波，九译入觐。昔使绝域，西汉难其选；今通区外，皇上思其人。比才类能，非公莫可。以贞元元年四月，赐绯鱼袋，充聘国使于黑衣大食，备判官、内傔，受国信、诏书。奉命遂行，不畏厥远。届乎南海，舍陆登舟。邈尔无惮险之容，懔然有必济之色。义激左右，忠感鬼神。公于是剪发祭波，指日誓众，遂得阳侯敛浪，屏翳调风，挂帆凌汗漫之空，举棹乘颢淼之气，黑夜则神灯表路，白昼乃仙兽前驱。星霜再周，经过万国，播皇风于异俗，被声教于无垠。往返如期，成命不坠，斯又我公扙忠信之明效也。

四年六月，转中大夫。七月，封弘农县开国男，食邑三百户。功绩既着，恩宠亦崇；若惊之心，日慎一日。

十二年，加太中大夫，余如故。

十四年春，德宗虔虔孝思，陵寝是恤，将复修葺，再难其人。必求恪恭，祇奉于事。唯公惬旨，受命而行，夙夜在公，日月匪懈。不改经制，惜费省劳。焕乎咸新，无乖睿约。及乎卒事，议功莫俦，以其年八月，赐紫金鱼袋、判、傔等，并加绿绶。非例也，特恩及之。其后贵主亲王，监护丧葬，圣情念切者，必委于公。至于以劳受赐，金帛纷纶，亦不可备纪矣。

十五年，陈、许节使云正，淮西承衅而动，剽掠阳翟，攻逼许昌，汝洛惊惶，关东大恐，天下激发二十万师，韩全义统之，且挠戎律。国家难于易帅，议者知必无功。时，德宗皇帝负扆兴叹，凝旒轸虑，思安东都宗庙，念济河洛苍生，是用命公监东都畿、汝州军事。闻命而三军增气，戾止而百姓咸宁。公知韩全义无才，乌合众难用，淮西城小而固，遐迩易动难安，遂思远图，独出奇策，使押衙东惟悟孙白身志和深觇寇情，观衅而返，乃具所谋画，遽献表章，请缓天诛，许其悔过。当皇威未霁，事寝莫行。及全义大崩，诏用前计。遂申恩舍罪，罢讨息人。公乃居安虑危，处否思泰，复请完城聚谷，缮甲理兵，用简易而渐谋，不日月而功就，化怯懦为勇健，变藩篱为金汤。于是远近获安，道路斯泰，皆公之尽力竭忠经略所致也。

至永贞元年，以事既宁辑，恋阙诚深，恳请归朝，供侍近密。夏五月，以本官领右三军僻仗。公素积威望，久着勋庸，警跸诚严，中外悦服。千官以之加敬，九重以之益深。日出彤庭而臣下朝萧，月闲清禁而天子夜安。国朝之环拱得人，于斯为盛。

公以躬勤之故，衰朽易侵，心神秏消，体皃瘽瘠，疾生而医药不救，善积而命运奈何，寒热内攻，风露外迫，遂至不起，呜呼痛哉！以元和元年秋七月廿二日，终于辅兴里之私第，享年七十有一。

皇上轸悼，士庶同悲。以其年十月十四日，归葬于云阳县龙云乡之原，顺其先志。盖以公之仲弟忠武将军良彩、季弟游击将军光晖、夫人彭城郡君刘氏，皆先公而终，坟墓所在，则临终之日，思及平生，友爱念深，遗命不忘之故也。

公自至德年中，入为内养；永泰之岁，出使有功。恩渥日深，委信渐重。至若震忠义以清慈、隰，明勇决以伏哥舒，乞师护于南巡，宣化安于北户，使大食而声教旁畅，监东畿而汝洛小康，供奉四朝，五十余载，议勤劳而前后无比，论渥泽而流辈莫先。故得祚土分茅，纡金拖紫，名高史荣，庆传子孙。况公壮年以忠勇自负，长岁以尽瘁勤王。及乎晚途，归信释氏，修建塔庙，缮写藏经，布金买田，舍衣救病，可谓竭臣子人间之礼，尽生死区外之因，孜孜善心，没齿无倦矣。

长子升，嗣子承议郎、内侍省内谒者监，赐紫金鱼袋、华清宫使希旻，次子操，移孝为忠，光昭令德，祇奉前训，罔极是思。谓福善无征，风树不止，诚感未达，隙驹莫留，想象既难于攀追，德业实惧于堙没，愿琢贞石，纪勒芳猷，见托为文，敢不书实。

铭曰：

云从龙兮风从武，圣功出兮忠臣辅。天降公兮竭心府，历四纪兮奉四主。

鸡常鸣兮忘风雨，躬尽瘁兮心神苦。伏哥舒兮刚不吐，抚慈隰兮慑戎虏。

西乞师兮清中宇，南奉使兮慰北户。聘大食兮声教普，监汝洛兮勋超古。

校切业兮无俦伍，赐赉繁兮莫得数。一命偻兮三命俯，恩弥崇兮孰敢侮。

垂金章兮结绶组，既分茅兮亦祚土。琢贞石兮表忠臣，昭令德兮示后人。

元和元年岁次景戌、十月庚申、朔十四日癸酉建

吴郡朱士良刻字

试释百年长堤在广州学研究中的样本意义

饶原生[*]

摘要： 上海有外滩，广州有长堤。本文尝试将百年长堤作为广州学研究样本，并将广州长堤与今日热闹非凡的上海外滩做比较，关键是要让世人了解重视百年长堤，让长堤重新焕发生机与活力。本文指出，在“一带一路”的倡议下，长堤理应回归研究者的视野，成为活力老城与最美珠水的一线景观。

关键词： 广州学　长堤　商圈　城市地标　城市定位

“要了解两千年的广州脉络，请到北京路来；要了解近百年的广州变化，请到长堤来；要了解 21 世纪后的广州发展，请到珠江新城来……”，上述说法出于笔者的推断，一切一切，还有待引入广州学的研究而得出客观的、科学的结果。笔者认为，广州学要善于选择时间与空间上的研究样本，广州学研究要由样本自己来说话。

将百年长堤作为研究样本，时间自是锁定在一百年前后，只因为长堤是 1920 年在珠江岸边修筑。所取空间，则框定于旧日广州人所称的“河北海皮”（珠江北岸一段），包括今天的沿江路、长堤大马路、西堤二马路、西濠二马路、人民南路、新堤一二三横路等形成“带状兼块状”分布，本文称之为“一条街”。

一　长堤极具美学价值的骑楼街博物馆群

骑楼作为岭南传统民居与西方建筑艺术相结合演变而成的一种商住建

---

* 饶原生，广州大学广州发展研究院特聘研究员、广州民俗文化研究所所长。

筑形式，是广州建市后大规模呈现的城市化产物，是建市以来整个城区格局和城市生态的基本构成。沿长堤所建起的骑楼一条街，无论是在建筑设计上各具特色的美轮美奂，还是在建筑高度上的“广州第一”，都堪称“摩登骑楼一条街”。

清宣统三年（1911 年），在珠江北岸用花岗石筑起了长长的堤岸故名长堤。长堤最早的骑楼建筑，可上溯至 1884~1889 年。时任清朝两广总督张之洞下令拆除南城墙，修筑长堤马路。对新马路的建设，他提出了“铺廊”的概念，让建筑者临街修筑两米宽、可以遮阳挡雨的行栈长廊，以利商民交易。只可惜他在广东的任期甚短，离任后那长堤马路便成为烂尾工程，而其“铺廊”计划继任者不再过问。

广州建市于 1921 年 2 月 15 日，以“拆城墙、填壕沟、开马路”为主要内容的城建重构随着 1918 年广州成立市政公所而全面铺开，长堤“一条街”的建设则始于 1920 年。在此之前，长堤的西堤段（今沿江西路）已矗立起粤海关大楼（1916 年）、广东邮务管理局大楼（1916 年）、城外大新公司（1918 年）、塔影楼（1919 年）等建筑。1918 年建起的楼高 9 层的城外大新，为后来者树立了摩登大楼也要给路人一条步行街通道的好榜样，之后沿长堤建起的高楼均仿效这个建筑思路。

至 20 世纪 30 年代后期，广州全市建起的骑楼已撑起面貌一新的城区，一条条的骑楼街加起来长度达 40 公里。随着广州建市而大规模建起的这些骑楼，一般为两三层、三四层的低矮型建筑，一层后部皆为店铺，二层以上则是住宅，靠车道部分相互连接形成一条自由步行长廊。相比之下，长堤骑楼街的设计与建设之所以显得不同凡响，是缘于当年规划者和设计者的一种共识：广州自己的城市发展就是要与“威俾鬼佬睇”——隔江相望，长堤的对岸是当时的沙面英法租界，广州人希望用建筑喜迎辛亥革命的胜利。

至今保存完好的长堤骑楼“一条街”，布局错落有致，极具美学价值，称得上是广州至今最“高大上”的骑楼街博物馆群。比如，在沿江西路与人民南路交界的“T”字形，便排布有东亚大酒店（1914 年）、南华楼（今新亚酒店，1920 年）、嘉南堂东楼（今新华大酒店，1920 年）等，通过骑楼与高层建筑的完美结合，逐一演绎了西方古典建筑美学的精致形式。这些建筑或饰以爱奥尼式柱子，或布以古罗马拱券形柱廊，还有塔斯干柱的拱顶柱石，各种各样的欧洲建筑元素，无论远看或近观，都给人以视觉上的强烈震撼。新亚酒店、新华大酒店的设计者是 1918 年毕业于美国康乃尔大学建筑系的杨锡宗，作为最早的海归建筑工程师之一，他在设计中所娴熟运用的罗马风格或哥特风格，均延续了这一带曾经存在的十三行夷馆遗风，开创了骑楼伴随广州城市化进程作为公共建筑的全新范本。

今天，再审视长堤呈现的“摩登骑楼一条街”，对广州的城市规划和城市建设其实很有借鉴意义。现代化高楼不拒绝骑楼街，如何通过法规约束和道德共识让规划者和设计者对公共空间有更多的人性化考虑，这也是广州学研究可以践行的题中之义。

二　城市地标的轮番展现

有城市就有城市地标。说到广州城的地标，不同的历史时期，有着不同的人文特征。广州城在明清两代的地标为明洪武十三年建起的镇海楼（原名望海楼，俗称五层楼），辛亥革命后广州的城市地标基本上由长堤承担其角色。

镇海楼在明清两代之所以成为广州城的地标，其中一个重要缘故是，它作为建筑物所拥有的高度，同时建于明代洪武年但建成时间比它更早的一座钟楼建筑，就因为在当时最高（楼高 7 米）而被称为“岭南第一楼”（如今位于惠福西路五仙观内），该名字一直沿用至今。而在广州塔成为广州地标之前，位于广州新中轴线楼高 320 米的中信广场亦一度担当过地标角色。

其实好多城市都是如此，楼的高度才能凸显其作为城市地标的显要性。前文提到的 9 层楼高的城外大新公司，1937 年之前是广州的最高建筑，毫无疑问成为辛亥革命后的广州地标。当然，城外大新的知名度高是因为百货业的翘楚地位，它是澳洲华侨蔡兴、蔡昌兄弟继城内大新之后创建的又一个百货大楼；1954 年后，它由广州市人民政府拨款重建，更名为南方大厦，以后一直业绩骄人，在全国十大百货商店中一度排名第二。“不到南方大厦，不算到广州”一说，证明其已成为“商都地标”。南方大厦多少年来名气很大，作为华南地区最大的百货商厦，它甚至是人民群众物质生活水平提高到某种程度的一种标识。

到了 1937 年，长堤沿江西路段，爱群大酒店横空出世。它是美籍华侨陈卓平集海外华侨资本所创办的香港人寿保险有限公司的产业，楼高 15 层 64

米，为广州第一幢钢框架结构的仿美国摩天大楼而建的高层建筑。新的高度，使之取代城外大新成为新地标。虽是因保险产业而生，建起后实际上亦成为当时政要、商贾、社会名流聚会的首选之地。因其地标地位，1949 年广州解放时，爱群大酒店外墙挂起了由阳太阳、关山月、廖冰兄等多位画家绘制的“中国人民站起来了”巨幅画像，一时传为佳话。新中国成立后的好长一段时间，爱群大酒店外墙所悬挂的巨幅标语，亦宣示着广州在经济、文化、社会生活等方方面面的发展成就，名副其实地发挥着城市地标作用。

还有两个隐形地标，亦有必要提一提，一个是海珠石。历史上的广州水网密布，在云山珠水的山水形胜格局下，城中尽是湖、溪、河、涌、濠。民间一度称广州为水城，水城的主脉在珠江，珠江的得名则因为海珠石。海珠石四面临水，从来都是广州的最佳景致，宋代首评羊城八景，这里被评为“珠江秋月”；明代“珠海晴澜”又被评为羊城八景之一。1926 年，这里建成了亭台楼阁、绿荫满岛的海珠公园，并通过浮桥与陆地的长堤相连。1931 年，海珠石由于城市发展而被炸沉于江底，填为江畔长堤的一部分。有心人如今若要凭吊当年海珠石，大致可循如下范围：东起新堤一横街，西达海珠南路，南贴沿江路，北至长堤大马路。1954 年建成的海珠广场，是广州最早的城市广场，其取名实为纪念身边“沉睡”于地下的海珠石。1959 年 10 月，在广场北侧兴建了广州解放纪念碑，亦成为新中国成立后广州的又一新地标。1963 年，广州重新评定的羊城八景有“珠海丹心”，这“珠海”指的既是珠江，也指“移位”了的海珠石——海珠广场以及海珠桥的组合景观。

还有一个隐形地标，缘自花市，分布于长堤两处地点。一是五仙门（亦叫五羊门，今广州华侨博物馆筹建处），为广州最早的常年花市所在地，因其正对着江对面“花渡头”，地缘便利，在明清两代鲜花交易尤为活跃。二是太平路（今人民南路），1959 年该路段承接了浆栏路花市的转移，成为 20 世纪五六十年代全市最大规模的迎春花市。1961 年，著名散文家秦牧先生兴致盎然，游罢太平路（今人民南路）花市后有感而发，写下《花城》名篇，感叹“想起这种一日之间广州忽然变成一座‘花城’，几乎全城的人都出来深夜赏花的情景，真是感到美妙”，花城从此也就街知巷闻并驰名海内外。不应忽视的是，花城之名，其实源自太平路的花市。

回到广州学研究中去看“城市地标一条街”，会发现历史上的广州地标，都是在“一纵一横”，也就是传统中轴线和珠江沿岸逐一呈现。改革开放后的广州因为新中轴线的确立而有了新地标，人们对历史地标是否缺了更多的眷顾？而正是这些不同时期特色鲜明的地标，才使广州建城两千多年的历史脉络显得清晰。

三 民主革命策源地的遗迹追寻

广州是中国伟大的民主革命先行者孙中山多次策划、组织、举行反清武装起义的地方，是中国民主革命的策源地。为维护共和体制，推进民主政治，孙中山三次在广州建立了革命政权。如果沿着长堤一路寻觅，可寻到不少有关孙中山从事重要活动且保留完好的历史遗迹。

从西往东，今沿江西路 26 号，有一幢四层半的建筑，上书“塔影楼”三字。它的建造者陈少白，辛亥革命后经营了一家联兴码头，这楼既是其码头事务所也是其家。孙中山与陈少白相识于香港西医学院，两人一见如故，从此成为挚友。加上尤烈、杨鹤龄，四人经常聚在一起畅谈救国理想、强国之梦，时称“四大寇”。1921 年，孙中山重返广州就任非常大总统，也曾到塔影楼与陈少白促膝夜谈并在楼内留宿。

继续往东，今沿江西路 107 号，是美国人创办的博济医院及南华医学堂前身。1886 年，孙中山来到博济医院附设的南华医学堂学习，其间经常发表爱国言论，此为孙中山最早缘结广州之地。1895 年，孙中山策划领导的广州乙未起义未遂，在此避难后再离开广州。1934 年，岭南大学董事会为纪念孙中山留下的革命事迹，在此筹办了孙逸仙博士医学院。1935 年，这里竖起了“孙逸仙博士开始学医及革命运动策源地”碑。

再往东，今长堤大马路长堤真光中学内，保留着建于清同治十三年的潮州八邑会馆旧址。1912 年 2 月孙中山辞去临时大总统职务，让位于袁世凯，4 月正式解职后从南京回到广州，潮州旅省同乡会便在此欢迎。孙中山发表了长篇讲话，表示“将来中国自然日臻强盛，与列强相抗衡于地球上，愿我父老兄弟勉之”。如今走进会馆旧址，笔者仍能感受到 1912 年孙中山刚辞职时那份颇为复杂的心情。

然后走到沿江中路，来到天字码头，这里更是孙中山从事革命活动多次途经的地方。1924 年，奉、直两系的将领冯玉祥、段祺瑞、张作霖先后电邀孙中山，希望其北上共商国是。是年 11 月，孙中山接受邀请，在此上船离开广州，经上海，再绕道日本赴天津，于 12 月底，扶病到达北京，1925 年 3 月 12 日因患肝癌在北京逝世。这天字码头，无疑就是孙中山最后作别广州之地。

如果加上珠江南岸的大元帅府旧址、长洲岛上的黄埔军校旧址、冼基的东西药局旧址（为孙中山在广州最早从事革命活动的地方，其旧址所在仍有待最终确认），沿着珠江两岸一路探访，基本上还原了民主革命先行者孙中山在广州策动和领导中国民主革命的大部分轨迹。

自 1840 年第一次鸦片战争开始，中国近现代史上发生的重大社会政治变革事件，无不与广州紧密相连。而以国共合作为中心的统一战线的建立，更使广州成为国民革命的根据地和中心地。长堤作为广州建市前后所崛起的新的东西主干道，仅 1912～1921 年便新建和重建了九座大型码头，豪华客轮直通香港、澳门、槟城（马来西亚）和新加坡，更有花尾渡穿梭往返于顺德、江门、三埠乃至西江上游的梧州、柳州等沿江名镇。这样一个当时广州最大的客运水路枢纽，自然方便孙中山和他的革命伙伴奔走于海内外，长堤成为“民主革命策源地一条街”。

四　千年商都催生的标志性商圈

最早的沿海开放，最早的商贸文明，广州从来就是以古老商埠、千年商都的城市形象为世人所知，其最辉煌的一页，当然书写在长堤。作为国际贸易中的历史见证者，粤海关最早设立于 1685 年，关址就在五仙门一带。至 1916 年，粤海关迁址于西堤，由英国设计师戴卫德·迪克设计的“大钟楼”（当年粤海关原址），今天仍是珠江边上一道醒目的景观。

话说长堤百年，有一段显赫“前世”不可不提。仁济路往西的一段，包括广州文化公园部分，是清乾隆至咸丰年间号称“天子南库”的十三行主要区域。清乾隆二十二年，政府实行“一口通商”，自此之后到鸦片战争的 85 年里，这一带见证着广州对外贸易进入高速发展的黄金时期，粤海关税收是清政府财政的重要来源之一。只可惜，十三行旧址尽毁于第二次鸦片战争（1856 年）的一场战火，如今已找不到一星半点建筑实物去佐证其当年的辉煌。

不过，20 世纪初长堤兴建，掀开千年商都新的一页。广州商都历史所呈现的第一个商圈，于隋唐年间孕育于双门底、惠爱街（今北京路、中山五路）一带；第二个商圈则迅猛发展于清代，随西关商住区域的连片开发，上下九、第十甫作为商业中心而名声大振；到 20 世纪二三十年代长堤、西濠口商圈最终形成，广州长达半个世纪以上的时间以这“三大商圈”为千年商都的标志性名片。

随广州建市而来的大规模城市改造，亦见证着民族商业资本的快速发展。1914 年，澳洲华侨马应彪在长堤创办了先施有限公司环球货品粤行（原址后来重建为华夏百货），为广东当时最大的民族资本企业；1918 年，澳洲华侨蔡兴、蔡昌兄弟又建城外大新，“民国四大百货”有“两大”在长堤铸造了百货业的旗舰店，随之扎堆而来的酒店业、金融业、饮食业、娱乐业，其人流、物流、资金流的大量集聚与频繁流动，亦成就了这里作为广州“三大商圈”中的第一商圈。

作为“商都一条街”所最不可缺少的风景线，是其金融业，或曰“金融一条街”。1924 年是现代中国民主革命揭开全新篇章的重要年头，第一次国共合作在这一年正式完成，孙中山在广州做了几件影响深远的大事，包括创办黄埔军校、国立广东大学和中央银行。中央银行作为中华民国的最高金融机关，就设立在南堤（今沿江中路 193 号），掌管着全国的货币发行、外汇储备等事宜。20 世纪二三十年代是广东银行业兴旺发展时期，太平路（今人民南路）、西堤、南堤等聚集了众多的商业银行总部，然后又是保险业的强势进入，长堤在某种意义上成为“广州的华尔街”。基于历史缘故，也就有了如今尝试复活并挂上牌子的“金融一条街”。

“商都一条街”同样少不了饮食业的大力支撑，所谓“摸住（着）酒杯底先（才）有生意倾（谈）”，长堤亦曾成为最红火的“食在广州一条街”。至 20 世纪八九十年代，长堤以大三元、大同酒家、大公餐厅为代表，连同早期西濠二马路“夜生活一条街”，后期的海印桥畔“沿江宵夜一条街”，造就了那个时代食在广州的饮食文化。始创于 1916 年的大三元酒家，是广州首座设置电梯的酒家，擅长制作鲍参翅肚等高档菜肴，居当时广州“四大酒家”（另三家是文园、南园、西园）之首。事实上，百年长堤给广州百姓所留下的美食记忆，除了上述三大酒店，以及东亚、新亚、爱群等酒店，还有六国饭店、一景酒家、金龙酒家、华盛顿西菜馆等消失了的老字号。

百年长堤商圈的形成，是千年商都催生的精华，亦是海上丝绸之路新格局的呈现。新中国成立之后，中国出口商品交易会自第4届（1958年）开始，便迁至长堤的华侨大厦（侨光路2号）举办，至第6届（1959年）再迁到长堤与起义路交会处的中国出口商品陈列馆新馆（今缤纷时装大楼）举办，直至第35届（1974年）迁往流花路新馆，长堤记载了一个时代的中国出口贸易的光辉业绩。

五　全球城市定位下的角色责任回归

上海有外滩，广州有长堤。外滩作为当年闻名遐迩的“十里洋场”，也是旧上海租界区及整个上海近代城市开始的起点；到了今天，外滩入选中国首批历史文化街区，连同隔江相对的浦东陆家嘴，也成为中国改革开放的象征和上海现代化建设的缩影。简言之，人们到上海若不去外滩，基本上就相当于白去了上海，了解了外滩，也就看到了上海的昨天、今天与明天。

当笔者将百年长堤作为广州学研究样本，尝试着眼于历史例证，将百年长堤与今日上海外滩做比较。实际上，直至20世纪80年代后期，长堤商圈还是很热闹的，更有西延至沙面珠江畔新建起的白天鹅宾馆（1983年），这里曾助推中国改革开放，是人流、物流、资金流、信息流的集散地。长堤变得冷清了，似乎是瞬间发生的事。个中缘由，就不展开，如今关键还是要着力激活百年长堤，让长堤重新回归它的历史角色与责任。

首先，长堤理应回归缘系大海的角色责任。今天的广州，已是拥有7434.4平方公里市区面积和不断发展中的现代化大都市，而回看历史版图上的百年广州，长堤是广州连接大海、通向大海并受到大海恩惠的发展见证。长堤见证着广州海岸线的不断变化，长堤亦是海上丝绸之路客人一直以来的第一抵达地。审视今日广州的全球城市定位，人们第一时间想到的固然是由城市新中轴线所串起的珠江新城、琶洲地带等。新城区是在老城区延伸的基础上发展起来的，与上海外滩一样，长堤在“一带一路”的视野下，理应承前启后，回归历史角色与责任。

其次，长堤理应回归活力老城的角色责任。广州自1921年建市之后，版图便呈现出长堤全新发展的街区新貌，广州近代、古代两条城市传统中轴线，分别以长堤所在的海珠桥和天字码头为其南延端点。中华人民共和国成立后，长堤一直属于越秀区、荔湾区（曾为中区、西区）所管辖的范围，是改革开放前“老四区”（越秀、荔湾、海珠和东山）最为繁华的商圈所在。广州作为国务院首批公布的国家历史文化名城之一，厚实的文化底蕴来自老城区二千多年所未曾中断的勃勃生机，长堤所处的地理位置向东一路延伸，正好与新的城市中轴线花城广场相连接，其角色责任无疑也是已拥有 11 个区、7434.4 平方公里发展面积的大广州之历史责任。

再次，长堤理应回归最美珠水的角色责任。珠江是广州的母亲河，长堤从古至今都曾是最美珠水的一线景观。广州市政府今年审批通过并印发实施《珠江景观带重点区段（三个十公里）城市设计与景观详细规划导则》，明确了要以珠江水系一脉，以全球城市的视角，构建云山珠水相望的景观视廊，塑造花城如诗、珠水如画的世界级滨水区。长堤发展到今天，除了有摩登骑楼街景观、民主革命策源地景观、商圈景观、金融街景观、老字号景观、华侨文化景观等景观及历史积淀，亦有着海珠桥、人民桥、解放大桥、江湾桥、海印桥等横亘于珠江上的跨江大桥，为景观规划导则中“一桥一景”的最集中地段。且看未来 30 公里大美珠江塑造，最美之处还是长堤一线。

珠水连接着大海，观全球城市定位下的未来广州，最美的一处区位应当在长堤一线。

参考文献

广州市越秀区档案馆：《长堤风华录》，广东人民出版社，2016。

广州市近代史博物馆：《近代广州》，中华书局，2003。

广东省立中山图书馆：《老广州》，岭南美术出版社，2009。

新快报社、广东省档案馆：《60 瞬间 · 广州往事》，羊城晚报出版社，2009。

广州市地名委员会、《广州市地名志》编纂委员会：《广州地名志》，香港大道文化有限公司，1989。

叶曙明：《骑楼》，广东教育出版社，2010。

广府文化研究

岭南三大家与桐城派

程大立[*]

摘要： 以屈大均为代表的岭南三大家与以方以智、钱澄之为先驱的桐城派在思想同宗、文学同师、身份同构的基础上积极交流和互勉，实现思想和学术的互进。清初，岭南与江南之间跨时空的交流，形成了一道独特风景，丰富了岭南文化内涵，拓展了岭南学术视野。

关键词： 交游　岭南三大家　桐城派　学术　文化

岭南之广东与江南[①]之安徽、江苏相距千里之上。清初，交通尚不发达，舟船缓慢，人马劳顿，迁徙不便。然而岭南三大家与桐城派[②]确有交集。第一，岭南三大家核心人物屈大均与桐城派方以智、钱澄之同为明末高僧觉浪道盛的弟子，在承传和发展高僧衣钵上，有共同思想基础。第二，三大家屈大均、陈恭尹、梁佩兰与方以智、钱澄之以及戴名世等桐城派早期作家，都是明末遗民，反清复明的心理情结使其惺惺相惜。第三，屈大均、钱澄之、汪琬、薛熙等桐城派先贤，以及戴名世、方苞、刘大櫆、姚鼐等桐城派作家，都以明代归有光散文为宗，为文、评文、论文皆以归有光为准则。思想渊源和学术意愿的共同性，让岭南三大家与桐城派有了交往的基础。清初交流以及清中后期桐城派后学好评，促进和深化了岭南三大家与桐城派的精神互励和文学共进。

---

* 程大立，广州工程技术职业学院图书馆研究馆员、馆长，研究方向为桐城派与岭南文化。

① 清代安徽、江苏同属江南省。

② 本文所述的桐城派作家，依据刘声木《桐城文学渊源撰述考》（安徽古籍出版社，2012）一书，本文将归有光作为桐城派文学之宗，其门下包括魏禧、汪琬、薛熙等作家。

一 思想同宗与学术同师

（一）宗道盛而各有新识

屈大均（1630～1696 年）与桐城派方以智（1611～1671 年）、钱澄之（1612～1693 年）都是明代遗民道盛的弟子。道盛（1592～1659 年），俗姓张，字觉浪，号浪杖人，明代高僧。其《三子会宗论》以“怨与怒”“天与人”“生与死”三个主题，主张以孟子为标准，消弭庄子与屈原之间的差异与隔阂，最终实现三子会宗。方、钱、屈三位高徒分别对道盛的思想和观点进行了再阐释。方以智运用家传易学的“公因反因”说，对道盛“怨怒致中和”进行解析，认为庄子所善之“怒”与屈原所善之“怨”，最终复于中和。钱澄之对《庄子》内七篇进行诂解，认为“庄处其潜，而屈当其亢”，借“因时而变”来阐述庄、屈之道皆本于《易》的道理，从诗学角度出发得出“屈子善于怨，而庄子善于群”的结论，在此背景下实现庄屈会宗。屈大均认为屈原之《天问》亦如庄子之“狂放”，相比庄子“天放”，屈原之“放”在人间，故称“人放”，二者都是不得已而发，故可合一。屈大均“庄子天放，屈原人放”的观点融会了道盛“天与人”“生与死”两个观点。①

觉浪是一位以忠孝闻名的明代遗民高僧，《三子会宗论》正是从“乱世之音”“孤臣孽子”“舍生取义”等不同角度寄托着遗民心迹，而“三子会宗”的理想与现实矛盾，又表现了觉浪对包括儒学在内的华夏文明未来命运的忧惧和明朝遗民在异族统治下保全传统文化孤脉的心迹。入清后，明遗民高仕纷纷投入佛门。方以智、屈大均亲自参加过抗清斗争，失败后都曾削发为僧；钱澄之曾在明永历、弘光朝任职，后归故里隐居，拒出清仕。三人投身道盛门下且分别阐释《三子会宗论》，既表现了观点立论角度、演进方向上的不同，获得学理最新发展，也暗含着独特的遗民心迹：为做遗民而非死节的行为寻求合理性寄托。②

---

① 宋健：《论道盛弟子对〈三子会宗论〉的再阐释——以方以智、钱澄之、屈大均为中心》，《南京师范大学学报（社会科学版）》2010 年第 1 期，第 115～119 页。

② 宋健：《论道盛弟子对〈三子会宗论〉的再阐释——以方以智、钱澄之、屈大均为中心》，《南京师范大学学报（社会科学版）》2010 年第 1 期，第 115～119 页。

屈大均是明末清初的学者、著名诗人和散文家，曾参与其师陈邦彦组织的抗清斗争。失败后为躲避清廷迫害，他出家海云寺，法号今种，云游四方，广结奇士，暗图抗清大业，但无所成，后蓄发还俗，终生不仕清廷。陈邦彦是著名抗清志士，为清廷捕获并处死。其子陈恭尹亦曾参与为父复仇的反清活动，后归里读书，与屈大均结交。梁佩兰少从陈邦彦学，后入清职，康熙间告假归里，与屈大均、陈恭尹交往。同事一师，心灵相通，让屈、陈、梁走到一起，诗词酬唱，集成清初岭南三大家。而作为岭南三大家之首的屈大均，其于道盛继承的"庄屈"思想，也自然会影响陈、梁二位诗友。"神州萧条寰宇里，英雄失路归何门。"① 陈恭尹非常理解屈大均的处境，积极鼓励其远走吴越。梁佩兰也敬佩屈大均以"足不一踏神州，不遍识中原人物"为耻的说法，赞同他"遨游闽越，循及勾吴，……盼天堑于长江，听溪流于春谷"②，以屈、陈为代表的广东力量，为寻觅反清复明同志，"惟遗民与遗民为友"③。

桐城派是清代最为显赫的古文流派，同是桐城人的方以智、钱澄之对桐城派的影响作用十分显著。李波认为，方孔炤、方以智父子形成了桐城理学高潮；④ 张英云："今海内宗密之（以智）先生，盖五十余年。博闻大雅，高风亮节，为近代文人之冠。"⑤ 姚莹认为：桐城诗学系"钱澄之振于晚季（晚明）——海峰出而大振，惜抱起而继之，然后诗道大昌"⑥。张舜徽认为："桐城经学文章之绪，开自钱澄之。方苞与名世继起，有志昌大。"⑦ 钱仲联认为："论桐城派古文，后海先河，澄之为昆仑之源，当无疑义。"⑧ 因此，方以智、钱澄之是"桐城派的渊源"⑨"'桐城派'之先导"⑩

① （清）陈恭尹：《独漉堂诗集》卷三，陈量平刻本，道光五年。
② （清）陈恭尹：《独漉堂集》，中山大学出版社，1988，第 897 页。
③ （清）屈大均：《翁山佚文辑》卷二，南州书楼辑本，1940。
④ 李波：《明代桐城理学文化述论》，《安徽文献研究集刊》2011 年第 12 期，第 317 页。
⑤ 载（清）方昌翰《桐城方氏七代遗书》，桐城方氏刊本，清光绪十四年。
⑥ （清）姚莹：《中复堂遗稿》卷一，续修四库全书本。
⑦ 张舜徽：《清人文集别录》，中华书局，1982。
⑧ 钱仲联：《钱澄之全集·序》，黄山书社，1998，第 4 页。
⑨ 欧明俊：《古代散文史论》，生活·读书·新知三联书店，2013，第 64 页。
⑩ 吴孟复：《桐城文派述论》，安徽教育出版社，2007，第 17 页。

“桐城派的前驱”[①]“桐城派的鼻祖”[②]；有人甚至认为：明末清初方以智、钱澄之等推崇《左传》《国语》，以司马迁文章为嫡传，开桐城派先河，成为桐城学者的主要倾向。[③] 基于方以智、钱澄之在桐城派诞生过程中发挥的重要作用，他们继承并创新道盛“庄屈”会宗思想，也必然对桐城派产生重要影响。方、钱和屈同宗道盛而形成的思想会通，分别成为岭南三大家、桐城派的重要思想渊源。

（二）师有光而各有所承

“自明之季，学者知由韩、柳、欧、苏沿洄以溯秦汉者，有光实有力也。”[④] 归有光，字熙甫，号震川，明代散文家。“弱冠尽通五经三史诸书，以文字之说发明《史记》指趣，乃有途辙可寻，其评点《史记》，例意尤为卓绝千古，其为文原本经术，汪洋疏纵，闳深峻洁，间有骀宕变化，好太史公书，得其神理。”归有光散文在明末清初影响极大，是桐城派梳理文统、上溯唐宋八大家之间的重要桥梁。“自有明中叶，昆山归太仆以《史记》之文法，抉宋儒之义理，空绝依傍，独抒怀抱，情真语挚，感人至深。我朝桐城方侍郎继之，研究程朱学术，至为渊粹。每出一语，尤质朴肯至，使人生孝悌之心。文章之义法因亦大明于世，实为一代巨擘，与归文同为六经之裔，一时衣被天下，蔓衍百余年益盛。”郭绍虞认为桐城派“实即从学习归熙甫得来”[⑤]。归有光对后人特别是桐城文人最大的启发，是他对文、道之间关系的理解。[⑥] 归有光追求的“其言适与道称”；桐城派理论集大成者姚鼐继承之：“夫文者，艺也。道与艺合，天与人一，则为文之至”，“夫古人之文，岂第文焉而已。……达其辞则道以明，昧于文则志以晦。”[⑦] 归有光之文“情辞并得”，可称“近古之文”；桐城派先驱方苞认为“情辞动

① 文渊主编《一本书读通文学典故》，安徽人民出版社，2012，第 139 页。

② 李则刚：《安徽历史述要》，载周明秀《论桐城派诗论的主要内容及其形成过程》，《文艺理论研究》2002 年第 7 期，第 63~70 页。

③ 张瑞杰：《试论钱澄之对桐城派的影响》，《长治学院学报》2010 年第 1 期，第 29~31 页。

④ （清）纪昀、陆锡熊等：《文渊阁四库全书 · 震川集提要》，台湾，商务印书馆，1983，第 1289 页。

⑤ （清）刘声木：《桐城文学渊源撰述考》，黄山书社，1989，第 65 页。

⑥ 何天杰：《经世之学的蜕变与桐城文派的崛起》，《华南师范大学学报（社会科学版）》2001 年第 1 期，第 58~65 页。

⑦ （清）姚鼐：《惜抱轩诗文集》，上海古籍出版社，2008，第 39、49 页。

人”是作文的关窍。[①] 归有光反对“溢于文”；方苞有“文未有繁而能工者”“一字不可增减，文之极则也”之说；[②] 刘大櫆有“文贵简”“文贵远”之论；姚鼐有“迂回荡漾，余味曲包”之风。[③] 桐城派提倡“雅洁”之风，实是受到归有光的影响。“正是从归有光情韵不匮之作中，方苞以及桐城后学们体悟到了上继唐宋、秦汉先贤的古文传统的途径轨辙。”[④]

屈大均尊崇“儒者之文”，贬抑“文人之文”，他在《无闷堂文集·序》中提出“文以理为主”，认为只有“理直”才能“气壮”。同样，钱澄之在《问山堂文集序》中也有类似论述，他认为理是气的根源，有真理而后有真气，然后才有真词。舍弃理而养气，是虚气；舍弃理而写词，是浮词。屈、钱二人主张散文应以说理为主似乎不是巧合，不仅源于同宗同师的思想渊源和忧国忧民的遗民情怀，还与岭南学派、桐城学派均以归有光为师，接受“得其神理”观点形成“实学”精神有关。

岭南三大家之一屈大均对散文的审视有独特看法：“文必洁而后浮气敛、昏气除，情理以之而生，道学以之而明。视夫佛老虚无之旨，诸子俶诡之词，六朝繁缛之体，犹之尘壒，不足以污其字句。故其文之驰骤迭宕，呜咽悲慨，倏忽变化，一皆从洁而生，以之追子长、凌八家、继归王，胥是之故。”[⑤] 屈大均用一个“洁”字，把学行与文章联系起来，提出为人先于作文，认为只有思想纯正，文章才写得漂亮。[⑥] 这既是对司马迁、唐宋八大家，尤其是归有光“情理”观的继承，也与方苞“雅洁说”并无二致。屈大均倡导“文必洁”后，将“情”摆在“道”“学”之前，强调文章起伏多变皆“从洁而生”，与归有光“情辞并得”“情辞动人”更为契合。在《高大令文集序》[⑦] 中屈大均还对“史迁、唐宋八家、明唐宋派”这一文统

---

① （清）方苞：《方苞集》，上海古籍出版社，1983，第 117 页。

② （清）方苞：《方苞集》，上海古籍出版社，1983，第 181 页；

③ 钱基博：《中国文学史》，上海古籍出版社，2011，第 786 页。

④ 何天杰：《经世之学的蜕变与桐城文派的崛起》，《华南师范大学学报（社会科学版）》2001 年第 1 期，第 58~65 页。

⑤ （清）屈大均：《翁山文钞》，康熙刻本，载《清代禁毁书丛刊·集部》，台湾，伟文国图出版社，1997。

⑥ 何天杰：《经世之学的蜕变与桐城文派的崛起》，《华南师范大学学报（社会科学版）》2001 年第 1 期，第 58~65 页。

⑦ （清）屈大均：《翁山文钞》，康熙刻本，载《清代禁毁书丛刊·集部》，台湾，伟文国图出版社，1997。

作了简单说明，已隐约透露出屈大均对归有光的推许。在屈大均眼里，归有光是古文正宗传人。

二　同侪交游与后学好评

17 世纪，特别是明清时期的约半个世纪内，海路不畅，粤船难以到达上海，更难到达京城，陆行和江行成为主要方式。陆行路线是：越南岭，经两湖、河南到北京；江行路线是：经江西或湖南，沿长江东下，到达江苏，再由大运河北上京都。明末清初，粤人来往于江苏较多。江浙是文化重地，广东人很愿意“便道客游吴浙”[①]。冯尔康先生统计了岭南三大家北游的时间、路线和经历地（见表 1）。[②]

表 1　岭南三大家北游的时间、路线和经历（停留）地

作家	起止时间	经历（停留）地	事由	信息来源
陈恭尹	1651~1654 年	吴、闽、赣、越	避难，访友	《独漉堂集 · 诗集》各小序
	1652 年、1653 年	在吴		
	1658~1660 年	吴、湘、豫、直	寻友	
	1659 年	在吴		
屈大均	1658~1669 年	吴、越、鲁、陕、晋、直、辽	寻友李景新	《屈大均传》
	1659 年、1660 年、1665 年、1669 年	在吴		
	1675~1679 年	吴、赣、皖	避难，寻友	
梁佩兰	1689 年	吴、越	辞官返乡	《番禺县志》

从表 1 的统计可见，岭南三大家都曾经过（停留）吴、越，特别是陈、屈二位，居吴越的时间分别达 3 年和 4 年之久。三大家均是明朝遗民，除了心仪吴越山水和老友，还因为金陵曾是明朝陪都，尚有明孝陵可凭吊。隐居不仕、怀念故主，当是主要情怀。

① （清）屈大均：《翁山文钞》，康熙刻本，载《清代禁毁书丛刊 · 集部》，台湾，伟文国图出版社，1997。

② 冯尔康：《清人生活漫步》，中国社会出版社，1999，第 194 页。

与粤人北游的风尚相同，东南、北方也有一批人不是为游山玩水而奔波于各地，有的人到广东，与粤人交友，比如桐城派学人、江苏常熟人薛熙（后文有述）。

（一）与桐城派先贤交游

1. 与钱澄之

顺治十四年秋天，屈大均北上寻找被流放到关外的师叔函可。途经南京时，拜访了遗民诗人钱澄之。钱与屈虽同为道盛高徒，但此前二人未曾有缘相见。相同的遗民情结，二人与函可深厚的渊源关系，让两人一见如故，有诗唱和。

送一灵出关寻剩公①

钱澄之

剩公吾不识，高蹈旧京传。忽醒罗浮梦，来参铁岭禅。
艰难师友谊，去住弟兄贤。阿字几刻到，多君携手还。

屈大均来访，有打听函可师叔线索和信息的意图。② 虽然钱澄之并不认识函可（剩公），也不知晓函可的行踪，但对函可是心怀敬意的。该诗还表达了对同门师友的问候、祝愿和手足兄弟的关怀、情谊。

2. 与魏禧

魏禧（字冰叔、叔子）一生虽然并未到过岭南，但对岭南三大家十分神往。其《岭南适笔叙》云："吾乡与岭南接壤，予尝以谓不足游，故吾伯、季皆客之，予独未往。然闻其地多物产奇异，近与顺德陈元孝诸子为神交，则欲往而未暇。"③ 魏禧有诗句"我生四十不粤游，此中五子④神交

---

① 钱澄之：《钱田间诗集》卷四，黄山书社，1998，第 78 页。

② 董上德认为："从屈大均造访顾、钱二家的情形看，他向顾、钱二人道出自己出关的缘由，希望从他们的口中得悉函可和尚的一些信息和线索。"董上德：《岭南文化知识书系 · 屈大均》，广东人民出版社，2008，第 30 页。

③ （清）魏禧：《魏叔子文集》，载《四库禁毁书丛刊 · 集部》第 5 册，北京出版社，1999，第 525 页。

④ 五子指清朝"北田五子"，陈恭尹、何衡、何绛、陶窳、梁梿。

久”，记述了他对岭南诸友人的情谊。[①] 魏禧与陈恭尹一直保持着通信，陈恭尹寄给易堂九子的古文辞，魏禧曾为之点定论列。陈恭尹谓魏禧“爱诲备至”[②]。康熙十八年秋，屈大均自南京返粤，途经江西，曾有意一往翠微峰与易堂诸子[③]相讲习，然终未果，时作《赠魏处士冰叔》一诗，咏翠微自然人文景观，借传说中汉代张丽华“佳人重义气，仙举非得已”，以赞易堂诸人志节之高洁。

赠魏处士冰叔[④]

屈大均

岩岩宁都山，穹石蔽天起。中有金精峰，翠微与相似。
汉初有逸民，张芒一女子。玉貌生奇光，纨扇照如水。
垂涕悲民生，欲嫁无良士。不义衡山王，乃为重瞳使。
弑帝郴江中，悖逆非人理。兵威劫丽英，披发卧泥滓。
氤氲石鼓旁，奇女气青紫。有鸾自舞歌，慷慨不可止。
嫁夫得鄱君，婵娟所深鄙。可惜汉高皇，大度容仇耻。
方徙长沙封，不共淮南死。佳人重意气，仙举非得已。
安期策茍行，岂爱菖蒲美。君居临翠微，丽英乃乡里。
平生不字贞，茕茕无娣姒。薇芜作面脂，菡萏为文履。
云步何虚徐，谁能持玉趾。玉帛一朝来，容颜遂自毁。
岂伊是籧篨，臭恶还芣苢。隆准尚不臣，所希在黄绮。
邻女窈窕姿，将老犹珠珥。枯杨忽生华，以为士夫喜。
秉节乃不终，媒妁持为市。蔡琰苟忘夫，王昭将妻子。
橘柚已踰淮，芳馨宁有尔。

① （明）魏禧：《寄寿岭南何母七十》，载马将伟《易堂九子研究》，社会科学文献出版社，2013，第 180 页。

② （清）陈恭尹：《独漉堂文集》，载《续修四库全书 · 集部》，上海古籍出版社，2001，第 263 页。

③ “易堂九子”是指明末清初以魏禧为首的九个文学家，即魏兆凤（魏禧之父，于明亡后削发隐居于今距宁都县城西 2.5 公里远的翠微峰，其居室曰“易堂”）、魏际瑞（魏禧之兄）、魏礼（魏禧之弟）、彭士望、林时益、李腾蛟、邱维屏、彭任和曾灿，他们讲学于此，提倡古文实学，世称“易堂九子”。

④ 载陈永正《屈大均诗词编年笺校》，上海古籍出版社，2017，第 527 页。

又有《宁都魏叔子季子隐金精山诗以寄之》一诗，大概亦作于此时，诗中同样表达了对易堂诸子的钦羡之情，并有互勉之意。[1]

宁都魏叔子季子隐金精山诗以寄之[2]

屈大均

螺川南上更登舻，滩尽高台见郁孤。
秋气惊来江上早，雪花吹到岭头无。
天留一剑知何意，人在三门尚有徒。
不嫁长沙仙女好，金精高卧亦良图。

3. 与汪琬

汪琬，字苕文，号钝庵，晚号尧峰。长洲（今江苏苏州）人，清初官吏、学者、散文家。“为文规模韩、欧，尤私淑归有光，其文骨清思洁词温，醇雅可诵，惟叙事伤于过繁。”[3] 汪琬与屈大均并无过多交往，顺治十八年（1661 年）屈大均自吴返粤时，汪琬有诗文相赠。

送屈生还南海[4]

汪琬

罗浮神仙堀，名胜天下闻。
岧峣东西樵，异花霭氤氲。
花间蛱蝶大于扇，疑是麻姑五色裙。
君家旧住罗浮麓，偶负巾箱出岩谷。
一枝藤杖宛如龙，徒步频歌远游曲。
远游兴尽忽言还，莳药眠云掩旧关。
惭予未绝三彭累，矫首罗浮那可攀。

---

① 马将伟、王俊义：《易堂九子与岭南遗民交游考述》，《岭南文史》2008 年第 4 期，第 19~21 页。
② 载马将伟《易堂九子研究》，社会科学文献出版社，2013，第 182 页。
③ （清）刘声木：《桐城文学渊源撰述考》，黄山书社，1989，第 71 页。
④ 载徐世昌《晚晴簃诗汇》卷四十五，中华书局，1990。

《送屈生还南海》诗表达了汪琬对岭南奇异风光的羡慕，对屈大均藤杖远游的敬佩，对自己为平庸生活所累、不能洒脱走天涯的遗憾之情；《送屈介子序》一文则从人物盛衰之理，论述了岭南“雄放瑰绝非常之士”的天赐之缘，极力推崇屈大均“雄敖自喜”的品格个性和“阳德”显赫以彰其光辉形象。

送屈介子序（节选）[①]

汪琬

人与物相盛衰者也。岭南地僻而饶荣，自前代多象犀、珠玑、翡翠、玳瑁之物，而柳子厚独谓其阳德之炳耀者罕重于人，故士大夫每以荒徼诎之。

今国家南平五岭逾十年矣，天子方益严航海之禁，番舶贸易之货不以时至，而粤土亦日益贫困，边海迁徙之氓，以饥寒踣死道路者累千万户，至于平海、杨梅、青婴、珠池之中，亦竟不复产珠。——顾天地炳耀之德，郁而不舒，其势必有时而发，今且钟为雄放瑰绝非常之士，同时知名者，指不可胜屈，虽中州亦推让焉。夫然后知人物盛衰之数若循环然，未有既久而不变迁者也。凡予见闻所不及者，固不暇论，诸如程子周量、邝子湛若、梁子芝五，悉予见闻所及，盖皆所谓非常之士也。而最后复得介子，其为人雄敖自喜，尝远走吴越、燕赵、秦晋之乡，结纳其豪杰，辄乘间作为诗歌相倡和，其词深沉跌宕，有风人之旨。予始喟然太息，以为阳德之钟诸人者，抑何阏于古而发于今，如是其盛耶！虽欲诎为荒僥之区，不可得矣。

4. 与薛熙

薛熙，字孝穆，号半园，吴县人，中年居常熟，布衣。弱冠即弃举子业，从明遗民孙永祚、陈瑚、汪琬游，专习古文。“为文私淑归有光。……其文顺理成章。”[②] 其散文集自名为《依归》。屈大均北上江苏时已闻薛熙之

① 载叶燮、蒋寅《原诗笺注》，上海古籍出版社，2014，第479~480页。

② （清）刘声木：《桐城文学渊源撰述考》，黄山书社，1989，第71页。

名。康熙三十三年闰五月，薛熙有岭南之游，屈大均与来粤登门造访的新文友薛熙“论文有合”，一见如故。薛熙拿出新作《秦楚之际游记》请屈大均评识。在《秦楚之际游记序》[①] 中，屈大均称“孝穆来广州，予一见如旧识，相得欢甚。”言薛熙是“天下之有心人，感时悲愤，每于言外见之”。又因为评孝穆文与汪琬有同识，深以“晚岁得交于孝穆”为“幸”，“见其师友之渊源”而喜。屈大均分别撰写了《书薛孝穆先友传后》《薛孺人丁氏墓志铭》[②] 等文。前者以“虞山正音”之传，赞扬了君子“德识”之文，点明了薛熙《孝友传》“尚友”的主题。后者以丁孺人“自食其力”“忍饥无悔”的贤良品德，赞扬孺人之“妇德”，表现“夫子能文，孺人又贤”的主题。薛熙也为屈大均《翁山文钞》作序，记在广州见屈大均“论文有合”，高度评价其亲自删定文集的严谨态度，称其为“今之欧阳子”，并对集中之文逐一评语。在广州期间，薛熙在屈大均处结识陈恭尹、梁佩兰等岭南诸贤；应大汕（石濂）和尚之约，与屈大均、陈恭尹、梁佩兰、陶元淳、王煐等雅集于城西精舍淀心亭，相与唱和，倜傥风流。“薛君出其秦楚游记一篇相示，予与诸君倚栏讽诵，得风行水上之乐，竟忘日之将夕也。薛君论文，讲求法度，考索音声，持衡颇峻，其自为文，祖龙门而祢震川，《依归》之集，行世已久，而兹编则其一鳞片羽毛而已。”[③] 十月八日，薛熙将离广州去乳源，王煐召集诸人及太仓诗人王摅等为其送行。“楚客已同餐菊惯，向寓屈氏骚圣楼”[④]，记述了薛、屈之间的交往之深和欢娱之情。陈恭尹有诗写薛熙访古游历、国破家贫、人生蹇塞的遭遇，记其与薛熙羊城相识，佳期未来的友情；另有送别诗，盛赞薛熙文采之华。

题薛孝穆小影

陈恭尹

薛生今世之狂简，人定不为天所限。
半生好作访古游，千载独具论文眼。

---

① （清）屈大均：《翁山文钞》，康熙刻本，载《清代禁毁书丛刊·集部》第120册，台湾，伟文国图出版社，1997。

② （清）屈大均：《翁山文钞》，康熙刻本，载《清代禁毁书丛刊·集部》第120册，台湾，伟文国图出版社，1997。

③ （清）王煐：《王南村集》，天津古籍出版社，2015，第413页。

④ （清）王摅：《芦中集》，上海古籍出版社，1981，第142页。

西游彭蠡溯湘沅，北过二陵寻灞浐。
逢碑下马辄自抄，得钱随手皆镂版。
结交欲尽一世豪，其家不及中人产。
年来更和击缶歌，赋中屡有伤心撰。
看君意兴殊落落，复上石楼穷嶾嵃。
与予相见五羊城，花边往往同飞琖。
问君之生烈皇末，日月无光天道反。
七日即为国破时，赋命其间宁不蹇。
阴阳剥复理有然，大器从来成在晚。
终期落日戈可挥，莫谓颓风力难挽。
谁人画此蕉与鹤，中有一翁坐来稳。
把将如意缺唾壶，直著山衣傲华衮。
蕉心万束不易开，鹤寿千龄孰能损。
君不见中孚九二鸣在阴，子和之声闻最远。

送薛孝穆之乳源

陈恭尹

罗浮游兴尚逡巡，又向云门寄旅身。
归计渐于吴下近，山光多与楚南邻。
箫韶合睹来仪鸟，钟乳偏宜服食人。
地僻古贤希到此，赖君文采发扬新。

（二）获桐城派后学好评

清康熙四十四年发生在岭南的画僧石濂案，让离世已十年的屈大均再次引起人们关注。石濂，字厂翁，法号大汕，俗姓徐，幼居江苏吴县，明亡后出家。中年到广州，自言为道盛法嗣，得屈大均相助，与岭南诸家交往，结识广东政教人物，入主长寿寺住持。后与屈大均政治思想和生活观点发生分歧且交恶。康熙三十八年前翰林院检讨、日讲起居注官潘耒作《救狂砭语》，揭露石濂有违国体、宗教，道德品质败坏等行为，引起官府关注和介入，后石濂入狱且死于狱中。此案中置石濂于死地的重要原因，是潘耒采信了屈大均与石濂“交恶”事实和屈大均诗文、书信。关于屈、石交恶，学界一直有争议，有学者甚至怀疑潘耒采信材料真实性。[①] 桐城派作家姚范坚定支持潘耒说法，在其著作《援鹑堂笔记》中指出，屈氏早年助石濂甚多，对其感情颇深，且曾为其代笔作诗；只因石濂行为不检、善画素女图、侵吞飞来寺僧田七千余亩等行为，致二人分道扬镳。[②] 姚范在其笔记中采信潘耒说法，表示对屈大均的信任和肯定。除姚范外，桐城派作家姚莹、姚柬之分别对岭南三大家有诗评，且一致推举屈大均诗为三家之首。姚莹的诗评是：“南园秋草没荒坡，接轨梁陈亦足奇。最是屈家吟不得，分明哀怨楚湘累。”[③] 姚柬之诗评为：“论国初诸老诗，以道援堂为冠。”[④]

非常巧合的是，姚范和姚莹、姚柬之同为桐城望族麻溪姚氏之后，后二人分别是姚范的曾孙、曾侄孙。三人对屈大均的肯定和推崇有一定渊源关系。作为桐城派学人，姚范祖孙继承了归有光、方以智、钱澄之、方苞等前贤“诗要发于性情之正，有助于人伦教化”[⑤] 的文学思想。“明中叶以降，皇极不张，封疆多故，累朝休养富庶之效日耗蠹”，归有光“有隐于衷，于国家治乱之几、人才消息之故，以及赋役、水利、海防诸大政，熟复于中而形于言，多凿凿切利病，而其言或不敢以尽，即尽矣而不伤于激，盖风人旨存焉，至其俯仰身世，反观默省，时复超然远览，歉然而不自足，故其音悲渺而深长。”[⑥] 方以智首开桐城派论诗“重视内容，重视诗人个人修养的传统”[⑦]。方苞“服习程朱，其得于道者备；韩、欧因文见道，其入

① 潘承玉认为：石濂案是潘耒视野狭窄而无法理解较为进步的观念，并故意献媚最高统治集团，从而挟私中伤的结果，其所采用屈大均诗文书信是否出自屈大均值得疑问。潘承玉：《屈大均之友石濂：一位值得关注的清初岭南诗僧》，《绍兴文理学院学报（哲学社会科学版）》2003 年第 2 期，第 56~62 页。

② （清）姚范、方东树：《援鹑堂笔记·杂识》卷四十六，淮南监制官署刻，道光十五年。

③ 载黄季耕《姚莹论诗绝句六十首注》，黄山书社，1986，第 84 页。

④ 载（清）黄培芳《粤岳草堂诗话》卷二，陈永正主编《屈大均诗词编年笺校》，上海古籍出版社，2017，第 1363 页。

⑤ 周明秀：《论桐城派诗论的主要内容及其形成过程》，《文艺理论研究》2002 年第 7 期，第 63~70 页。

⑥ （清）刘声木：《桐城文学渊源撰述考》，黄山书社，1989，第 65 页。

⑦ 周明秀：《论桐城派诗论的主要内容及其形成过程》，《文艺理论研究》2002 年第 7 期，第 63~70 页。

于文者精。”[①] 作为姚门学子，姚范祖孙有着严格的麻溪姚氏家学传承。姚范“以勤于古圣贤之经传，诸子百史，志在贯穿，不主家法，唯以旁稽互证，求一心之是”[②]。姚范继承方苞文学思想，对其侄姚鼐的影响最大。姚鼐称“善为诗也”者，须具有“忠义之气、高亮之节、道德之养、经济天下之才”[③]。正因为有如此文学继承，事师姚鼐的姚莹、姚柬之二人才一致推荐有不屈的民族气节和忧国忧民情怀的屈大均诗作为三家之“冠”。

三 精神互励与文章互进

（一）精神互励

清顺治九年，屈大均“为飘然远游之举”[④]。开始了他长达三十余年远游僧生涯。北上与南下之间，他与钱澄之、汪琬交识；而魏礼兄弟、薛熙的南访，又让岭南三大家与魏禧、薛熙等有了心灵相通、精神互励的机会。

岭南三大家与桐城派心灵相通主要体现在对双方理想志趣的理解和尊重上。钱澄之对屈大均“来参铁岭禅”异常欣喜，以剩公（函可）“高蹋旧京传”的声誉，表达了对屈大均出关寻剩公的支持。[⑤] 汪琬称赞屈大均“雄敖自喜”，“远走吴越、燕赵、秦晋之乡，结纳其豪杰”[⑥]。与屈大均、陈恭尹出而寻“道”不同的是，桐城派则是隐而守“道”，无论钱澄之结庐先人墓，还是魏禧隐居精金山，屈大均也同样表示了支持和敬仰，赞颂他们“不嫁长沙仙女好，金精高卧亦良图”的高洁情怀和操守。[⑦]

岭南三大家与桐城派精神互励主要体现在双方操守追求上的关怀和激励。钱澄之对屈翁与剩公的“艰难师友谊”感同身受，预祝他“多君携手还”[⑧]。汪琬则以“君家旧住罗浮麓，偶负巾箱出岩谷。一枝藤杖宛如龙，

---

① （清）方苞：《方苞集》，上海古籍出版社，1983，第181页。

② 载（清）刘声木《桐城文学渊源撰述考》，黄山书社，1989，第138页。

③ （清）姚鼐：《姚鼐文选》，黄山书社，1984，第39页。

④ （清）屈大均：《翁山佚文集》卷二，南州书楼辑本，1940。

⑤ 董上德：《岭南文化知识书系·屈大均》，广东人民出版社，2008，第30页。

⑥ 蒋寅：《原诗笺注》，上海古籍出版社，2014，第479页。

⑦ 载陈永正《屈大均诗词编年笺校》卷8，中山大学出版社，2000，第527页。

⑧ 载董上德《岭南文化知识书系·屈大均》，广东人民出版社，2008，第30页。

徒步频歌远游曲”等诗句，描述屈大均拄杖、徒步歌游的潇洒，以“惭予未绝三彭累，矫首罗浮那可攀”① 等诗句表达自惭与仰视，以此激励屈大均坚定行程。同样，岭南三大家对桐城派作家也给予热情勉励和帮助。“平生不字贞，茕茕无娣姒。薇芜作面脂，菡萏为文履。云步何虚徐，谁能持玉趾。玉帛一朝来，容颜遂自毁。”② 屈大均以汉代张芒女喻桐城派作家的高洁和不屈。屈大均、陈恭尹等对薛熙的思想立场和道德情操给予了充分肯定和鼓励。屈大均称赞薛孝穆为“天下之有心人”，读出其文章中“感时悲愤之意”，号召“以孝穆《先友传》所称者为之尚友”③。陈恭尹则欣赏其诗歌中“年来更和击缶歌，赋中屡有伤心撰”的真实声音，勉励他“中孚九二鸣在阴，子和之声闻最远”，满怀豪情地期待“阴阳剥复理有然，大器从来成在晚”④。

（二）文学互进

岭南三大家和桐城派都将自己的精神理想写进诗文之中，唱和酬答之间发出同频共振的心声，表达志同道合的情怀，以此相互激励共进。

“汪琬是把学问文章视为精神乃至生命的寄托的。这种洁身自好、不慕声利、固执地坚持信念的人生态度，实开桐城文人风气之先。”⑤ 屈大均与汪琬的政治态度有所不同，他直接参与南明永历朝抗清战争、经历恩师陈邦彦兵败被杀的血雨腥风，屈大均“复仇”思想更加强烈。但屈、汪两人之间的文学理想却有相通之处，即以儒家事功的道德思想为基础，主张“文以理为主”。汪琬认为“理盛则言之短长与声之高下者皆宜”⑥。屈大均

---

① 蒋寅：《原诗笺注》，上海古籍出版社，2014，第 479 页。

② 陈永正：《屈大均诗词编年笺校》卷 8，中山大学出版社，2000，第 527 页。

③ （清）屈大均：《翁山文钞》，康熙刻本，载《清代禁毁书丛刊·集部》，台湾，伟文国图出版社，1997。

④ （清）陈恭尹：《题薛孝穆小影》，载刘爱莉《岭南遗民诗人陈恭尹诗歌研究》，山东师范大学硕士学位论文，2011。

⑤ 何天杰：《经世之学的蜕变与桐城文派的崛起》，《华南师范大学学报（社会科学版）》2001 年第 1 期，第 58~65 页。

⑥ （清）汪琬：《蓬步诗集序》，载何天杰《经世之学的蜕变与桐城文派的崛起》，《华南师范大学学报（社会科学版）》2001 年第 1 期，第 58~65 页。

认为“文人之文多虚，儒者之文多实”，[①] “虽悲歌慷慨，而不免迂执。”[②] 因此，汪琬肯定屈大均词“深沉跌宕，有风人之旨”，愿与其“作为诗歌相倡和”[③]。屈大均则以唐宋八大家和归有光文为宗，在文风上与清初三大家之侯方域、魏禧有异，更加接近汪琬。有学者考证，屈大均《皇明四朝成仁录》多则故事取材于汪琬作品。[④] 在文学创作上他们互鉴和互用，丰富和拓展了文学题材的思想内涵和社会价值。文学理想的相近性、文学实践的互励性，让江南之士与岭南之士心灵相通，当汪琬、屈大均读常熟薛熙文时，均以归有光之文比之，屈大均且叹：“今天下知学震川者，良有其人，汪钝翁尤其杰出者也。”[⑤] 所谓文学同侪心灵相通，世间英雄所见略同。

薛熙与岭南三大家的文学交流更为深入。陈恭尹评价他“千载独具论文眼”；[⑥] 屈大均称薛熙之文“以子长发其端，以震川会其成”，誉“其佳者不让震川，往往凌而上之”。且评价薛熙之文有胜其师汪琬之处：“波澜之涧，才力之劲，而言之短长与声之高下，能一一不失其节者”。对于屈大均之评，薛熙谦虚地认为“斯言过矣”，但同时诚恳地认为“此中确有神理不能深造自得者”[⑦]。正是屈大均高度而且准确的评价，让薛熙有了充分的文学自信和文章自觉，当屈大均将文章交薛阅评价时，薛熙欣然为《翁山文钞》作序，并为每篇文章点评，薛熙认为，屈大均为文“能知其所以然，皆本乎六经子史而立言，而又精思出之，沉构得之”，且评价说：“翁山之文固使可以天下之为善者劝，而为恶者惧矣夫。”[⑧]

---

① （清）屈大均：《无闷堂文集序》，载何天杰《清初爱国诗人学者——屈大均》，广东人民出版社，2006，第 149 页。

② 载郭预衡《中国散文史》，上海古籍出版社，2004，第 32 页。

③ （清）蒋寅：《原诗笺注》，上海古籍出版社，2014，第 480 页。

④ 《济南死事传》卷二，记宋学朱事，取材于汪琬《诰赠文华殿大学士兼吏部尚书宋公墓志铭》；《无锡死节传》卷十，记华允诚事，据汪琬《华凤超先生传》而成；汪琬：《尧峰文钞别录》卷二、《钝翁续稿》卷十九，载李圣华笺校《汪琬全集笺校》，人民文学出版社，2009，第 2067~2070、1500~1502 页。

⑤ （清）屈大均：《翁山文钞》，康熙刻本，载《清代禁毁书丛刊 · 集部》，台湾，伟文国图出版社，1997。

⑥ （清）陈恭尹：《题薛孝穆小影》，载刘爱莉《岭南遗民诗人陈恭尹诗歌研究》，山东师范大学硕士学位论文，2011。

⑦ （清）屈大均：《翁山文钞》，康熙刻本，载《清代禁毁书丛刊 · 集部》，台湾，伟文国图出版社，1997。

⑧ （清）屈大均：《翁山文钞》，康熙刻本，载《清代禁毁书丛刊 · 集部》，台湾，伟文国图出版社，1997。

屈大均、陈恭尹等以寻找反清复明志士仁人为目的北上云游，在吴越之地与明末遗民钱澄之、魏禧、汪琬、薛熙等惺惺相惜、一见如故。然而，清朝政局已安然稳固，人民生活已安定，清政府推行的儒家思想理念和治政方略，也逐步得到人民大众的认同，不少曾立志于隐士的明末知识分子，开始参举业，应荐科，参与清朝的政治和社会管理。虽然有钱澄之、潘江、方孔炤、方以智、姚范等明末遗民的坚守，但戴名世、方苞、姚鼐、梅宗亮、姚莹等桐城派作家仍选择出仕，将自己的理想和学识运用于治国为民的“经世”之业。岭南三大家与桐城派交流，诗词酬唱以抒心曲、人格情操相互砥砺以及诗文品评以增进学术。在这一过程中，岭南文化与吴越文化、中原文化充分交流，儒家道德伦理和经世思想在岭南三大家和桐城派之间充分交融，“以理为主”的学术思想充分实践，拓展了岭南与江南的文化与学术交流路径，促进了岭南文化的发展。

兼收并蓄　美味求真

——家藏清光绪十五年新选广州“时款酒菜”菜谱之初步研究

陈汉初*

摘要：省城学院前富桂堂藏版、光绪十五年印刷的《新选美味求真》，是一部广州酒肆时款酒菜菜谱。这本菜谱，系笔者在汕头街头的书摊上淘来的，静静地躺在书架上已有十多年了。本文通过对书中记述的183款广州时款酒菜的用料、烹制、味感以及蕴藏的文化内涵，一一进行条分缕析，今昔对比，讲述广州时款酒菜故事，演绎广州时款酒菜的文化内涵，用一幅幅图景，再现历史上的广州作为祖国对外商贸重要港口，一方铁锅烹百方食材、招引四方商客的诱人景象。

关键词：广州　菜谱　时款酒菜

中国是一个烹饪王国，饮食文化源远流长。早在先秦时期，许多政治家、思想家就已借助烹饪之道和饮食活动来阐明自己的政治观念和主张。老子的所谓“治大国，若烹小鲜”就是一个很有说服力的例证。我国幅员广阔，物产多样，烹饪流派多，美食文化丰富多彩。其中清代以前形成的最有代表性的是鲁、川、粤、淮四大菜系。广东濒海，海错繁多，气候温和，物多谷丰，内外交流频繁，海纳百川，形成了独特的粤菜文化。家藏《新选美味求真》一书，是目前所能见到的一本最早的广州“时款酒菜”菜谱，很值得研究。

* 陈汉初，广东省文史馆馆员，潮汕历史文化研究中心副理事长，研究方向为地方文化和民俗。

一 《新选美味求真》的基本内容

家藏《新选美味求真》，清光绪十五年（1889年）镌，省城学院前富桂堂藏版。其扉页为红底黑字，分三栏，中栏印书名：美味求真；右栏：内附时款酒菜便览；左栏书写“一目了然”及落款（见图1）。书中似无分卷，但骑缝标有“上”“下”之分，第2~17页，骑缝有“上”字；第18~27页，骑缝中空；第28~39页，骑缝有“下”字。故亦可理解为该书分三卷。这本旧书“序”后空白处还有本书的原收藏者用毛笔书写的文字：“光绪二十年夏月上澣，购此本于羊城双门庬上街书坊，蔼仁记”；封面背面书“烹调必要”。看来，此书系蔼仁于光绪二十年夏月购于羊城书坊，其主要目的是用于“烹调”。故推测，购此书者，有可能用于家庭，也有可能是掌厨者。

图1　光绪十五年版《新选美味求真》

本书主要内容有：一是序。书开篇为序言，占二面，后点明“是为序”，并署“光绪十三年季夏红杏主人识于仰苏夏李轩”，并不像现代书籍一样，序文前有“序”字，而是开门见山，单刀直入。序言主要记述其遍历羊城各酒肆，从“粉色应酬”“一饮一啄”中，得知各种食材的“质性”，并细加考订，写成此书。目的是使有兴趣于此者，可“依样画葫芦”。由此观之，作序者“红杏主人”应是本书的作者。二是“食品求真例言”。凡六项。主要阐述广州“时款酒菜”有关烹饪方法、重要术语和相关内涵，为阅读者解除疑惑。三是目录。凡项。其中，菜式183项，制酒法3项。四是书的内容。主要是对目录列举的183项菜式进行诠释，内容不分卷。从原料分，主要菜式有鸡菜8个，鹞菜2个，鹌鹑3个，鸽菜4个，鹧鸪菜2个，鸭菜12个，绵羊菜5个，汤2个，燕窝菜1个，鱼翅菜4个，鱼肚菜2个，海参菜2个，鱼菜9个，菇菜3个，木耳菜3个，海底植物菜3个，猪肉菜22个，鸡肉菜3个，鸭肉菜4个，炖品4个，鳝鱼菜4个，鲋鱼菜2个，鲟龙菜2个，鲈鱼菜2个，蟹菜7个，虾菜6个，豆腐菜3个，蛤菜4个，鱼菜7个，鲩鱼菜4个，各种淡水鱼菜4个，酿鱼菜3个，鱼蛋肝肾菜5个，茨、菇、瓜、素菜等5个，牛、猫肉菜3个，香饭2个，制果皮菜1个，面食2个，制腊味菜16个，等等。

但奇怪的是，“制酒法”在目录中列有三种：“香花酒”“甘露酒”“归圆酒”，但内文中并没编入三种酒的制作方法。这有可能是，这三种酒是清末广州酒楼菜馆的常用酒。全书所列菜谱并无十分明确的分类。开始，按菜主料分，后又似按烹调方法分，有的又似按菜的性质分。总之，编著者似乎还没有形成菜色分类的基本概念，只是把它们拼凑在一起而已。需要特别说明的是，该书书名在封面、扉页、例言中，先后出现过三次。第一次为“新选美味求真”，第二次为“美味求真”，第三次为“食品求真”。依此笔者认为，该书原书名应是“美味求真”；“食品求真”，应该是作者在例言中为强调食材的本来面目而采用的另一种说法；“新选美味求真”可能意味此书曾出版过，这是“新选”，故名“新选美味求真”。

二　清代广州“时款酒菜”的三大特色

红杏主人撰《新选美味求真》一书，是目前见到最早的广州菜菜谱。书中自始至终并无出现“粤菜”二字，广州是广东的政治经济中心，广州菜是粤菜的代表。历代以来，广州向来领风气之先，粤菜在此地引起关注，也是很早的。广州地处亚热带，气候温和，物产丰富；它濒临南海，与外国交往早，商品经济发达，人们对吃的讲究，领先于近现代内陆城市。上海五口通商后，广东人在上海经商者多至四五十万人，粤菜馆在上海街头巷尾开了起来，粤菜以其品种繁多、式样新颖、美味可口、合乎营养卫生等特点，引起文人和报章的关注。其中，宣传粤菜较早的是杭州人徐珂。他在《清稗类钞》等书中，对粤菜再三表示赞许，并将粤菜提到人文的高度。他说："吾好粤之歌曲，吾嗜粤之点心。"1924 年，上海《申报》记者禹公发表了一篇《广州食话》，开门见山地说："广州人食之研究，甲于全国者。"广州"时款酒菜"为什么会引起人们的青睐呢？源于它具有"真""味""奇"三大特色。

（一）求真

《新选美味求真》作者红杏主人在序中说："盖饮食必先求于本真"，即"食品求真""取其不尚繁华，务求真实之意"。分析 183 款菜谱，每一款菜谱，都体现对真材实料的追求。例如，书中记述的"栗子鸡""八块鸡""□鸡""蒸鸡"都要求用"肥鸡"，"蒸乳鸽"用"肥鸽"，"葵花鸭""煎软鸭""鸭王味""全鸭""神仙鸭""冬菜鸭""清炖鸭""新陈鸭""鸭羹""会鸭丝"都用"肥鸭"，"窝烧绵羊""红炖绵羊""清炖绵羊"用"精肥各半"的羊肉，"炒绵羊"用"羊腩肉"，"扣蚝豉"用新鲜的蚝，"蘑菇"以口外嫩白者为佳，"雪耳"取洁白者浸透洗净，"葛仙米"以青绿为佳，"芙蓉肉""什锦肉"用"腩肉"烹制，"子盖肉"用"肥肉"，"米沙肉"用"腩肉要五花处"，"薄片肉"用"脊头肥肉"，"炒银肚丝""凉拌肚"用"猪肚取近蒂处"，"翡翠蟹""苦瓜焖蛤"用"西园苦瓜"，"棋子鸭"要用"天津葱头"，"虾豆腐"的"虾子"作者提醒天津店有卖且新鲜的最为佳，等等。如做"神仙鸭"，书中阐述的做法是：

> 肥鸭削净，用盐二钱，擦均里外，砵载。以汾酒一杯，连杯放在开肚处，不可将酒倒泻鸭身，不过取其气味耳。隔水炖至极煁为度。取起酒杯，上碗。此法同，不用小菜为佳。

这个菜，是广州"时款酒菜"使用原食材、原汁原味的典型菜肴。

（二）重味

红杏主人又说：“世人知食者多，知味者少，而精此道者尤为鲜矣。”《新选美味求真》作者红杏主人是一位美食家，他“遍历诸酒肆中，每以粉色应酬，徒为悦目之资，实无适口之馔。”他在序中还自谦说：“仆本未识天厨之味”，“然一饮一啄，必究天物之质性，细加考订”而成此书。红杏主人本只是一个食客，然而他用心考察他吃过的每一道菜，并把它写了出来。书中所列菜谱，都对味觉充满着追求并着墨加以描述。他除强调配料外，有的菜还特别交代“留原汁”，以便烹后加上。书中对菜味的描述：“栗子鸡”“味香而滑”，“香”是味觉，“滑”是口感；“八块鸡”“可食美滑”，“可食”是味觉，“美滑”是口感。

在183款菜肴中，每款菜谱末尾都有关于该菜的味感描述。例如，“草菇炒鸡片”，特别强调要“即食”，“味爽而滑”；“苦瓜炒鸡”“味鲜野可嘉”；“鸡鸭会”“味香滑而厚”；“会鸡丝”“味和美”；“蒸鸡”“味鲜滑”；“走油鹌鹑”“味香滑”；“全白鸽”“味浓香滑”；“煎软鸭”要“留原汁作味”，“即切即食”；“清炖鸭”“味清香”；“新陈鸭”“味厚”；“炖鱼翅”“味清爽”；“海秋筋”“味清爽滑”；“炙鳝鱼”“味香甘”；“栗子扣肉”“味甘厚”；“蒸猪头”“味香爽而堪”；“滑肉羹”“自然鲜滑”；“窝烧肠”“即食，味香，甘堪”；“炒排骨”“味酥香”；“叉烧鹅”“味香甘可嘉”；“炒响螺”“味爽甜”；“炖水鱼”“味甜而滑”；“炒鲉鱼”“味鲜爽”；“蟹羹”“味极鲜甜”。

有的个菜，作者还强调不要添加其他小菜。例如，“鸡”的做法是：用肥鸡，劏净，去肠脏用烧酒搽均，然后用朱油搽匀周身，正茶一小捏，香信几片，红枣几个，加酒一茶杯，滚至紧熟，便可取起，切不可用金菜，恐夺其鲜味。在这里，作者强调不可用“金菜”，其原因是“恐夺其鲜味”，特别强调“味”的“鲜”。尤其值得注意的是，书中介绍的两款汤的烹制，更体现原汁原味的真谛。

1. 吊上汤

将鸡鹅猪肉汤取齐，在锅滚至浓，用无盐生鸡鸭血，搅稀淋于汤上滚之，俟其浓汤之气全被血敛埋，用布隔过，再下锅滚，边滚便撞些清水，俟见汤滚至清，再用布隔过，盛入瓦盆，放在锅蒸滚后用。

2. 熬素汤

> 用大豆芽菜十余斤，下清水熬至芽菜味出，在汤内取起菜，滚至浓，用布隔后，盛入盆，炭火坐住待用。

以上两款汤，是烹饪过程的增味、助味用汤，汤鲜味原。

（三）奇吃

《新选美味求真》收录的菜谱中有“制乌猫”一菜。其做法是：

> 削净，用禾草煨过，洗净开肚，去肠脏，斩开出水一次，下猛锅煎过，用果皮、圆眼肉同滚至八分煁，取起折骨切丝后，用鸭丝、香信、苔菜、生笋、蒜头，供切丝。圆眼肉、红枣同会煮煁，加盐、白油、熟油，插勾上碟。切切不可下猪肉，猫肉最忌肥腻，恐滞。下些山楂同炖，不可下鸡丝，恐其燥也。猫宜乌色，其次狸色，若黄色则甚热也。

《新选美味求真》把广东人烹制猫肉美味，描绘得出神入化。“制乌猫”，第一，特别要求猫宜乌色，其次狸色，若黄色则甚热也。所以，菜名也叫“制乌猫”，不叫“制猫肉”。第二，特别强调“削净”“用禾草煨过”“洗净开肚”“去肠脏”“斩开出水一次”，“下猛锅煎过”。第三，“用果皮、圆眼肉同滚至八分煁”，再“取起折骨切丝后”，用“鸭丝”等配料“同会煮煁”，再加调料插勾上碟。第四，交代两个注意事项：一是“切切不可下猪肉，猫肉最忌肥腻”，“恐滞”；二是“不可下鸡丝”，“恐其燥也”。

“奇吃”是广州“时款酒菜”的重要特点。李时珍在《本草纲目》中说过：“南人嗜蛇。”可是，《新选美味求真》却没有以蛇做的菜谱。这也许是红杏主人个人偏好所致。与粤人有相同爱好的闽省人，以前有多种“奇吃”“怪吃”，如“将乐人嗜狗肉”“吃老鼠”，“建瓯人以穿山甲为美味”，“福州人吃蛇肉、猫肉”“吃鳖”。①

① 《福建人的几样怪菜》，《星闽日报》1948年5月20日。

广州人也有以上几种“奇吃”的习惯。1957年1月，广东人民出版社出版的《广州名菜烹调法》一书，其中“山珍野味类”有“猫”“狗”“蛇”“果子狸”等做成的菜肴。而“猫”菜中“生会老猫公”中的用料，与《新选美味求真》中的猫菜有所不同。清代时对食用猫的颜色有讲究，而当今对猫的颜色并无特别要求，只要求“老猫公”“六斤以上”；清代时烹猫肉，要求“不可下猪肉”“猫肉最忌肥腻”，“不可下鸡丝”“恐其燥也”，而当今烹猫肉却下猪肉中的“枚肉”，与“毛鸡项一只”同烹。[①] 由此观之，广东人吃猫肉，古今讲究大不相同。

三 清代广州“时款酒菜”的烹饪方法

烹饪之道，不外乎得法。《新选美味求真》序中写道：“夫山珍海错，各有性之不同，在制法须当分其味之浓淡而别之。”又言：“夫烹饪之法，不外乎得法者。”书中总结了以下几种烹调方法。

（一）炖

《例言》中记载：“凡炖法有三要：一煁，二汤水恰可，三要不失原味。此三者不可缺也。”炖分清炖、红炖。清炖就是用水或上汤滚至煁；红炖就是先用水滚过、朱油揸匀，瓦砵载隔水炖至极煁，如“清炖鸭”“清炖鸭掌”“红炖绵羊”等。当今，粤菜也有此做法，也分红炖法和清炖法。红炖的主料要用油炸过，然后盛于瓦炖盆，加配料水，慢火炖之。1957年，《广州名菜烹饪法》总结炖法注意事项有三点：“一要焾，二是汤水恰合，三要不失原味。”这与清代红杏主人总结的三点一模一样，说明此法为古代传承下来的。

（二）炒

红杏主人总结炒法有七忌：一忌味不和；二忌汁多或少；三忌火色不均，或老或嫩；四忌小菜不配合；五忌刀法不佳；六忌停冷；七忌用油多或少。此七者不可犯也。炒分生炒、熟炒、油揸炒。生炒就是生料下鼎，加配料炒；

① 广州市饮服公司：《广州名菜烹饪法》，广东人民出版社，1957，第6页。

熟炒就是将料先做熟再炒；油揸炒就是将主料用油揸过后再炒，如“草菇炒鸡片”“苦瓜炒鸡”“炒白鸽”“炒鸡掌”“炒鱿鱼”“炒绵羊”等。当今，粤菜的炒法分“生炒法”“泡油炒法”“软炒法”“熟炒法”四种。[①] 在制法上，分析比较具体，但没有清代红杏主人罗列的“七忌”说法。

（三）蒸

红杏主人说：“蒸海鲜必要用布抹干水气，然后下配料，以紧熟为度，其味乃鲜滑。此汁系其津液之汁，非生水气之汁。”蒸，就是主原料加配料，用盘、碟盛住，隔水用蒸汽蒸至恰熟。红杏主人列举的蒸菜不是很多，如“清蒸鸡”“蒸猪头”等。当今粤菜的蒸法有“清蒸法”，大致与古法同，主料要“洗净、抹干”[②]，这些做法，与古法同。

除此之外，红杏主人还总结了“糟”“会”“煎”“吊”“熬”“炙”“折”“扣”“焗”“凉拌”“烧”“酿”“酥”“腊”“揸”“制”等17种烹调方法，加上“炖”“炒”“蒸”共计20种。而当今粤菜的烹调方法已总结“煎”“炸”“炒”“炆”“炖”“扣”“焗”“焗”“烧”“烤”“卤”“煲”“会”“酿”“蒸”“汤”“泡”“浸”“扒”“灼”“熏”“滚”“酱”“馏”“滑”“拼”“煨”“甑”“裹”“糟”“醉”“川”“漂”“湅”“焖”“炙”“糊”等37种。[③] 比清代总结得更为明确、完善了。总之，不管前人总结的烹饪方法有20种还是37种，都离不开“料”“火”“水”“掌”四个方面，而“料”“水”“火”全靠厨师的把握，即掌厨者之“掌”。

四　清代广州“时款酒菜”的中华传统美食文化智慧

中华饮食文化，是中华传统文化的重要组成部分。中华烹饪，源远流长。先秦重要经典和《齐民要述》都对我国的饮食文化有过论述。中国菜用博大精深、享誉世界来形容是不为过的。有关中国饮食文化的专门著作，有清代袁枚的《随园食单》和清代王士雄《随息居饮食谱》等著作。袁、王地位显赫。袁枚为清乾隆四年进士、曾做四任县官；而王士雄是清代对

---

① 广州市饮服公司：《广州名菜烹饪法》，广东人民出版社，1957，第7~8页。
② 广州市饮服公司：《广州名菜烹饪法》，广东人民出版社，1957，第21页。
③ 广州市饮服公司：《广州名菜烹饪法》，广东人民出版社，1957，第1~3页。

朝廷有贡献的著名温病学家。他们的著作为人们所熟知。除此之外，笔者还藏有民国时期闽侯潘衎著的《家庭食品烹制法大全》一书。平心而论，到目前为止，红杏主人的《新选美味求真》，并未能引起足够的重视。其原因在于，红杏主人的姓氏、身份，至今笔者也未考证清楚。因此笔者推断其没有上述两本书作者的身份那么显赫，故知之者少，传之者寡。

红杏主人编撰的《新选美味求真》，书中未见提到“粤菜”两字，只说是广州“时款酒菜”。由此可见，粤菜的提法，应晚于此书出版之时。但“广州”二字，已把地域说得非常明白了，既是广州的菜谱也是广东的菜谱。《新选美味求真》，内容丰富，提炼精当，闪烁着中华美食传统文化的光芒。

（一）养生观

红杏主人在菜谱中提及不少有益健康、有益身体的菜谱，加入中草药，做成药膳的也有多例。例如，“全鹧鸪”，做法是起骨，放在砵，下绍酒一杯，搽匀。熟莲子，香信、火腿齐下，隔水炖至极煠。“此物化痰，有益，味香。”又如，“炖羊头”，“用姜汁、酒炒过”，“绍酒四两、利水同炖至极煠，加红枣，正菜同炖”。“如欲有益，加北芪五钱、防党五钱同炖。”再如，“石耳”能“滋阴清热”；“葛仙来”“清爽消滞，多食能延寿。”“发菜”“味爽能消食。”有的菜，红杏主人还特别提醒，如处理不当，是有害的，如“燕窝羹”，他在菜谱中特别提出：“此物至清沾，不宜下重浊之物配之，又宜以滚得久为佳，如若滚不熟，则食令人泻，慎之。”

（二）季节观

中国人很早就知道天地运行是有规律的。于是，民间有二十四节气之说。天人合一，人类对四时节气的饮食，是有讲究的。红杏主人在食谱中对此也有记述：“生于四时不同，相物而用。”哪些适合夏季吃，哪些适合冬季吃，在食谱中都给食货们提个醒。比如“薄片肉”用的是“脊头肥肉”，配“芥末、浙醋、蒜茸拌食”，“底用炒青豆角”，“夏天菜也”。“凉拌肚”，“用近蒂处”，“薄片”，用“芥末、浙醋、蒜茸、麻油、白糖拌匀”，“味爽，此夏天菜也”。“冬瓜腿”，主料火腿、冬瓜，用绍酒隔水炖，“此夏天菜也”。“肇菜腿”“此冬天菜也。”有的菜，红杏主人还特别点明，什么地方的人喜欢食用，如“米沙肉”“味甘香，外省人最喜食之。”又如，“荷包饭”，“食之香甘，莞人常用此法”。荷包饭，是东莞人常用的烹食方法。

（三）调和观

调和，是一个哲学观点，也是一种烹调理念，就是“五味调和”。“齐之以味，济其不及。”调味品有去腥膻、变色泽、增芳香、定味道、保鲜防腐等多种功能。厨师在制作美味佳肴时，必须水火相济、五味协调。如果只用水和一种调味品来调味，做不出美味佳肴，人们也不会喜欢。这与弹钢琴、演奏音乐一样，只用一种声音，是不能产生美妙音乐的。

红杏主人在书中的序中载：“夫山珍海错，各有性之不同，在制法当分其味之浓淡而别之，小菜配合得宜也。”在“例言”中谈到一种调味品叫“纤头”，“乃豉油、豆粉、白糖、料酒等件之谓也”。“此纤头”，也即调料、配料。这种配料、调料，“有时不能不用，也切不可多用，相物而下便合，使其齐相和味也”。也就是说，要相物而用，视性而用，五味调和，相得益彰。这个“用”，既有配料，也有用火。要相生，不能相克。“凡用火有文武之别，物有刚柔之分，可物而施。如刚者，用火多些；柔者，用火少些，如炒卖俱宜，用武火乃可。”

调和的观念，还包括美食与美器相配。红杏主人在“例言”中说：“食必以美器，此为饮食中之明论也。”美食盛在美的餐具，再加上美的就餐环境，显然，食货们的心境就不同了。

（四）美味观

“古者伊尹割烹，易牙调和。”红杏主人在序中把中国古代两位烹圣抬了出来，分别是我国古代善于割烹的伊尹和善于调和的易牙，揭示中国烹饪文化的底蕴深厚。有意思的是，古时孟子与告子在讨论人性与仁义关系时，也谈到易牙。孟子说：“口之于味，有同耆也。易牙，先得我口之所耆者也，如使口之于味也，其性与人殊，若犬马之与我不同类也，则天下何耆皆从易牙之于味也。至于味，天下期于易牙，是天下之口相似也。”[①] 孟子认为，口有同耆，又众口难调，而易牙所调之味，天下皆以为美也。红

---

① 载朱熹集注《孟子·告子上》，光绪三十三年，学部图书局，第7页。

杏主人也从孟圣人的观点，在书中进一步论述："但世人知食者多，知味者少，而精此道者尤为鲜矣。"进一步强调味觉在饮食中的重要性。"味觉"是一种自我感觉，也是一种人性，更是一种艺术。孟子还说："口之于味也，有同嗜焉；耳之于声也，有同听焉；目之于色也，有同美焉。"[①] 孟子把饮食思想最为闪光的味觉，提高到和音乐、色彩（美术）同等的美感境界。人们追求美味与追求美的色彩和美好动听的音乐，是具有同等要求的，此即所谓"口之于味，有同嗜也"，"食色，性也"[②]。

① 朱熹集注《孟子 · 告子上》，光绪三十三年，学部图书局，第 8 页。
② 朱熹集注《孟子 · 告子上》，光绪三十三年，学部图书局，第 2 页。

新中国成立初期广州市珠江区水上居民的历史故事

谢棣英　郑少霞*

摘要：本文主要通过爬梳历史文献的方法，揭示在1949～1965年，广州市珠江区深入开展与水上居民息息相关的政治、经济、教育、文化等方面的措施，探索珠江区将近6万的水上人从“疍民”特殊身份，到“水上人民”的转变，再逐渐成为“水上居民”的进程，以此窥视广州市走向社会进步的一个历史缩影。

关键词：珠江区　水上居民　疍民　广州市

一　珠江区建制的历史背景

在研究广州市水上居民历史文化的时候，水上居民这个独特的水上群体与广州市及所属的珠江区、河南区、南区和海珠区等区域名称有着千丝万缕的联系。226年，东吴孙权将原交州分为交州和广州两部分，“广州”由此得名。1921年广州市政厅成立，为正式建市之始。1949年中华人民共和国成立后，广州市的行政隶属关系和行政区设置经过多次的变动和调整。

1. 广州市行政隶属关系变化

1949年10月14日，广州市成为中央直辖市；1950年改由中南军政委

* 谢棣英，广东省非物质文化遗产项目咸水歌的代表性传承人，中国民间文艺家协会会员、广东咸水歌研究会副主席，研究方向主要为水上居民文化；郑少霞，暨南大学研究生，广州市民间文艺家协会会员，从事广州地方民俗文化、广州非物质文化遗产的保护与开发、岭南民俗文化、旅游规划与开发等研究。

员会领导；1954年，广东省由中央直接领导，原中央直辖的广州市划归广东省管辖。①

2. 珠江区、河南区、南区和海珠区的区别

1949年，广州市成为中央直辖市后，将民国时期的33个辖区（市区23个、郊区9个、水上区1个）划分为28个区，其中城区20个，郊区7个，水上区1个（珠江区）。② 1950年，调整行政区划设置，将28个区合并为16个区，包括城区8个（其中蒙圣区、海幢区、洪德区3个区合并为河南区），郊区7个，水上区1个③，直属办事处1个。1952年10月再次调整，8个城区合并为5个（其中河南区改称南区），7个郊区合并为3个，仍然保留水上区。④ 1959年5月5日，珠江区建制撤销，其所辖区域分别由东区、南区、西区、中区、广州市郊区管辖。⑤ 1960年恢复市以下的建制，划分市区4个（其中南区定名为海珠区）和郊区3个。⑥ 由此可知，广州市行政区域在新中国成立后进行过多次调整变动，而珠江区作为一个独特的水上区，自民国时期到新中国成立后较长的时间段内始终被保留着。

3. 珠江区的变迁

1949年11月，广州市设立珠江区，同年12月成立珠江区人民政府，后于1955年初改称为广州市珠江区人民委员会。珠江区设立的主要职能之一就是改善船民和水上居民的生活，建立互助合作制度，带领人民进行社会主义革命。⑦ 作为广东水上第一区，珠江区横贯广州市中心，毗邻大东、沥滘、永汉、惠福、太平、西村、芳村、河南、荔湾九个区和沙面办事处以及南海、番禺两县。沿珠江东起新洲河面，西至西村增步，南面从永兴街鸡鸭滘至白鹅潭，西南面从芳村沙涌至山村、石围圹花地河，面积约为

---

① 王姣：《珠江三角洲地区城市建成区扩展时空过程及影响因素》，中国科学院研究生院（遥感应用研究所）硕士学位论文，2006。

② 20个城区为逢源、黄沙、西禅、长寿、沙面、陈塘、太平、惠福、靖海、小北、德宣、西山、东堤、汉民、前鉴、大东、东山、洪德、蒙圣、海幢，7个郊区为南岸、沙河、芳村、石牌、新洲、沥滘、三元里，水上区为珠江区。

③ 8个城区为长寿、河南、惠福、永汉、太平、越秀、大东、荔湾，7个郊区为南岸、沙河、芳村、石牌、新洲、沥滘、三元里，水上区为珠江区。

④ 5个城区为东区、中区、西区、北区、南区。

⑤ 《“超级大广州”的前世今生》，《广东经济》2014年第3期，第18~19页。

⑥ 城区4个：东山区、海珠区、荔湾区、越秀区；郊区3个：黄埔区、芳村区、江村区。

⑦ 广州市档案馆：《广州市档案馆指南》，中国档案出版社，1997，第286~287页。

16平方公里，为广州市重要的水上交通要道。在行政管理区域设置上，珠江区分为9个办事处，其中陆地1个（石涌口），水上8个（东堤段、南堤段、新堤段、黄沙段、永兴街段、如意坊段、花地口段、河岸尾段），总户数10697户、56708人。① 珠江区于1955年2月、1956年9月、1958年3月分别召开珠江区人民代表大会，选举产生第一至第三届区人民委员会。② 1958年11月17日，广州市委第126次常委会议决定撤销珠江区编制，分别移交有关部门及各区管辖；同年12月16日，珠江区召开区第三届人民代表大会第二次会议，做出了撤销珠江区建制的决议。1959年5月5日，中共广州市委批复：珠江区建制撤销。直至1964年，根据工作的需要和珠江水上管理工作的特殊需求，3月成立珠江区筹建处，进行珠江区恢复建制的前期准备工作；10月22日，广州市委发文恢复珠江区建制，设立中共珠江区委和珠江区人民委员会，办公地点暂定在芳村，继续开展珠江区的管理工作。③ 后由于珠江区水上居民逐渐上岸居住，水上人口不断减少。1965年4月23日，中共中央广州市委为了贯彻精简原则，颁发了《关于撤销珠江区建制的通知》，再次撤销珠江区建制（见表1）。④ 而水上居民的安置上岸工作并未停止，仍然由所属街道或各区继续负责。

表1 珠江区建制沿革

珠江区相关职能部门	代表人物
珠江区军代表	周希友
珠江区人民政府（1949年12月至1955年2月）	区长：周希友（任期至1954年10月） 吕刚（1954年10月上任）
珠江区第一届人民委员会（1955年2月至1956年9月）	区长：吕刚
珠江区第二届人民委员会（1956年9月至1958年3月）	区长：吕刚

① 广州市海珠区政协社会法制文史委员会、珠江区老同志联络组：《十年珠江区》，广州市海珠区粤交印刷厂，1999，第3页。

② 中共广州市委组织部等：《广州市政权、军事、统战、群团系统组织史资料》，广东人民出版社，1993，第120~121页。

③ 中共广州市委：《关于恢复珠江区建制的通知》（〔1964〕市委字第217号），广州市档案馆，第313案卷号，第52页。

④ 中共广州市委：《关于撤销珠江区建制的通知》（〔1965〕市委字第91号），广州市档案馆，第313案卷号，第52页。

续表

珠江区相关职能部门	代表人物
珠江区第三届人民委员会（1958 年 3 月至 1958 年 12 月）	区长：赖华
珠江区筹建处（1964 年 3 月至 1964 年 10 月）	负责人：梁锡廉、刘仲根
珠江区人民委员会（1964 年 10 月至 1965 年 4 月）	区长：周澄涛

注：中共广州市委组织部等：《广州市政权、军事、统战、群团系统组织史资料》，广东人民出版社，1993，第 120~121 页。

二　珠江区水上居民的生活

（一）政治上当家做主

1. 政府确认水上居民为汉族

新中国成立初期，疍民曾以少数民族的身份被区别对待。在 1950 年首都国庆周年大会上，报纸曾报道：在天安门观礼台上有“疍族”的代表。1952 年 12 月，广东省民政厅根据《中华人民共和国民族区域自治实施纲要》的精神拟定了《关于建立沿海沿江渔民（包括水上人民）县区乡（镇）政权工作的指示》，规定疍民按少数民族对待，其聚居区建立起以疍民为主体的自治政权，沿海疍民区按不同情况成立县、区、乡（镇）各级疍民政权，沿江疍民则建立渔村或水上居民委员会。后考虑到“疍”字的歧视性质以及群体特征等问题，中央及中南局有关部门认为疍族作为少数民族的根据和条件不充分，于 1955 年正式确认疍民为汉族群体的一部分，自此再无相关文件或报纸提及“疍族”是少数民族。

2. 废除“疍家”称谓

历史上，水上居民被称为“疍民”“蛋民”“蜑家”“蜑蛮”“蛮蜒”“夷蜒”“蜒蛮”等。长期以来，珠江区的水上居民受到压迫、剥削、欺压和凌辱，统治当局不允许他们读书写字、上岸穿鞋、与岸上人通婚。再加上岸上人大多以“疍家佬”“疍家仔”“疍家婆”“疍家妹”“疍家鸡”“水狗仔”“大帽仔”“帽爷”“卜爷”“猪淋六”等称谓称呼，因此水上居民对“疍家”等称谓极为反感。考虑新中国成立初期“疍家”称谓歧视的特殊性不利于民族大团结，1950 年政务院发出《关于废除对海上渔民“疍家”侮辱称号的通知》，禁止全国各地再使用带有侮辱性、歧视性的“疍家”称呼。同年11月，广州市第三届人民代表会议通过了《提高水上人民地位，取消侮辱水上人民“疍家”的称呼》的决议。时任广州市市长叶剑英在会议上郑重地说：“水上人民应同陆上人民一样，政治上完全平等，上岸可以穿鞋，可以同陆上人通婚，水上人民的子女也可以上陆地学校读书。”1953年7月，广东省政府发出《关于疍民改称“水上人民”并特殊照顾其政治地位的通知》，要求各地政府严格执行并且给予广大水上人民特殊照顾。

3. 开展基层组织建政工作

珠江区建制后，有计划地开展人民政权基层组织建政工作，按照河段建立区人民政府以及在街道办事处设立居委会，每个居委会下再设若干个居民小组，正式成立人民政权的基层组织。基层组织建政工作全面铺开，彻底地废除了珠江区落后的保甲制度，水上居民行使民主权利，真正实现当家做主。

（1）打造基层管理团队。珠江区的水上居民以自己的意志选取人民代表和竞聘基层管理干部。选取周希友、吕刚、梁干、何锦成、陈燕萍、崔岩、伍远大、蔡远大、邓克、梁干等为中共珠江区机关支部成员，水上居民的优秀代表彭灶被选为珠江区副区长。同时，水上居民积极参与政权建设，有些担任了居委会委员、治保委员、居委会主任等。另外，还成立青年团珠江区支部、团区总支部和团区工委以及水上团委等。

（2）进行水上民主改革运动。从1953年1月28日至10月20日，围绕“提高觉悟，加强团结，肃清敌人，搞好运输”的目的，珠江区对水上交通运输业的群众进行教育宣传工作。在此期间，民改干部与船员们同吃、同住、同劳动，对船员进行政治倾向摸底；筹划民船发展道路，逐步引领珠江区民船走上合作化、机械化道路，同时开展人口普查、进行选民登记和召开珠江区第一届人民代表大会等。

（3）提升水上妇女政治地位。一是成立妇女组织开展全区妇女解放工作，1950年1月成立珠江区妇女工作小组，1951年4月成立珠江区民主妇女联合会筹备会，积极开展宣传和思想教育工作，如宣传贯彻执行《婚姻法》，杜绝买卖婚姻，提倡自由恋爱；号召积极参加普选活动，实现个人政治权利；组织学习班，大力培养妇女干部等。二是开展取缔水上娼妓群体工作。1950年，广州市人民政府进行统一部署，开展取缔娼妓的教育宣传活动。1953年，广州市成立取缔改造妓女工作委员会，协调全市的娼妓收容、教育改造工作。[①] 在区委、区政府的统筹下，珠江区妇联积极配合民政部门、公安局等开展收容工作，为她们提供治病、学习文化、培训生产技术的场所以及安排其到工厂企业等部门劳动等。

（二）经济上独立自主

靠山吃山，靠水吃水，独特的水生环境造就了水上居民的生计来源多种多样。有以捕鱼捞虾为业，“天工分付水生涯，从小教他踏浪花。煮蟹当粮那识米，缉蕉为布不须纱”[②]，抑或是“或十余艇，或八九艇联合一艅，同罟捕鱼，称为罟朋。每月则有料船一只，随之腌鱼，彼船带米以济此疍，各疍得鱼归之料船，两相贸易，事诚善也”[③] 的协同捕鱼模式；有以渡客运输为业，咸水歌《渡客》里唱道“茫茫珠江远近闻，轻轻小艇客满临”；有以农耕伐木为业，“势豪土棍不得借端欺凌驱逐，并令有司劝谕，户开垦荒地，播种力田，共为务本之人”[④]；有以水上流动商贩为业，为来往船只和岸上行人提供艇仔粥、盆粉或田螺等食物。

1955～1956 年，随着国家合作化高潮的到来，珠江区水上居民按各自生产行业归口到对应的合作社中。《水上居民上岸定居概况》一文详细描述了水上居民通过生产合作社等实现就业的场景。在 20 世纪 50 年代珠江区管辖期间，政府就有计划地在住客艇、住家艇、交通（游河）小艇、横水渡等较多的如意坊、黄沙、新堤、东南堤、河南尾等地段，先后开办了绝缘纸制作、毛线织网袋、草纸制品、翻新钢丝绳、手制煤渣砖等生产合作社，安排水上居民就业，并动员部分体力较强的艇户到芳村东塱（市场东）转业务农，号召青年分批往雷州半岛、海南岛等地垦殖橡胶。从“大跃进”开始，更有大批水上居民参加芳村第一炼铁厂、山村第二炼铁厂（后改名珠江妇女钢铁厂，并厂后改名市建材二厂）、珠江炼焦厂、珠江玻璃制品厂等地方国营建制的企业工作，先后安置了上千名水上居民就业。[⑤]

---

① 中共广州市委党史研究室：《中共广州党史纪事（1919.5－2006.12）》，广州出版社，2008，第 176～177 页。

② （宋）杨万里：《杨万里选集》，上海古籍出版社，1962，第 123 页。

③ （清）张岳崧：《道光琼州府志》第 2 册，海南出版社，2006，第 819～820 页。

④ 冯国超：《中国通史》，光明日报出版社，2003，第 169 页。

⑤ 广州市海珠区政协社会法制文史委员会、珠江区老同志联络组：《十年珠江区》，广州市海珠区粤交印刷厂，1999，第 26～29 页。

（三）教育上因材施教

广州海珠区10年发展史资料显示，珠江区建制之初全区97%以上水上居民处于文盲、半文盲状态。① 面对如此庞大的“文盲大军”，广州市和广州珠江区人民政府意识到大办水上教育具有现实的紧迫感与使命感。1950年，在广州市第一届人民代表大会上决定开设珠江区水上教育小学，逐步开展教育扫盲工作。②

1. 逐一破解扫盲障碍

在对水上居民进行扫盲过程中，遭遇到许多困难，比如水上居民终日漂浮于水上，流动性极大，难以集中教学和辅导；水上居民对学习教育认知不深，认为读书对改变生活境地无用处；宣传招生信息渠道不宽，水上居民无法得知以及难以确保信息的真实性；水上居民生活有着许多禁忌和习俗，需要给予尊重；经济收入不稳定，难以供孩子读书；珠江区师资薄弱以及科室设备等硬件设施严重缺乏等。针对以上存在的种种困难，珠江区人民政府采取了多种灵活方式开展扫盲工作。一是区政府联合区教育部门、各街（段）办事处、派出所、民船总社、渔业联社、各小学等，安排老师们挨家挨户地去拜访每一艘小艇，宣传入学教育政策和方针，鼓励水上居民和船户积极入学接受知识教育。二是叮嘱宣传人员必须严格遵守水上居民的风俗文化，在宣传中尽量避开忌讳。三是学校实行了助学金、奖学金和减免学费等措施，减轻水上人家的教育费用负担。四是增加师资力量，除了增加专职教师和兼职老师外，大量培养群众教师。比如区教育部门从渔业联社和各街（段）办事处抽调有一定文化水平的社员和干部参加群众教师培训班，群众老师进行实习、试教等培训合格后，回到各住地协助开展扫盲工作。

2. 建立水上教育机构

为了全方位开展水上教育工作，广州市人民政府拨款3亿多元作为珠江区开办水上居民小学的经费。1951~1960年，珠江区建立了多个公立全日制

---

① 广州市地方志办公室：《广州话旧（羊城今古）精选（1987—2000）》（上），广州出版社，2002，第326~327页。

② 广州市地方志办公室：《广州话旧（羊城今古）精选（1987—2000）》（上），广州出版社，2002，第728页。

小学以及其他类型的教学班，学校建设大致情况如下。[①]

1950 年 6 月，在泰州外街 79 号租用河南金花庙，开办珠江区第一水上小学，入学儿童 33 人，9 月增至 106 人。

1950 年，装修并改建被弃泊于东堤码头的紫洞艇，办起水上第二小学，入学儿童 300 余人。

1952 年 2 月，在沙面利用修复的英商码头，建起珠江区第三水上小学（或称黄沙段小学、沙面小学）。1956 年 12 月，邵力子、陈岱孙、王雪莹三位广州市人民代表对第三水上小学进行视察。

1953 年，在芳村新建校舍建立第四水上小学，入学人数 700 余人。

1953 年 9 月 26 日，在南堤天字码头成立水上第五小学。

1953 年 8 月 21 日，根据珠江区各界人民代表会议要求，接管私立二沙头小学，修建成水上第六小学。

1953～1955 年，在永兴街、如意坊和河南尾等地陆续建起了第七、第八和第九水上小学。

1960 年，广州市航运管理局在二冲口新仓街设立一所河沙砖泥运输社职工子弟小学。此外还有远安街小学和南石头街民办小学专门招收水上儿童入学。

为了照顾水上居民流动分散的情况，第四、第七、第九水上小学和远安街小学及南石头街民办小学 5 所小学设有宿舍、饭堂、厨房、浴室等设施，开创免费寄宿制，教师和生活管理员 24 小时照顾寄宿生的学习、生活与安全。以上水上小学除了办起全日制教学班外，部分学校还附设开办了特殊中午教学班（教学对象为晚间在客艇、游艇等从事工作的女青年）、夜间教学班（教学对象为需要协助父母照看弟妹或以拾煤渣为生的 12 岁以下的儿童）、学前教学班（教学对象为六岁以下的儿童）以及成人夜校（教学对象为白天从事码头、轮渡的搬运和交通运输等工作的男女青年）。此外，还在珠江区水上各小学校舍和借用仲恺农校、立达中学等校舍，开办了 8 间水上民众业余学校，提供成人教育。

水上教育机构的设立极大地解决了水上居民文化教育脱节的问题，为

---

① 广州市地方志办公室：《广州话旧（羊城今古）精选（1987—2000）》（上），广州出版社，2002，第 429 页。

珠江区的人们带来科学文化知识。仇永庭《忆江南·水上小学》表达了对水上小学的赞美之情："珠江好，水校始金花，世代文盲今亮眼，船船喜见读书娃。"① 后在政府政策安排下，水上居民陆续迁居陆上新村。与此同时，水上学校也随之转为普通小学。目前依然能够寻觅到学校出处的有珠江区水上第一小学于1960年改为鳌洲外街小学，水上第四小学于1959年改为新隆沙西小学，水上第七小学于1959年改为后乐园街小学，水上第九小学于1958年改为长安东街小学。

3. 水上教育结出硕果

在广大教师的辛勤努力下，水上办学成绩显著。广大的水上学生接受文化启蒙教育，在社会的各个岗位如教师、医生、解放军、公安干警、领导干部等岗位上兢兢业业，实现自我价值。珠江区的水上教育成果在当时还引起国内外人士的广泛关注。苏联、英国、日本以及非洲和东欧等地的国际朋友到水上学校进行访问和考察。例如，1955年苏联英雄卓娅的母亲随苏联人民友好代表团到水上第四小学进行座谈访问。1958年底，朱光市长、张瑞权副市长到水上第八小学进行视察活动，作了"认真贯彻党的德、智、体全面发展的教育方针，培育水上新一代""百尺竿头更进一步"的题词，充分肯定水上办学成绩。1951年底《广东教育》杂志到水上第二小学就如何办好中午教学班的经验与体会进行了专题采访和报道。1959年初，全国性刊物《人民教育》杂志刊载了水上第八小学关于加强水上儿童的思想品德教育的经验。

（四）生活上迁居陆地

广州咸水歌里唱道："世世水为乡，年年艇作家。浮沉波浪里，浪迹走天涯。"这是上岸前水上居民的日常生活缩影。他们的生活居无定所，在茫茫的珠江上四处漂流，命悬一线，稍有不测，便可能葬身于珠江滚滚波涛里。梁友一家的遭遇就是千千万万水上居民生活贫困潦倒的一个缩影。"疍家梁友一家6口只住在一个仅有2平方米的破船上，晚上睡觉伸不直身子，一个弟弟被挤下珠江淹死，另2个弟弟因患病无钱治病也夭折。6个人只有

① 中共广州市海珠区南华西街道工作委员会、广州市海珠区南华西街道办事处：《珠水南华·广州市南华西街道风华录》，2009，第158页。

一张破烂棉被过冬。没有吃的，只得去拾马粪，洗过后把未完全消化的豆谷拿来充饥。”① 为了彻底改善水上居民恶劣的生存环境，国家、广东省、广州市和珠江区出台多项政策指令。1951 年 7 月，广东省第一届沿海工作会议决定，沿海各县应即指定土地，着手筹划建立渔民新村，帮助水上居民解决上岸定居问题。其中管理水上居民的珠江区，更是将水上居民的上岸定居工作放在工作的第一位。1954 年 6 月，周恩来总理出访日内瓦国际会议从缅甸归来，视察了广州市黄沙、白鹅潭、沙面、天字码头等沿江一带，对水上居民的贫困生活状况感到深切的同情，当即指示广东省、广州市负责同志必须将水上居民安置好，并由政府拨出专款兴建水上居民新村。1956 年 8 月，珠江区制订了《珠江区水上居民转业安置计划》②，确定水上居民“搬迁岸上”和“转业就业”同步进行。在广州市和区政府的大力推动下，“水上人民”逐渐成为陆地上的“水上居民”。

20 世纪 50 年代中期，为了配合二沙头省体育训练基地的建设和江边省委机关办公地方的修建，政府将大沙头、二沙头一带水棚、小艇搬迁，在东山、猎德中间之科甲涌建了渔民新村和农民新村，面积共约 10000 平方米，建有长条形砖木结构平房 20 多座，同时为了整治荔湾涌，清拆涌边水棚，将停泊在涌内的洋舨（游河艇）、蝗尾艇搬迁，在荔湾湖旁兴建了 2 栋 3 层 4 梯合掌式混合结构楼房，安排这部分水上居民上岸居住。他们是第一批住上楼房的艇户。同年转业到芳村东塱当农民的艇户也住上了为他们新建的混合结构楼房，从广州市预算中划款 20 万元给珠江区协助水上居民转业、定居。

1958 年，市房管局遵照市领导关于“协助市属范围内水上居民上岸建房”的指示，划拨了部分建房款及物资，在芳村山溪村先后建了 53 层混合结构住宅，安置了 100 多户花地口及沿岸破船烂艇居民。这是珠江区管辖时期最后一批安置的水上居民。

1959 年，珠江区撤销建制后，安排水上居民上岸定居的工作并没有因此停止。1960 年 2 月，广州市市长朱光成立市委水上居民住宅修建领导小组，专责领导建房搬迁工作，先后在滨江路、素社、南园、二沙头、石涌

---

① 苏泽群等：《广州的故事》第 4 集，花城出版社，2012，第 159~160 页。

② 饶原生：《亲水荔湾》，广东经济出版社，2012，第 15 页。

口、科甲涌、山村、如意坊、荔湾涌、马涌、东朗、猎德、同福东、墩头基、大沙头以及中山六、七路等兴建水上居民住宅或新村。另外，委托广州市航运总公司筹建水上居民住房。截至 1990 年 6 月，原在册的水上居民无房户者均已喜迁陆上新居。①

（五）文化上百花齐放

1. 丰富的水上居民文化

水上居民作为一个特殊的群体，有着许多极具水上风情的民俗文化，包括家居、服饰、饮食、节庆、婚俗、歌谣、信仰等。在家居文化上，水上居民居住或作业于各式各样的船艇、水棚、茅寮等，为学者研究水上建筑提供较宽广的视野；在服饰文化上，水上居民的穿衣风格与生活作业环境紧密相关，男士一般是唐装衫和唐装裤，高领盘扣，而妇女穿的是大襟衫和唐装裤，圆领贴颈；在饮食文化上，水上人家色味俱佳的特色小吃令人胃口大开，如艇仔粥、臭草绿豆沙、盆粉、炒田螺、千层糕、黄埔炒蛋等；在节庆文化上，丰富有趣的节日令人心驰神往，如祀灶节、北帝诞、天后诞、龙母诞、观音诞、七夕节、买力节等；在婚俗文化上，仪式富有浪漫主义色彩，"其有男未聘，则置盆草于梢，女未受聘，则置盆花于梢，以致媒妁。婚时以蛮歌相迎，男歌胜夺女过舟"②；在歌谣文化上，广州咸水歌"具有大都市的悲欢"，多以生活琐事、男女爱情、家庭亲情及社会见闻为题材来源，"想起旧时疍家仔，黄连树上挂苦瓜，由头苦到脚底下，今日船民翻了身，甜橙树上挂西瓜，头又甜来尾又甜"；在宗教信仰上，多元化的宗教信仰更是充满地域风情，由于水上居民"出海三分命，上岸低头行，生无立足所，死无葬身地"，在希望和恐惧、生存和死亡的落差之间，只能祈求神明的护佑，他们大多信奉佛教、道教、天主教、基督教、伊斯兰教等。

2. 成立文化职能部门

新中国成立初期，国家百废待兴，在文化建设方面面临着许多重建任务，珠江区人民政府高度重视水上群众的文化生活。在区委、区政府领导

---

① 广州市地方志编纂委员会：《广州市志·城建综述》，广州出版社，1995，第 418 页。

② （明）屈大均：《广东新语》，香港，中华书局，1974，第 485 页。

申请专款和社会捐款等行动下，共筹集 5828 万元用于珠江区水上文化馆建设及相关活动，并结合水上群众的生活习惯，将珠江区水上文化馆设计为一个浮在河面上流动的水棚，起初设立在长堤达三堂码头，后移至沙面河面码头。为了在各区深入开展文化活动，珠江区逐步在如意坊、二沙岛、花地口、河南尾、东堤、南堤、新堤 7 个地段建立文化站。文化馆和文化站双管齐下，在文化服务内容、服务形式、服务空间上深入拓展与挖掘。文化馆和文化站不仅为水上群众提供书报阅读场所，还成立一些业余粤剧团、话剧团、舞狮队、腰鼓队、秧歌队等文体队伍，不定期举办各类文艺表演活动，并根据政府各时期的不同任务，积极配合宣传。水上文化馆和文化站服务于珠江区各地段，开展丰富多样的文化活动，逐步改善了水上居民文化活动的局面，活跃了水上居民的文化生活。

结　语

1949~1965 年，广州市珠江区经历了建制、撤销、恢复建制、再撤销，先后持续了 16 年。珠江区因水上居民而生，它结束了水上居民“四海漂泊无定处，终年劳累终年愁”的生活，最终也因完成水上居民基本迁居陆地新宅、转业就业等使命而被撤销。1995 年曾任中共广州市珠江区首任区长的周希友目睹珠江和水上居民的巨变后，感慨万千，赋诗《赞珠江巨变》：“五龙江中舞，水陆变通途。船民逾六万，辞艇住楼寓。昔日‘疍家’名，无人再称道。”[①] 自古滚滚江水东流逝，浪花淘尽英雄，走进 21 世纪，再也无法寻觅珠江上樯帆林立、舢艇如织的画面，但是水上居民文化却随着广州咸水歌走进了千家万户，曾经洋溢在水上居民脸上的喜悦幸福也将如雨后甘霖，滋润着每一个广州人的心田。

参考文献

广州市海珠区政协社会法制文史委员会、珠江区老同志联络组：《十年珠江区》，广州市海珠区粤交印刷厂，1999。

---

① 周希友：《赞珠江巨变》，《珠江水运》1995 年第 2 期，第 33 页。

谢棣英：《广州咸水歌》，广东教育出版社，2017。

广州市地方志办公室：《广州话旧（羊城今古）精选（1987-2000）》，广州出版社，2002。

《朱光诗文墨迹选集》编委会：《朱光诗文墨迹选集》，中央文献出版社，2006。

政协广州市海珠区委员会文史资料研究委员会：《海珠文史》第1~4、8辑，1986~1997。

海上丝路研究

洋人眼里的中国形象：从真伪游记到广州外销艺术品

刘凤霞*

摘要：在中国近代史中，滨海口岸城市带动中国与西方世界接轨，欧洲人东来，广州等沿海通商城市发展出一种独特的“口岸文化”，其研究自成体系，发展为独立学科的“广州学”。广州在清代被誉为“天子南库”①，其重要性可想而知，而研究广州的内容包括商贸经济、地方政治、文化交流、社会发展，以至宗教传播等等。西洋人早在东来的游记中提及广州，广州在清代成为“一口通商”② 的繁华口岸城市，西方对中国的认知总与广州有或多或少的关系。本文将通过早期西方游记及当中的插图，以及18~19世纪远销西方的艺术品，简略说明西方对中国的主观想象。

关键词：中国游记　口岸文化　外销艺术

一　西方向世界的探索：神秘遥远的东方

航海历史与世界跨进现代纪元环环相扣，“地理大发现”③ 让欧洲人知道了“不知名”国度的存在，一些航海探险家的事迹因而受到传扬。然而有

* 刘凤霞，博士，香港特别行政区政府康文署艺术推广办事处总监，独立美术史学者，研究方向为17~19世纪中国外销艺术品与口岸文化关系，以及香港公共与社群艺术。

① 清朝岭南三大家之一屈大均在其《广东新语·货语》中提及广州外贸之盛：“岁不下十余舶，豪商大贾各以其土所宜，相贸得利不赀，故曰金山珠海，天子南库。”

② 清朝于1757年实施“一口通商”政策，直至鸦片战争后于1844年签署《望厦条约》，在这期间，广州是中国唯一与欧美通商的口岸。

③ 15~17世纪，欧洲沿海多国不约而同地派出船队向远洋探险，因而发现多条新航道，并发现了美洲等大陆的存在，这个时期被历史学家称为“地理大发现时代”（Age of Discovery）、“大航海时代”（Great Navigations）和“探索时代”（Age of Exploration），标志着世界由中古时期进入早期现代的历史新纪元。

趣的是，甚少听闻首批到达西方的亚洲人说他们“发现”了欧洲。也许，这显示了西方以一种自我为中心的角度去看待他者，而这种心态建构了多个世纪以来西方对东方的看法。近代文学理论家爱德华·萨义德（Edward W. Said）在其 1978 年出版的《东方主义》（*Orientalism*）中指出，近代西方国家眼中的东方社会没有真实根据，而是想象出来的东方。在世界大发现的时代，欧洲并非像现时般站在世界经济及文明发展的前列，因而在很多个世纪，西方对东方只存在着误解的印象和浪漫化的向往。

> 然而就在四或五个世纪以前，欧洲在某些方面，却是自视为亚洲和非洲的穷邻居。欧洲人对于亚、非大陆的印象不仅来自旅游者的追述报道，同时也肇端于这些地区的物产所带来的观感。黄金、宝石、绸缎、地毯、绣帷、香料和瓷器意味着奢华、富庶与创造性的实业生产，而正是对非洲和亚洲的这种富裕想象，激发了欧洲人的第一波探索远航活动。①

传世的西方文献让我们得知自中世纪以来，已有西方人远游至中国并写下文字记录，这些游记曾经成为了解中西方交流史最重要的资料，后世学者对这些旅行家及其行踪研究不绝。虽然，其中有些书籍被认为是伪作或抄袭，但这些不论是真确或是出于想象，又或是半真半假的资料，却建构了当时及后世西方对中国的认知或想象。

二　契丹、鞑靼与汉人中国

西方对遥远东方的了解向来模糊。最早时期，欧洲通过中亚隐约知道东方有一个出产丝绸的国家，在遥远的东方有一个名为“Cathay”的国度，“Cathay”是早期西方对中国北方地区的称谓，中文译作“契丹”。当时西方文献开始对东方有具体记载的主要是游记。其中一个最早到过契丹的西方人为意大利天主教方济各会传教士柏郎嘉宾（Giovanni da Pain del Carpine），

---

①〔英〕大卫·阿诺德：《地理大发现（1400－1600）》，王国璋译，台北，麦田出版社，1999，第 34 页。

他曾到达蒙古晋见大汗，并写下关于蒙古历史的书。然而，当时蒙古仍未消灭南宋建立中国历史上的元朝，柏郎嘉宾所到过的契丹，只是与中亚民族邻近的蒙古。稍后，又有被称为“中世纪四大旅行家”的意大利的马可波罗（Marco Polo）、鄂多立克（Odorico da Pordenone），摩洛哥的伊本·白图泰（Ibn Battuta），英国的曼德维尔（John Mandeville）。《马可波罗游记》记录了马可波罗于13世纪中后期的东方游记，该书称中国北方为“契丹”，并提及刺桐、浙江及大都等地。此书于马可波罗在世时已出版并被翻译成多种欧洲文字，影响深远。究竟马可波罗有没有到过中国，现时有不少争议。[①] 然而，不论书中哪部分是真，哪部分是假，但此书提供了历代欧洲人对中国的想象。鄂多立克是方济各会修士，于1318年从意大利威尼斯启程东游，据说他到过君士坦丁堡、孟买、苏门答腊、占婆，从广州进入中国，先后到过泉州、福州、明州、杭州、金陵、扬州及北京等地，取道西藏回意大利，临终前他在病榻上口述东游经历，由他人笔录成《鄂多立克东游记》（*lingua inculta e rozza*）。[②] 这本书直到19世纪中期才出现法文版，其后再被翻译成多种文字。14世纪中后期出版的《曼德维尔游记》（*The Travels of Sir John Mandeville*）是根据马可波罗和法国方济各会教士鲁不鲁乞（Rubruck-quis）的游记幻想创作而成，作者在书上自称英国人，但学者普遍认为曼德维尔是化名，其真实姓名及国籍仍有争议。

直至地理大发现，名为“契丹”的中国由一个传奇进入世界地图。但是，一般欧洲人对亚洲诸国的名称、具体地理位置及疆界始终是不甚了了，甚至到了18世纪，很多欧洲人仍然把印度、中国及日本混为一谈，无意分辨它们及其出产的商品货物的不同。欧洲人最早对中国的认识来自前述13世纪和14世纪的游记书籍，但书中所记录的却是元代时期蒙古人统治下的中国，其版图是前所未有的广阔，交通贯穿了欧亚，而这个帝国亦包含了沿路的不同民族，元代以前的汉唐时期都城在西边，与中亚接近，当时的

---

① 英国学者吴芳思（Francis Wood）于1995年所写的*Did Marco Polo Go to China*?（《马可波罗去过中国了吗?》），已提出这个观点。意大利学者Daniele Petrella于2011年公开其最新考古研究，再次提出马可波罗并没有到过中国。

② 《鄂多立克东游记》的抄本很多，有拉丁文、意大利文、法语及德语等版本，本文主要以何高济等译的《鄂多立克东游录》为参考，见何高济译《海屯行纪·鄂多立克东游录·沙哈鲁遣使中国记》（中华书局，1981），何高济的译本是苏格兰Henry Yule写的*Cathay and the Way Thither*。

中国亦为中亚大国。而基于对亚洲的模糊概念，欧洲人眼中的“契丹”已经是中国，并称其民族为“Tartars”（鞑靼），与其他居于中亚一带的游牧民族等同。随着蒙古帝国迅速瓦解，中西交通停顿，到了汉人所统治的明代，中西方交往并没有太大突破。“契丹”这个用语一直到清朝在中国的贸易交往中仍然被采用。而当时统治中国的满族也是北方的游牧民族，所以欧洲人称呼清朝的皇帝为“Tartar King”（鞑靼皇帝）。例如，另一本在欧洲十分著名的游记，荷兰人约翰·尼霍夫（Johan Nieuhof）于1665年出版的荷兰文及法文版《荷兰东印度公司使臣朝见鞑靼大汗——当代中国的皇帝》（*An Embassy from the East: India Company of the United Provinces to the Grand Tartar Cham, Emperor of China*），[①] 仍然沿用“鞑靼”的称呼。

除文字以外，书籍中的图像可能更加具象地表达出中国形象。来自土耳其的咖啡、中国的茶叶和南美的巧克力差不多同期通过各种交流来到欧洲，广受欢迎之余亦大大地影响了欧洲人的饮食及生活文化。菲利普·西尔韦斯特·杜福尔（Philippe Sylvestre Dufour）的 *Traitez nouveaux & curieux du cafe', du the'et du chocolate*（《享受新奇有趣的咖啡、茶及巧克力》）于1685年出版法文及英文版，17世纪亦有再版及其他文字版。[②] 有趣的是，这本书虽然并非如其他宗教及贸易游记般介绍中国，但书内有数幅铜版画插图，其中页首的插图十分有趣（见图1）。图中坐在中央握着碗的身着鞑靼装束的官员，代表茶来自中国；图左边坐着握着碗的土耳其装束的人，代表咖啡来自土耳其；图右边是一个握着碗的土著装束的人，代表巧克力源自南美。虽然这本书的插图并非如其他的那么常见，但插图中的“中国”以“鞑靼”形象作为代表。

在中国历史上，以中原汉族文化为主导的体系被视为正统。但是，这种文化中心的地理位置在中原的长江黄河流域，远离欧洲以及中亚等地。相反，“契丹”对中原的汉族来说，却一直是异邦外族，并且屡屡侵扰其边疆国界，引起中国捍疆卫土的问题。元代及清代两个朝代均由西北民族统治，这两个时期一向被视为历史上暂时的异变。然而，从另一个角度看，

① 本中文名采用了包乐史、庄国土《“荷使初访中国记”研究》（厦门大学出版社，1989，第5页）的译名。

② Philippe Sylvestre Dufour, *Traitez Nouveaux & Curieux du Café, du Thé, et du Chocolate* (A Lyon: Chez Iean Girin & B. Riviere, 1685).

图 1　身着鞑靼服饰的中国人

蒙古与满族的风俗习尚却更接近欧洲人惯常接触的近东民族，中原儒家汉族文化可能离他们太遥远了，欧洲人在早期鲜有正确的认识，所以他们眼中的“中国”，便是在这种模糊不清的错误认识中长期存在。

三　西洋镜里的中国形象

欧洲在早期时对遥远东方的了解，主要是靠一些广为传扬的游记及教会传教士所带回的资料而建构对中国的印象。例如，著名的意大利传教士利玛窦（Matteo Ricci），他怀着远大的目标及任务来华，相信他应该做了不少事前的资料搜集。但是，当时有关中国的资料主要来源是那些中世纪游记，利玛窦在多年后比较他来华前在欧洲认知的中国与目睹的中国，在其札记中说：“姑不论做出这种错误记载的作者声誉如何，错误之所以出现……”,[①] 他慨叹耳闻不如目睹的差别。利玛窦最终发现当时在欧洲所得的中国资料有失偏颇，但是这些已是当时最可用及被大量采用的材料。当

① 利玛窦、金尼阁：《利玛窦中国札记》，何高济等译，中华书局，2010，第 59 页。

时欧洲对东方探索有着急切性，结果这些材料建构了早期西方对中国形象的想象，成为西方社会文化对异域中国的主观塑造，甚至可能成为集体记忆。

启蒙时期开始后，欧洲人希望了解遥远异域的民生风貌，甚至奇闻轶事。因此，在欧洲便出现了一些旅行家，在他们的游记中加上一些“修饰及润色”，以迎合大众期望及好奇的心态，正如佩尔斯 · 亚当斯（Percy Adams）的《旅行家与旅行之谎言（1660－1800）》（*Travelers and Travel Liars*，1660－1800）所指出，这个时期的游记不仅不实的描写特别多，而且有广泛的影响，主要原因是当时颇多欧洲国家的印刷业开始发达，种种因素，令游记的出版不断，而数量也不少。特别是介绍中国及东方的书籍，一直构成对欧洲人的主要影响。而当中有一些书籍加上了插图，以配合文字的内容，更加强化了读者的视觉想象，而多次再版的书籍则维持着这种影响。

四　游记中的广州

早期欧洲有关东方的著述如《马可波罗游记》等，只是纯粹的文字记录，以文字描写奇幻的中国，读者需要运用想象去构想中国的风土人情及风貌。到了稍后期的著述，开始出现插图，这些早期图像，不但加强书籍的可观性，最重要的是对中国的风物图像提供十分具体的视觉描绘。其中耶稣会有关中国的报告更是 17 世纪欧洲了解中国最“可靠”的途径，其影响亦因为广泛的出版而得到深化，以下按时序介绍其中提及广州及含有中国图像的书籍。

鄂多立克在其《鄂多立克东游记》中曾提及广州，且看在他笔下元朝时期（大约 14 世纪 20 年代）的广州是如何的模样：

> 它是一个比威尼斯大三倍的城市……该城有数量极其庞大的船舶，以致有人视为不足信。确实，整个意大利都没有这一个城的船只多。①

① 鄂多立克等：《海屯行纪：鄂多立克东游录 · 沙哈鲁遣使中国记》，何高济译，中华书局，1981，第 64 页。

伊本·白图泰在其《伊本·白图泰游记》（*Rihla ibn Battuta*）中亦提及广州[①]，说它“是一个大城市，街市美观，最大的街市是瓷器市”[②]。而他到中国的时间应稍迟于鄂多立克，大约是在元朝末年的1336~1349年。伊本·白图泰自年轻时起踏遍欧亚非，摩洛哥苏丹派了一位学者调查白图泰，并记录下了他的旅程，名为*Rihla*（《旅》）。其游记直到19世纪才被欧洲学术界重新发现，被翻译成多种文字。虽然有学者认为当中加插了伪作的成分，但普遍认为书中大部分记述是可信的，此为研究14世纪的世界历史提供了许多素材。

15世纪下半叶，欧洲探索及开拓东方海上贸易之路，而此时中国南方口岸的海上丝绸之路蓬勃发展，特别是泉州，在宋元时是“东方第一大港”。而利玛窦于明万历十年（1582年）从澳门先到广东肇庆学习汉语，其后才到北京。不过，最早与广州接触的欧洲人是葡萄牙人，葡萄牙曾于明正德年间遣使来华，使臣托梅·佩来斯（Tomé Pires）及其团员最终被囚广州并被处死。[③]然而，广东始终是葡萄牙人发现的第一个中国省份，并十分重视它，因为它比中国其他地方更接近当时的国际大商埠马六甲。[④]当时，虽然外交并不顺利，但仍然不断有葡萄牙人赴华，例如传教士加斯帕·达·克路士（Gaspar da Cruz），亦于嘉靖三十五年（1556年）到广州。[⑤]他在其游记中提及广州是一个人口稠密、生活丰裕的城市。而多本由来华人士所写的游记均引起欧洲人对中国的兴趣，甚至有些人从未到过中国，只是把前人著作抄集成书，例如西班牙传教士门多萨（Juan González de Mendoza），他于1586年出版的西班牙文《中华大帝国史》（*Historia de las cosas más notables, ritos y costumbres del*

① 阿拉伯文版本的《伊本·白图泰游纪》中的“广州”写法是Suinu-Kelan。英译是Sin-Kalán，见H. A. R. Gibb, trans, *Ibn Battuta: Travels in Asia and Africa*, 1325-1354（New Delhi: Manohar, 2001）。

② ［摩洛哥］伊本·白图泰：《伊本·白图泰游记》，马金鹏译，宁夏人民出版社，1985，第552页。马金鹏以阿拉伯文版本翻译出中文本。

③ 按《欧洲第一个赴华使节》一书所记，这个使节团应是首个赴华使节团。而托梅·佩来斯亦把所见所闻写成《东方志》。有关资料及《东方志》见亚马多·高德胜：《欧洲第一个赴华使节》，澳门：澳门文化学会，1990。

④ ［葡］伯来拉、克路士等：《南明行纪》，何高济译，台北，台湾古籍出版公司，2003，第1页；亚马多·高德胜：《欧洲第一个赴华使节》，澳门：澳门文化学会，1990，第113页。

⑤ 加斯帕·达·克路士曾写成回忆录《中国志》，收录于《南明行纪》（何高济译，台北，台湾古籍出版公司，2003）。

gran reyno de la China）[①]，随后 10 年内被翻译为意大利文、法文、英文与荷兰文，是 16 世纪末欧洲内介绍中国政治、制度、工艺、文化、文字的重要著作之一，但此书其实主要采用了加斯帕 · 达 · 克路士的《中国志》（*Tratado das cousas da China*）及另一位西班牙传教士拉达的中国游记。[②] 另一个葡萄牙传教士曾德昭（Alvaro Semedo）在明朝末年的中国生活了 22 年，并于 1638 年完成作品《大中国志》（*Imperio de la China*），书中提及广东地区：

> 辽阔而富庶，盛产大麦大米，一年两收，大部分地区则一年几收。出产大量的糖、铜、锡原料，他们用以制成各种器皿，也有用那种优良涂料，即漆制成的物品，还有镀金的，其中有些运往欧洲。……百姓是很有才能的工匠，虽然很少发明，却能卓越地模仿他们发现的任何创造物。葡萄牙人每年两次带着货物来到那座也叫广东的城市（尽管它原名是广州府）。它距澳门有 105 英里；澳门则离中国的第一批岛屿和较大的城市有 54 英里，它方圆足有 15 英里，客商云集，因此它的人口则比许多其他城市多。中国大部分最好的商品都由此处运往各地，因为它是中国最开放和自由的交易地点。[③]

对广州以及中国主要城市有详细文字及图像记录的还有著名的英国马戛尔尼使团（Macartney Embassy）的记录。[④] 该使团于 1792 年谒见了清乾隆皇帝，是欧洲首个官方访华的使节团。马戛尔尼代表英国政府向乾隆提出多项要求，包括开放宁波、舟山、天津或广州为商埠，允许英国商人在北京设使馆，允许选择广州城附近一处地方作为英商居留地，允许澳门英商自由出入广东，允许英国商船出入广州与澳门水道并能减免货物课税，不得随意乱收杂费，允许圣公会教士到中国传教。但乾隆以无先例为由拒绝了英国的要求，他认为中国作为天朝上国，自给自足而不需要外国的商品。虽然使团的主要目的未能达到，但随团的斯当东（George Staunton）把沿途所见写成详细的记录《英使谒见乾隆纪实》（*An Authentic Account of an Embassy*

---

① 〔西班牙〕门多萨：《中华大帝国史》，何高济译，中华书局，1998。

② 〔葡〕伯来拉、克路士等：《南明行纪》，何高济译，台北，台湾古籍出版公司，2003。

③ 〔葡〕曾德昭：《大中国志》，何高济译，台北，台湾古籍出版公司，2003，第 12 页。

④ 英国的马戛尔尼使团亦称 Macartney Mission，由乔治 · 马戛尔尼（George Macartney）带领。

from the King of Great Britain to the Emperor of China），并配以随团画师威廉·亚历山大（William Alexander）沿途所绘制的画作，这本书于1798年出版，旋即被译成几种文字，是另一份当时西方借以了解“天朝大国”的主要资料之一。书中有不少关于广州的文字描述，书中记述，“除了在广州以外，中国人对一切外国人都感到新奇”①。由此可见，当时的广州人对外国人已是一种习以为常的态度。作者对沿途所见所闻观察细心，使团在境内到过澳门、舟山、天津、北京、热河、杭州、广州，当使团接近广州时，他留意到：

> 船只进入广东以后，距广州还有几天的路程，英国的贸易影响已经显示出来。我们听到河面上坐船的人和两岸行人，在讲话当中不时流露出几个英文字来。②

不知作者对中英夹杂的对话是如何感受的，但读者能明显地看出他在广东地区感受到别省所没有的中英贸易气氛。到达广州城外十三行商馆区地带，他的感受更加强烈：

> 作为一个海口和边境重镇的广州，显然有很多华洋杂处的特色。欧洲各国在城外江边建立了一排他们的洋行。华丽的西式建筑上面悬挂着各国国旗，同对面中国建筑相映，增添了许多特殊风趣。货船到港的时候，这一带外国人熙熙攘攘，各穿着不同服装，操着不同语言，表面上使人看不出这块地方究竟是属于哪一个国家。③

五　书籍中的插图

利玛窦在明万历三十八年（1610年）病逝于北京，晚年他用意大利文把在中国传教的经历写下详细的记录《基督教远征中国史》（*De Christiana expeditione apud Sinas suscepta ab Societate Jesu*），即《利玛窦札记》，撰写的

---

① 〔英〕斯当东：《英使谒见乾隆纪实》，叶笃义译，香港三联书店，1994，第250页。
② 〔英〕斯当东：《英使谒见乾隆纪实》，叶笃义译，香港三联书店，1994，第427页。
③ 〔英〕斯当东：《英使谒见乾隆纪实》，叶笃义译，香港三联书店，1994，第431页。

目的是向欧洲介绍有关中国的情况和在中国的传教事迹，让耶稣会教友可以利用这些资料传教。耶稣会的金尼阁（Nicolas Trigault）于 1614 年把这份札记带回罗马整理并翻译成拉丁文，添加了一些有关传教史及利玛窦的资料，此书在 1615 年于德国出版，封面上写着“基督教远征中国史”。此书在欧洲广泛传播，根据原文本所翻译的各种文字译本陆续出现，包括四种拉丁文本、三种法文本以及德文本、西班牙文本、意大利文本。[①] 除教会以外，其他有需要到中国的欧洲人，例如商人，便是依靠这些资料了解中国。在 1615 年出版的拉丁文本封面有一幅插图，图中的利玛窦身穿明代儒服（见图 2），这是书内唯一的插图，也许是中国人物服饰图像在欧洲的首次出现。此外，因为此书的广泛印刷出版，这个儒服模样亦构成了往后的利玛窦形象。澳门艺术博物馆曾于 2010 年举办“海侨儒宗——利玛窦逝世四百周年”展览，在所有利玛窦图像的展品中，任何时期的利玛窦形象均是一个中国儒生的模样。[②]

图 2　身穿明朝服饰的利玛窦

① 〔意〕利玛窦、金尼阁：《利玛窦中国札记》，何高济译，中华书局，2010，第 2~3 页。

② 澳门艺术博物馆：《海侨儒宗：利玛窦逝世四百周年文物特集》，2010。

17 世纪上半期的明朝末年，与利玛窦差不多同期来华的还有两位欧洲人，他们也写下游记，书内有更多的插图，这些图像可能是最早由欧洲人所绘的中国图像。可惜他们的游记在当时并没有出版，直至 20 世纪才被学者整理出版，因此他们在当时未产生很大的影响。虽然如此，本文对这两本游记及插图略作介绍，以展现西方了解中国的脉络。

西班牙耶稣会士阿德里亚诺·德·拉斯·科尔特斯（Adriano de Las Cortes）于明朝天启五至六年（1625～1626 年）来华，只曾逗留在广东及澳门一带。虽然待的时间很短，他却写成了《中国游记》（*Le Voyage en Chine*），内容记述了广东省海岸地区的生活，包括街边小贩、坐轿的达官贵人、服饰衣着以至刑罚等，并配有白描画约 50 幅，而刑罚正是清代外销画中流行的题材之一。图中人物及衣饰是明代汉人的式样，据说这些图是科尔特斯在马尼拉聘请了一名中国画家所绘的。所以，在描绘技巧上没有西方透视及立体表现的风格。此外，这些白描画多带有释文，释文参照文章的记述内容，详细地以图文记录对中国的见闻。① 这份游记直至 2001 年才被整理发行了法文本。②

另一本较多人知晓的是彼得·蒙迪（Peter Mundy）的《彼得·蒙迪游记（1608～1667）》（*The Travels of Peter Mundy in Europe and Asia*，1608－1667）。彼得·蒙迪是英国人，他自小随商船到处游历，写下沿途见闻及速写。他于明朝崇祯十年（1637 年）抵达广州，逗留时间不长，有关中国的记录配有数张人物速写等，图中还标明各个人物的记号（见图 3），可见这是一种图文并记的写法。然而，像阿德里亚诺·德·拉斯·科尔特斯的《中国游记》一样，彼得·蒙迪的游记于 1907 年才被整理出英文本。③ 然而，因为《彼得·蒙迪游记（1608～1667）》较《中国游记》早一个世纪出版，加上是以英语书写，所以影响较广泛，较多书籍文章引用《彼得·蒙迪游记（1608～1667）》，并指出它为最早由欧洲人以图像描绘中国风物

---

① 有关阿德里亚诺·德·拉斯·科尔特斯及其《中国游记》的研究，见耿升《明末西班牙传教士眼中的广州口岸》，该论文载于 2010 年 12 月由广州中山大学广州口岸史重点研究基地所举行的“全球与区域之间‘近代早期广州口岸史研究’国际学术研讨会”论文集。

② 据耿升说，西班牙文本藏于大英博物馆，而法文翻译本于 2001 年出版，见 Adriano de Las Cortes. *Le voyage en Chine*（Paris：Chandeigne，2001）。

③ Peter Mundy. *The Travels of Peter Mundy in Europe and Asia*，1608－1667（London：Hakluyt Society，1907）.

的记录。事实上，《中国游记》记录明代的广州口岸情况应较《彼得・蒙迪游记（1608~1667）》早了约十年，游记中的插图也远比《彼得・蒙迪游记（1608~1667）》中的多，只是两者均没有即时出版，所以，在当时不曾引起重大的反响。虽然两本书的插图均是简单的线条速写，可是图像均有文字解说，而且描绘的人物风貌大多在广东一带，这对于了解明代末年的中国南方一带十分有用。

图 3 《彼得・蒙迪游记（1608~1667）》中的插图

最具深远影响的书籍插图，来自《荷兰东印度公司使臣朝见鞑靼大汗——中国的皇帝》，该书有约 150 幅的插图，部分插图在其后的一百多年间不断被翻印及借用。[①] 荷兰是继葡萄牙之后第二个来华找寻贸易商机的欧洲国家。约翰・尼霍夫是荷兰东印度公司使团的成员，使团于 1655~1657 年从广州出发至北京，尼霍夫把沿途所见所闻绘制成图，包括从广东、江西、南京、山东至北京沿途所见的城市、乡村、风俗、建筑、宗教、仪仗、刑罚、人物、衣饰、动植物等等，并标明地点及相关资料。此书于 1665 年以荷兰文及法文出版，其他文本包括 1666 年的德文本、1668 年的拉丁文本及 1669 年的英文本，而各种版本亦曾再版。书中的插图不断被后世复印及抄袭，虽然这些图像有些只是想象之作，但该书是欧洲人透过视觉感观了解中国的重要材料。这批铜版画图像中有几幅广州城的细致描绘，其中以

① 值得注意的是，不同版本的插图与内容有出入。

一幅从珠江河道远眺十三行的《广东》（*Kanton*）画作最让人印象深刻（见图4），图中有大型洋船以及大小船艇密布，岸边布满人群，远处为当时广州城内最高的三个地标——光塔、六榕寺花塔及镇海楼（亦称五层楼），清晰可见。这幅插图反映的绝对是一个繁华国际口岸都市之貌，该插图在后世仍被不断翻印，现时仍然有大量这类版画传世，有些甚至被加上色彩或换成不同的文字解说。此外，尼霍夫的书中还有一幅广州城地图，地图下方画有珠江水道十三行的全貌，江上的海珠炮台及东水炮台。书中还有一幅广州炮台的插图，在日后的中国外销画中，广州炮台亦成为常见的描绘主题。

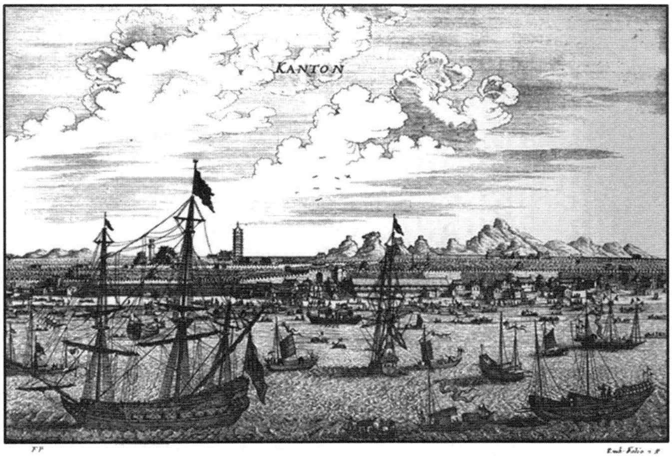

图4 《荷兰东印度公司使臣朝见鞑靼大汗——中国的皇帝》中的广东

在各幅插图中，亦有利玛窦及受其影响而成为天主教基督徒的徐光启的像，图中利玛窦的儒服造型与《基督教远征中国史》的插图十分相似，他们手摇折扇，显示出一种中式生活风尚，图中墙壁上写上了二人详细的中外文名字，分别为“利玛窦西泰”及“徐光启 保禄 玄扈”[①]。然而，错误的中文书写明显由不懂中文的外国画师所为。还有另一位耶稣会士汤若望（Johann Adam Schall von Bell），[②] 他穿着清朝文官的朝服，胸前还有一品

---

① 西泰是利玛窦的中文名字。徐光启学识广博，明崇祯年间官至礼部尚书及文渊阁大学士，其教名为保禄，字玄扈。

② 汤若望来自神圣罗马帝国科隆，明万历四十六年（1618年）来华，天文及科学等知识丰富，历任明清两朝的官员。

文官的仙鹤补子。另一幅插图《南京报恩寺》，在书中叫作 *Tower of Purceline*（译为《琉璃塔》），约翰 · 尼霍夫高度赞赏这种塔形建筑及其工艺水平，并在文中特意介绍其独特的塔顶装饰。原文写道："The top of the Tower was Crowned with a Pine-Apple, which as they say, was made of Massy Gold"（中译：塔顶镶着一个"菠萝"，按他们说，是用大量黄金制造的）。①

书中的建筑风景插图多有一幢多层塔（pagoda），而这种多层塔的中式建筑及菠萝形的装饰影响深远，一百多年后的"中国风"② 风格仍流行于装饰建筑，例如建于 1762 年的英国邱园（Kew Garden）中的中式宝塔，建于 1787~1811 年位于布赖顿（Brighton）的皇家穹顶宫（Royal Pavilion）。此外，插图中出巡仪仗庆祝、鞑靼大汗及官员等，对其后的"中国风"艺术不无影响，拄杖的鞑靼大汗与当时欧洲油画描绘帝皇的姿态一样（见图 5）。

图 5　拄杖的鞑靼大汗（中国皇帝）

① 本文采用的版本为 Johan Nieuhof. *An Embassy from the East India Company of the United Provinces to the Grand Tartar Cham Emperor of China*.（Menston, Yorks.: Scolar Press, 1972）, p. 84。

② "中国风"即"*Chinoisérie*"，此词源自欧洲，大意是指具有中国风味，而图案复杂华丽的艺术风格。这种风格始见于欧洲 17 世纪建筑及各种室内的平面及立体装饰物品中，而设计这种风格的艺术家及建筑师很多均未曾目睹真正的中国，其创作只是出于一种由东方贸易所带来的好奇及奇妙想象。

图上的文字说明重要的人物及摆设。虽然，颇多插图中的事物不完全是真实的形象，有可能是后期制作铜版工匠的细部加工。尽管如此，这本内容详尽、图文并茂的书实在影响深远，而原因是印刷业的兴起。

当时，荷兰已是欧洲的出版中心，主要原因是当地人多具有阅读能力及基督徒大多自己阅读《圣经》。而在荷兰国内，游记的销路很广。当时，在荷兰旅行游记出版已是一种产业，荷兰出版商从印刷低廉的书籍发展至印刷图文并茂的游历丛书。在 17 世纪出版的荷兰书籍中，插图是一个重要的部分。

荷兰是除葡萄牙以外，最早到达东方进行贸易的欧洲国家，每当商船回国，荷兰人不但带回大量商品，也带回充满奇趣的游记，所以其在为欧洲人提供远东资料方面信誉颇高。而从事远洋贸易的公司，迫切需要掌握精确的资料，以计算出赚得最大收益及减少因文化差异而出现的风险。所以，荷兰东印度公司的董事会于 1654 年决定派遣一个使团到“中华帝国”，并安排了素描画家约翰·尼霍夫随团。公司董事会给当时两位荷兰公使的指示如下。

> 据我们所知，尚无一个荷兰人有过你们要进行的这次远涉重洋的行程，你们将会遇到很多前所未闻、前所未有的稀奇事物。因此，你们要一件一件把它们完整地画下来，也要准确地把你们途中的所见所闻记录下来。配属给你们的管事是一专业素描家，你们可以让他把沿途可能看到的所有城市、乡村、宫殿、河流、城堡和其他奇异的建筑物以它们本来的形象描绘下来。你们应当带上耶稣会士马丁尼所写的中国旅行记和所做的中国地图，它们可能在你们的行程中或其他情况下发挥作用。①

差不多同一时期，德国的耶稣会士阿塔纳斯·珂雪（Athanasius Kircher）是一位著名的通才，一生发表了大量的论文，涵盖历史、地理、医学、数学及音乐，他没有到过中国，但他于 1667 年以拉丁文出版了《中国图志》（*China Illustrata*）。② 阿塔纳斯·珂雪采集了其他书籍的内容，编

---

① 载〔荷〕包乐史、〔中〕庄国土：《“荷使初访中国记”研究》，厦门大学出版社，1989，第 10 页。

② 该书全名 *China monumentis, qua sacris qua profanis, nec non variis naturae and artis spectaculis, aliarumque rerum memorabilium argumentis illustrata*，简称 *China Illustrata*。

纂了这本描述中国的历史文化、风土民情及山川景色的书，并加插了自己对中国的宗教观念，此书亦是一部引起欧洲人对中国兴趣的书籍。书内有约 70 幅插图，主要是人物风俗、宗教神祇及动植物的题材。封面插图与《基督教远征中国史》相似，并以身穿儒服的利玛窦及《荷兰东印度公司使臣朝见鞑靼大汗——中国的皇帝》中的穿清朝文官服的汤若望为主题。值得注意的是，书内有 20 多幅插图复印自《荷兰东印度公司使臣朝见鞑靼大汗——中国的皇帝》，包括利玛窦与徐光启、各式人物、中国仕女、中国鞑靼大汗、鞑靼官员、寺庙神像及膜拜仪式等。明显地看出，画师并没有到过中国，插图只是配合内文按想象创作，其余插图的风格与《荷兰东印度公司使臣朝见鞑靼大汗——中国的皇帝》的插图十分接近。例如，一幅描写蒙古大汗的图，阿塔纳斯・珂雪是当时具影响力的人物，他于书中重复采用约翰・尼霍夫的图像，让这批图像逐步深入欧洲人的脑海里，建构了欧洲眼中的中国形象。

直至大半个世纪后，法国耶稣会士杜赫德（Jean-Baptiste Du Halde）[①] 把在华会士寄回的书信和报告编成一部巨著，书中对中国地理、历史、年代学、政治学和物理学等进行详细的记录。他于 1735 年出版了《中华帝国及其所属鞑靼地区的地理、历史、编年纪、政治和博物》（*The General History of China: Containing a Geographical, Historical, Chronological, Political and Physical Description of the Empire of China, Chinese-Tartary, Corea, and Thibet*）[②] 一书，该书在当时十分有名，几年之内便再版了三次法文版、两次英文版，另外俄文和德文本等也出版发行，是另一本影响十分深远及广泛的书。该书内有 15 幅插图，主要描绘人物、风俗和植物等，虽然数量不多，但有一幅孔子的图像放在篇首的位置，标题为“孔夫子——著名的中国哲学家”（Confucius The Celebrated Chinese Philosopher）（见图 6），这幅孔子图像的意义特别重大，可能是西方首次描绘中国的历史名人。艺术手法是以当时描绘圣人的庄严风格的铜版制作，以欧洲图书馆为背景有一个穿清朝服饰

---

① 有些宗教书籍把杜赫德的名字翻译成聂若望。

② 有些版本的书名为 *The Chinese Traveller: Containing a Geographical, Commercial, and Political History of China, with a Particular Account of their Customs, Manners, Religion*，或 *A Description of the Empire of China and Chinese-Tartary, Together with the Kingdoms of Korea and Tibet: Containing the Geography and History of Those Countries*，中文简称《中华帝国全志》。

图 6 《中华帝国及其所属鞑靼地区的地理、历史、编年纪、政治和博物》一书中的孔子像

的人在整理图书。虽然是想象中的形象，却反映了当时西方人对中国文化的认知及偏好，而这种偏好隐藏着耶稣会在寻访“新天地”时，刻意地带出中国的正面形象。书中还有身穿儒服的利玛窦像，以及受利玛窦影响而成为天主教基督徒的徐光启和他子孙的图像。还有一些不同阶层的中国男女图像，包括女仆，尼姑、和尚，农村男女及中国的武官等。此外，插图中亦有描绘葬礼及中国船，而葬礼及中国船在 100 年后仍是中国外销画及来华洋人画家喜欢的热门题材。耶稣会这类宗教团体的书籍，其产生的影响较一般游记更为深远。例如，法国启蒙运动先驱伏尔泰（Voltaire），年少时在耶稣会学院受教，阅读了不少有关中国的书籍。他对孔子及儒家思想和中国的政治体制均有十分正面的评价，他的赞美令孔子以一种典范楷模的形象出现于欧洲。在其《哲学词典》（*Dictionnaire Philosophique*）中有“中国”（de la Chine）的栏目，开宗明义地写道：

> Nousavons assez remarqué ailleurs combien il est téméraire et maladroit de disputer à une nation telle que la chinoise ses titres authentiques. Nous n'avons aucune maison en Europe dont l'antiquité soit aussi bien prouvée que celle de l'empire de la Chine.（在欧洲，我们没有一个民族的古老文化可以被证明是能和中华帝国相媲美的。）①

值得注意的是，此书的插图风格与其他书籍，如《荷兰东印度公司使臣朝见鞑靼大汗——中国的皇帝》及《中国图志》等风格十分相近，似乎均是出自欧洲画工互相参照之作，而此时期为清朝盛世的康雍时期，也是中国贸易的黄金时期。

六　广州成为“中国文化”的进出口岸

上文提及的书籍及插图，建构了早期西洋人对中国的了解。由西方传教士到大量商船来华，开创了中国贸易并以广州十三行为基地的一口通商时代。在这种双向往来之间，中国明显较少地输入西方文化，欧洲人称呼中国为“天朝帝国”（Celestial Empire），反映出一种内向中心型的倾向。事实上，明清两代均以神州大地物产丰饶，基本上不大需要外国资源，加上沿海或西北边境亦时有不靖等种种原因，不大向往外国的事物。不论是传教还是开展贸易，明朝与清朝均不热衷，甚至不欢迎，时而禁止传教，时而限制通商口岸的数目，在“闭关锁国”、一口通商下的广州，洋人的活动范围受到严格限制。广州因而成为西洋人向家乡输出“中国文化”的地方。

耶稣会士初来中国时，基于各方面的差异，不能立刻直接向中国人传教，他们亦明白最重要的是要得到中国政府的接受及信任。于是，他们很巧妙地先以其特殊技能和知识吸引中国皇帝，例如天文地理及科学机械等，在乾隆帝的《清高宗实录》内便有如下记载。

---

① Voltaire. “de la Chine”, *Dictionnaire Philosophique*, Vol. 3. Paris（Lequien Fils, 1829）, pp. 37-52.

应请嗣后西洋人来广，遇有愿进土物及习天文医科丹青钟表等技，情愿赴京效力者，在澳门，则令其告知夷目，呈明海防同知；在省行，则令其告知行商呈明南海县，随时详报，代为具奏，请旨护送进京等语，应如所请，俾得共效悃忱。[①]

这些在当时来说属于高端知识，似乎真的吸引了中国朝廷，可是耶稣会士的策略只取得部分成功，而最终的传教目的并没有达到。虽然如此，仍然引起中国皇室对“泰西”[②] 或多或少的好奇。

除了皇宫内府以外，当时中国唯一出现西洋艺术风格的地方就是广州，因为广州在一口通商的政策下成为全中国唯一可以让西洋人逗留的地方，伴随中国贸易的蓬勃发展，很多来华的欧洲人均带回一定数量的中国工艺美术品，广州因此在工艺美术制作方面得到很大的发展。英国人威廉·希克（William Hickey）在他的游记中记载了十三行附近的店铺有各式各样的手工艺，“这里有玻璃画工、制扇工匠、象牙工匠、漆器匠、宝石匠和各种各样的手艺人”[③]。当时从广州出口的外销艺术品种类繁多，画类包括水粉画、油画、通草纸画、玻璃画及壁纸等，还有陶瓷、家具、银器、珐琅彩器、漆器、扇、塑像等，以及用象牙和玳瑁等名贵材料制造的器物。然而，这些外销艺术品中颇多特别的造型，明显是中国工匠按外国人需要制作的，但这些工艺美术品没有在中国流行。

总　结

现存的西方文献让我们得知自中世纪以来，已有西方人远游至中国并留下文字记录，后世学者对这些旅行家及其行踪研究不绝，成为中西方交流最重要的资料，虽然其中有些被认为是伪作或抄袭，但这些不论是真的还是出于想象，或是半真半假的资料，只因古代有机会远游东方的欧洲人少之又少，使这些资料建构了当时及其后几个世纪内西方对中国的认知或

---

① 《清实录·高宗纯皇帝实录》卷七六八，第427~428页。

② 清代对欧洲的称呼。

③ Margaret Jourdain & R. Soame Jenyns. *Chinese Export Art in the Eighteenth Century* (London: Country Life, 1950), p. 12.

想象；加上当时欧洲新兴的印刷业，让这些书籍及书中插图广泛流传、翻印或互相借用图像，这些图像深印于西方人的脑海中，数百年历久不衰。至 18~19 世纪，欧洲人通过远洋贸易带回大量的中国艺术品。然而，这些中国外销艺术品仍然充满不少洋人眼中的中国风情，建构 20 世纪全球化之前的中西文化观照。

陶瓷、丝绸和茶叶

——18~19世纪广州外贸三大优势产业技术的西传

吴石坚*

摘要： 陶瓷、丝绸和茶叶是明中叶以来广州海上丝绸之路主要的贸易产品。18~19世纪，法国传教士殷弘绪将景德镇陶瓷技术传播到欧洲，法国著名汉学家儒莲将养蚕技术传播到欧洲，英国植物学家福琼将茶叶种植和生产技术传播到英国殖民地印度等地。中国外贸三大优势产业的衰弱，是鸦片战争前后中国白银外流的一个主要原因，也是英国工业革命后中国经济走向衰落的重要体现。研究广州海上丝绸之路的历史，对更好地推动中国民族品牌的发展，具有重要的历史借鉴意义。

关键词： 茶叶　陶瓷　丝绸　海上丝绸之路

一　广州外贸三大优势产业和海上丝绸之路

明清时期，广州作为中西贸易的中心口岸，扮演着重要的角色。中国对外贸易以瓷器、丝绸和茶叶为大宗，这是中国积极参与经济全球化的主要产品。在这一时期，大量的美洲白银流入中国。

16~18世纪，中国向欧洲出口瓷器、丝绸和茶叶等优势产品，换取美洲新大陆的白银。德国著名历史学家贡德·弗兰克（Gunder Frank）在《白银资本：重视经济全球化中的东方》中论述，在工业革命前的全球经济体系中，商品向西流动和白银向东流动，欧洲购买中国商品的唯一支付手段是美洲白银，中国很大程度上是全球经济体系的中心。他说："中国贸易造成的经济和金融后果是，中国凭借着在丝绸、瓷器等方面无与匹敌的制造

* 吴石坚，广州毛泽东同志主办农民运动讲习所旧址纪念馆文物博物专业馆员。

业和出口，与任何国家贸易都是顺差。”[1] 广州是中国最大的通商口岸，对世界经济产生重要影响。

工业革命后，中国和世界历史发生转折。19 世纪后，中国大量白银外流，导致银贵钱贱，对晚清社会经济产生消极的影响。这也是鸦片战争爆发的一个重要原因。中国台湾著名历史学家林满红在《银线：19 世纪的世界与中国》一书中认为，中国白银外流并非单纯由于鸦片的输入，而是整个中国贸易结构变化和美洲白银减产的结果。[2] 中国出口的大宗商品茶叶、生丝以及南京布（Nankeen cloth）、陶瓷等的减少，而流入的白银减少，同时流入的鸦片增多。而鸦片流入的增多伴随着白银的外流，成为当时中西贸易的一个重要特征。

陶瓷、丝绸和茶叶是广州海上丝绸之路主要的贸易产品。广州外贸三大产业的兴盛，是中国经济具有国际领先地位的表现。经过 200 多年的贸易后，中国的一些核心产业技术相继西传到欧洲。而中国经历乾隆盛世而日趋走向故步自封，没有更多的科技创新成果。英国工业革命后，广州外贸的三大产业走向衰落，是中国贸易结构变化的最显著体现。这也宣告了 19 世纪后中国经济走向衰落。

二　殷弘绪与景德镇陶瓷技术的西传

18 世纪初，法国耶稣会传教士殷弘绪把中国景德镇陶瓷技术传播到欧洲，对英法陶瓷产业的发展起到重要的促进作用，对工业革命产生积极影响。

陶瓷是中国出口欧洲的大宗商品。18 世纪中叶，随着外销瓷的发展，这些瓷器绘画和瓷瓶绘画的加工中心已从江西景德镇转移到广州。先在景德镇生产素瓷，运到广州后，广州画工以珐琅彩及泥金，绘画于素瓷上，炉烧而成釉外五彩或三彩，再出口到欧洲。这就是著名的广彩，是外销瓷的主要品种。因此，广州不只是外销瓷的主要贸易港口，也是主要生产基地。

---

① 〔德〕贡德·弗兰克：《白银资本：重视经济全球化中的东方》，刘北成译，中央编译出版社，2000，第 167 页。

② 林满红：《银线：19 世纪的世界与中国》，江苏人民出版社，2011，第 106~107 页。

欧洲在与中国开展贸易的同时，也开始生产陶瓷。1653 年，荷兰皇家代尔夫特（Delft）蓝陶工厂建立。同一时期，众多的陶瓷厂也相继创立。代尔夫特成为 17 世纪欧洲最著名的陶瓷生产基地。

由于当时欧洲还没有掌握添加高岭土或氧化铝的技术，代尔夫特窑主要生产软质瓷。代尔夫特蓝陶十分著名，它是仿照中国青花瓷样式的白釉蓝彩软瓷。但与青花瓷相比，它也有其优势，主要在于它的蓝色可以变幻出千万种不同的层次，受到欧洲顾客的欢迎。

1708 年，在萨克森选帝侯奥古斯特二世大力支持下，德国人在梅森（Meissen）发现高岭土，带动欧洲瓷器的新一轮发展。1710 年，梅森陶瓷厂建立，梅森瓷后来发展成为欧洲第一瓷器品牌。这是欧洲第一次发现高岭土并使用它生产瓷器。但是，欧洲瓷器生产技术的进一步完善是与法国传教士殷弘绪分不开的。

殷弘绪得到江西巡抚郎廷极的支持，曾在江西景德镇居住 7 年。1712 年和 1722 年，殷弘绪两度将他在景德镇学习得来的陶瓷胎土、釉料、烧制等制作技术细节写成报告，并将这个报告以及高岭土等相关样本寄回欧洲的耶稣会。1716 年，法国《科学》杂志上刊发了殷弘绪的第一封信。从此，中国瓷器的瓷石加高岭土或者氧化铝的配方在欧洲传播开来。

关于坯胎子土，殷弘绪在第一封信中写道："瓷器的原料是两种土，一种叫坯胎子土，另一种叫高岭土。后一种土中布满了发光的小颗粒，前一种只是白色的，摸起来很细腻。""精细的瓷器正因为高岭土才这般坚实，它犹如瓷器的肋骨。因此，取自最坚硬岩石的坯胎子土必须与柔软的（高岭）土混合，因为后者可使它具有韧劲。"①

关于釉料，殷弘绪在第一封信中写道："虽说用以制作坯胎子土的石头也可用来提取釉，但人们还是选用色泽最白、斑点最绿的石头。""从石头里提取的这种釉从不单独使用，还需加入仿佛是其灵魂的另一种釉。配制方法如下：先取几块生石灰，用手洒一点水使其爆裂，再磨成粉末。然后铺一层干蕨，上面再铺一层碎石灰。这样交替铺叠多层后点燃干蕨。全部烧尽后，将灰烬分撒在另外的干蕨层上。这样至少连续做五六次，而且可

---

① 〔法〕殷弘绪：《耶稣会传教士殷弘绪神父致耶稣会中国和印度传教会巡阅使奥里神父的信》，载〔法〕杜赫德《耶稣会士中国书简集（中国回忆录）》第 2 卷，大象出版社，2001，第 91~93 页。

以更多，釉也会因此更好。”①

关于烧制，殷弘绪在第一封信中写道：“这些盒子内部有一层沙垫，沙垫上还有一层粉末状的高岭土。这样，放在沙垫上的杯子虽然会在上面压出杯底的形状，却不会粘上太多的沙粒。杯子与盒壁并无接触。盒子顶部无盖，第二个装有瓷坯的同样的盒子天衣无缝地叠在第一个盒子上将其盖住，又不碰到下面的瓷坯。人们以这种方法在窑内叠满一堆堆盛装瓷坯的土盒子。有了这些厚厚的遮蔽物，瓷器的美丽和色泽就不会被火焰破坏了。”②

殷弘绪详细研究高档瓷器白瓷的制作工艺，这是欧洲人十分喜欢的商品。他在第二封信中说：“当人们想给瓷坯上一种使其变得极白的釉时，就在 13 杯坯釉中放入 1 杯稀稠度与其相同的蕨类釉。这种（混合）釉（的遮盖力）是很强的，不能把它用于人们想绘以蓝色的瓷坯上，因为焙烧以后，蓝颜色无法透过釉呈现出来。上了这种釉的瓷坯经得住窑内的高温焙烧。这种瓷器焙烧后是雪白的，人们或是任其保持白色，或是在其上面烫金或绘上不同色彩后重新焙烧。如欲在瓷坯上绘以蓝色并使这种颜色在焙烧后呈现出来，那就只能以 7 杯坯釉放入 1 杯石灰与蕨类混合制成的釉相混。”③

殷弘绪把景德镇陶瓷技术传播到欧洲后，荷兰老牌的代尔夫特陶瓷也掌握了瓷石添加氧化铝或者高岭土的配方，开始制成名副其实的青花瓷。特别是，英法的陶瓷业迅速发展起来。法国的塞弗尔（Sèvres）、利摩日（Limoges）和英国的斯托克（Stoke-on-Trent）成为欧洲著名瓷都。

早在 1740 年，法国著名的文森纳（Vincennes）陶瓷厂开始创办。由于当时法国还没有发现高岭土，文森纳陶瓷厂开始也是以生产软质瓷为主。1756 年，文森纳陶瓷厂迁移到巴黎西南面的塞弗尔，建成塞弗尔国家陶瓷城。塞弗尔窑以生产大量的中国风格和洛可可艺术的陶瓷而著名。1768 年，

---

① 〔法〕殷弘绪：《耶稣会传教士殷弘绪神父致耶稣会中国和印度传教会巡阅使奥里神父的信》，载〔法〕杜赫德《耶稣会士中国书简集（中国回忆录）》第 2 卷，大象出版社，2001，第 93、94 页。

② 〔法〕殷弘绪：《耶稣会传教士殷弘绪神父致耶稣会中国和印度传教会巡阅使奥里神父的信》，载〔法〕杜赫德《耶稣会士中国书简集（中国回忆录）》第 2 卷，大象出版社，2001，第 103 页。

③ 〔法〕殷弘绪：《耶稣会传教士殷弘绪神父致本会某神父的信》，载〔法〕杜赫德《耶稣会士中国书简集（中国回忆录）》第 2 卷，大象出版社，2001，第 253 页。

法国南部的利摩日发现高岭土，并开始生产高级精致的白瓷。众多陶瓷厂在此兴建，并使用利摩日品牌。这就产生了著名的利摩日陶瓷。

1759年，英国斯托克开始建立陶瓷工厂，先后发展出米白瓷、炻器和骨瓷等先进技术。其著名品牌是韦奇伍德（Wedgwood），在欧洲享有很高声誉。这是英国著名陶瓷制造商乔舒亚·韦奇伍德（Josiah Wedgwood）所创立的。他还专门聘请两位来自广州的陶瓷工匠黄亚东、谭哲华，制作陶瓷和传播陶瓷技术。黄亚东是南京人，广州行商刘德章的伙计，谭哲华是广州人。他们是在1769年前后由英国东印度公司船长布莱克（John Blake）带到英国的。韦奇伍德在摘记中记载："黄亚东先生说南京的青花瓷一般是先上色后入窑烧制，故瓷器上的蓝色永不脱落。但红色、金色和其他颜色则会脱落，这些颜色是在烧制后才上的，然后再烧制或烘焙。"韦奇伍德的合伙人写信向他介绍谭哲华："他制作肖像（用黏土制作的小型塑像，他会上色），技巧敏捷，瞬间即惟妙惟肖。"①

殷弘绪把景德镇陶瓷技术传播到欧洲，促进欧洲工业革命在陶瓷业领域的深入开展。以德国梅森，法国塞弗尔、利摩日和英国斯托克为代表的欧洲陶瓷迅速发展起来。19世纪后，中国外销瓷作为世界大宗贸易商品的地位开始走向衰落。

三　儒莲与养蚕技术的西传

19世纪上半叶，法国著名汉学家儒莲将中国养蚕的人工选择蚕种技术最新成果传播到欧洲，对英法纺织业发展起到重要作用，对工业革命起到积极的推动作用。

丝绸历来是中国出口欧洲的大宗商品，深受欧洲市场的欢迎。广州作为海上丝绸之路的发源地，是中西丝绸贸易的主要港口。广州十三行与英国、荷兰、法国、瑞典等国开展大规模的丝绸和丝织品贸易。

养蚕技术在古罗马时期就已经传到欧洲。中国的养蚕技术不断改进，居世界领先水平。1837年，儒莲把《授时通考》的蚕桑诸门、《天工开物·乃服》的蚕桑部分译成法文，以《蚕桑辑要》为书名在法国出版，马上就

---

① 程美宝：《Whang Tong的故事——在域外捡拾普通人的历史》，《史林》2003年第2期。

轰动了整个欧洲，相继译成意大利文、德文、英文和俄文等多国文字。

当时，欧洲的养蚕技术已有一定发展，但因防治疾病的经验不足等生丝大量减产。《天工开物》和《授时通考》则为之提供了一整套关于养蚕、防治蚕病的完整经验。儒莲是一代汉学宗师，他的译著在欧洲出版后，对欧洲养蚕业和丝纺业产生很大的影响。

《天工开物》为明末著名科学家宋应星所著，出版于 1637 年，被誉为中国工艺的百科全书。宋应星是江西奉新人，曾任江西分宜县学教谕、福建汀州推官、安徽亳州知府等职。该书上篇的《乃服》详细介绍通过蚕浴、筛选种类、病症等方法，人工选择蚕的优良品种，并介绍了贱蚕、嘉种、野蚕等几个优良品种。

蚕浴，是通过天露、石灰水或盐卤水处理蚕卵，既可淘汰劣种，又有消毒作用。《天工开物 · 乃服》记载蚕浴："凡蚕用浴法，唯嘉、湖两郡。湖多用天露、石灰，嘉多用盐卤水。每蚕纸一张，用盐仓走出卤水二升，参水浸于盂内，纸浮其面（石灰仿此）。逢腊月十二即浸浴，至二十四，计十二日，周即漉起，用微火炡干。从此珍重箱匣中，半点风湿不受，直待清明抱产。其天露浴者，时日相同。以篾盘盛纸，摊开屋上，四隅小石镇压，任从霜雪、风雨、雷电，满十二日方收。珍重、待时如前法。盖低种经浴则自死不出，不费叶故，且得丝亦多也。晚种不用浴。""晚种"即晚蚕，是一年孵化二次的蚕。

及时淘汰病蚕，人工选择蚕的优良品种。《天工开物 · 乃服》记载："凡蚕将病，则脑上放光，通身黄色，头渐大而尾渐小。并及眠之时，游走不眠，食叶又不多者，皆病作也。急择而去之，勿使败群。凡蚕强美者必眠叶面，压在下者或力弱或性懒，作茧亦薄。其作茧不知收法，妄吐丝成阔窝者，乃蠢蚕，非懒蚕也。"

《天工开物 · 乃服》还专门介绍贱蚕、嘉种、野蚕等几个优良品种。"又一种不忌泥涂叶者，名为贱蚕，得丝偏多。凡蚕形亦有纯白、虎斑、纯黑、花纹数种，吐丝则同。今寒家有将早雄配晚雌者，幻出嘉种，一异也。野蚕自为茧，出青州、沂水等地，树老即自生。其丝为衣，能御雨及垢污。其蛾出即能飞，不传种纸上。他处亦有，但稀少耳。"

《授时通考》是清代大学士鄂尔泰、张廷玉负责的官修农书，成书于 1742 年。该书蚕桑诸门有 7 卷，引用明末科学家徐光启《农政全书》等农书，对制居、分箔等养蚕器以及保障蚕体生长、预防疾病做了详细记载。

制居，是建制蚕屋以保持恒温恒湿，使病少茧成。《授时通考》引《农政全书》："蚕屋之制，周放置卷窗，中伏熟火。谓如蚕欲暖而天气寒，闭苫窗拨火，则外寒不入，和气内生。若遇大寒，屡拨熟火，不能胜其寒，则外烧粪墼（绝烟），置屋中四隅，和气自然熏蒸。寒退则去余火。蚕欲凉而天气暄，闭火而卷苫窗，则火气内息而凉气外入。若遇大热，尽卷苫窗，不能解其热，则去其窗纸，上卷照窗，下开风眼。窗外、槌下洒泼新水，凉气自然透达。热退则糊补其窗，闭塞风眼。使其蚕自初及终，不知有寒热之苦，病少茧成，一室之功也。"

分箔，是蚕眠时须分为三箔安放，定期更换以保持卫生，使蚕体长得快而无疾病。《授时通考》引《农桑通诀》《农政全书》等书："每槌上下铺闲铺三箔。上承尘埃，下隔湿润，铺砌碎秆草于上。中箔以备分抬，用细切捣软秆草匀铺为蓐，又揉净纸粘成一片铺蓐上，安蚕。""黄省曾曰：其替抬也，用糠笼之灰糁焉，则蚕体快而无疾，或布网而替抬。"

英国著名生物学家达尔文阅读儒莲的译著后，在《动物和植物在家养下的变异》一书中，把中国养蚕技术中的人工选择内容作为生物进化的重要例证。

儒莲的译著在欧洲出版后，改进了欧洲的养蚕技术，提高欧洲生丝的生产力水平。工业革命极大促进欧洲纺织工业的兴盛，最终超越中国。19世纪中叶后，中国丝绸作为世界大宗商品的贸易地位逐渐走向衰落。

四　福琼与中国茶叶种植和生产技术的西传

19世纪中叶，英国著名植物学家福琼将中国茶树种植和制茶技术引进英国殖民地印度，结束中国茶叶对世界茶叶市场的垄断，给中国经济带来巨大影响。

第一个提倡从中国引种茶叶的是英国探险家、自然科学家约瑟夫·班克斯（Joseph Banks），其曾担任英国皇家学会会长达42年。他建议英国国王乔治三世（George Ⅲ）把全世界的植物学家收集到的植物收藏到皇家植物园邱园（Royal Botanic Gardens，Kew），使邱园变成世界上具有领先地位的植物园。1788年，在他的主张下，茶种第一次从中国引入英国邱园。

1833 年，英国东印度公司贸易垄断权被取消，英国开始在印度种植茶叶。印度陆续引进一些中国的茶树和制茶工艺，开始茶叶的生产制作，取得一些成绩。此后，印度茶叶种植和制茶产业的真正成功与福琼分不开。

1842 年，福琼受英国皇家园艺学会派遣，到中国考察茶乡，并从事植物采集。他将大量中国植物资源运往英国邱园。

1848 年，他又接受英国东印度公司的派遣，再次深入中国宁波、徽州、武夷山的茶乡，考察中国茶叶的种植和生产。

福琼采集武夷山的岩石样本，寄给在印度加尔各答、萨哈兰普尔的地质学家法尔康内（Falconer）、詹姆森（Jameson）研究。他在《两访中国茶乡》一书中写道："黏板岩上面是一些砂岩，砂岩主要由嶙峋的石英石组成，这些石英石由石灰凝聚在一起。在砂岩间杂的还有一种石灰质砂岩，在这种石灰质砂岩中，含有白云石灰岩。""茶田的泥土是由一种棕黄色的黏土组成。如果仔细分析这种黏土的话，会发现它由岩石颗粒与腐殖质组成，其中腐殖质所占比重相当高，而腐殖质非常有营养，所以种在这种泥土中的茶树就能茁壮成长。"①

福琼认识到红茶与绿茶的主要区别在于加工方式不同，红茶经过发酵，绿茶则未经发酵。他在《两访中国茶乡》中引用药剂师协会沃灵顿（Warrington）的论文："这些观察结果让我相信，红茶和绿茶在品质和化学特性上的区别，是由特定的加热或发酵过程，以及伴随该过程产生的氧化作用而导致的，它们间的区别并非通常认为的那样，是由脱水干燥的过程中加热温度不同而产生的。"②

福琼还仔细调查中国茶叶贸易的利润。以一担为单位计算，中国商人把供出口的精品茶叶运到上海码头的总体费用为 14 两白银，英商付出的平均收购价为 22 两白银，这样，一担茶叶有 8 两银子的利润。因此，他更加坚定决心把中国茶叶产业移植到英国的印度殖民地。

1851 年，福琼从上海通过海运，运走 12000 株茶树小苗，1.7 万粒茶树种子，并带走 6 名中国制茶专家到印度北部的萨哈兰普尔，将中国茶树品种

① 〔英〕罗伯特・福琼：《两访中国茶乡》，敖雪岗译，江苏人民出版社，2016，第 340~341 页。
② 〔英〕罗伯特・福琼：《两访中国茶乡》，敖雪岗译，江苏人民出版社，2016，第 370~371 页。

与制茶工艺引入东印度公司开设在喜马拉雅山麓的茶园，促进了印度、斯里兰卡茶叶生产的兴旺发达。

由于茶树种子一旦离开泥土，只能存活很短一段时间。因此，过去运到西方的茶树种子只存活极少一部分。福琼发明一种装置，能够把大量的茶树苗运送到印度。这种装置基本上就是一个封闭的小型玻璃温室，后来称为华德箱（Warden case）。

长距离运输茶树种子的装置。福琼在《两访中国茶乡》中说："我准备了两个玻璃柜子，用来把从中国采集到的山茶花运往加尔各答的植物园。我把茶树种子倒在柜子前面，又倒入一小部分泥土掺杂在种子里面。然后在柜子底部铺上这样一层泥土、种子的混合物，两者大概是 1∶2 的比例，把那些山茶花从花盆中轻轻取出，放在这一层混合物上面。山茶花之间的空隙也都用这种混合物填满，填到一定高度为止，然后再在最上面撒上少量泥土，把顶部的种子覆盖起来。给柜子里浇水，浇得透透的，然后用木板把柜子中的泥土固定下来，再把柜子盖子像平常一样合上扎紧。"①

西方的多部著作有对中国茶叶制作工艺的介绍，但是书本知识和实践技艺是两回事。因此，福琼决定招募 8 名中国制茶工人，带上整套制茶工具，原版移植到英国的印度殖民地。从此，茶叶种植和生产业在印度首先立足，并在世界其他国家和地区传播开来。福琼在《两访中国茶乡》一书中写道："今天，当喝茶变成英国以及它那广袤殖民地人们的生活必需时，大规模的、成本低廉的茶叶生产就不再是一件普普通通的事情了。"②

制茶技艺来自福琼带到印度的中国茶叶工人以及移居印度的中国人。技术转移成为一条捷径。中国茶叶生产工艺传到印度后，印度结合工业革命的成果进行工业化改造，通过机器生产制作，生产技术得到进一步提高。当印度、斯里兰卡、肯尼亚等地的茶叶产业兴起后，英国控制的茶叶生产已经占据世界市场的重要份额，与中国茶业展开竞争。1890 年，英国商人托马斯·立顿（Thomas Lipton）创立的立顿（Lipton）红茶，逐渐发展成为世界著名的茶叶品牌。因此，19 世纪下半叶，中国茶叶作为世界大宗商品的贸易地位在一定程度上受到影响。

---

① 〔英〕罗伯特·福琼：《两访中国茶乡》，敖雪岗译，江苏人民出版社，2016，第 401 页。
② 〔英〕罗伯特·福琼：《两访中国茶乡》，敖雪岗译，江苏人民出版社，2016，第 405 页。

广州海上丝绸之路有着辉煌的历史，承载着陶瓷、丝绸和茶叶等闻名世界的大宗商品贸易。随着中西方经济文化交往深化，三大优势产业技术相继传播到西方。工业革命以后，中国在世界经济中的优势地位丧失。历史经验说明，中国民族工业只有坚持创新驱动，才能在世界经济体系中做出更大的贡献。

清代广州外销通草纸水彩画所见劝戒鸦片烟图像考

程存洁[*]

摘要： 本文结合历史文献及相关材料，对19世纪广州外销通草水彩画中所见劝戒鸦片烟组画图像进行了考释，并对画面中所见的“戒烟丸”进行了历史资料的梳理。通过画面，笔者不仅深刻地感受到鸦片对中国社会及民众造成了巨大伤害，同时了解到清朝官府及社会民众都在积极努力，或以连环画的形式教化民众戒烟，或推介“戒烟丸”，帮助民众戒烟，以确保社会稳定、家庭和睦。

关键词： 清代　广州通草画　鸦片

“约在8世纪时，罂粟由阿拉伯商人带入中国，鸦片最初传入中国时，长期只作药用。直到17世纪，葡萄牙人和荷兰人把鸦片的吸食方法传入中国，并从印度运入吸食用鸦片，吸食鸦片烟始在中国流行。”[①] 清代雍正年间，鸦片走私在中国越来越盛，特别是1840年以后，清政府被迫向西方列强开放门户，鸦片更是大量输入中国，给中国社会生活和广大民众带来的祸害和苦难尤为深重。在此历史背景下，在摄影术发明和普及前，广州画家以图画形式在通草片上描绘吸食鸦片的社会恶习及其危害，以此劝导世人戒食鸦片。这批外销通草水彩画形象地向西方世界传递和反映中国社会民众在劝戒鸦片烟方面所付出的努力，同时成为今日了解19世纪中国社会民众吸食鸦片及其毒害不可多得的珍贵图像资料。

卢庆滨先生在《延年益寿除恶习　富国强身戒毒烟——劝戒鸦片烟组

* 程存洁，孙中山大元帅府纪念馆馆长，二级研究馆员，著有《十九世纪中国外销通草水彩画研究》《中瑞陶瓷贸易遗珍》等，主编《容庚藏帖》《时事画报》等。

① 王次澄等：《大英图书馆特藏中国清代外销画精华》第三卷，广东人民出版社，第198页。

画概述》一文中对大英图书馆藏的 23 幅通草纸“劝戒‘洋烟’画”做了详细考释[①]，对我们进一步理解这类绘画的意义具有启发作用。

本文结合历史文献，对广州多家博物馆所藏劝戒鸦片烟题材的通草水彩画进行辨析，明确其图像内涵，以此揭示清朝官府与民间为寻求戒烟良策而付出的努力。

一 馆藏劝戒鸦片烟系列图像解析

众所周知，鸦片是由罂粟果实的汁液制作而成，原产于西亚阿拉伯半岛、南亚印度等地，到清朝乾嘉时期，随着鸦片大量走私流进中国，广东等地亦有人开始偷偷种植罂粟。清朝时，已有人对鸦片的种植、提取做过详细描述，如杨炳南《海录》记载：“其木似罂粟，叶如靛，青子如茄。每根仅结子二、三颗。熟时，夜以刀划其皮，分许，膏液流出，凌晨收之，而浸诸水数刻，然后取出，以物盛之。又取其叶，曝乾末之，杂糅其中。视叶末多少以定其成色，叶末半则得膏半，然后捏为团，以叶裹之，子出膏尽，则拔其根，次年再种。”[②] 林则徐奉命到广东禁烟，对当时的鸦片分有最上等、上等、中等和次等四个级别，即“黑者曰公班土，系上等之烟；白土次之，金花土又次之”[③]。“另有一种小公班，每箱贮八十个，其式样比常行之公班较小，而个数倍之，故每箱斤两不相上下，每个用洋布包裹，制造亦较精致，访闻此种在外国系最上之烟，价值极贵。”[④] 吸食鸦片，对人体的毒害巨大。王大海《海岛遗志》记载：“阿片烟之火，如野火之烧山，草木各物当之，莫不焦枯腐烂耳。凡服之深者，则其人必瘦削软弱，振作无志，容色青暗，元阳元阴，为之散失，不能生育，纵有生者，旋致病死，服之既久，则欲罢不能，破家荡产，虫生髓枯，怪病种种，医药无功，比比皆然。”[⑤]

---

① 王次澄等：《大英图书馆特藏中国清代外销画精华》第三卷，广东人民出版社，第 198 ~ 256 页。

② 杨炳南：《海录》，冯承钧注，中华书局，1955。

③ 《销化烟土已将及半折》，载《林则徐全集》编辑委员会《林则徐全集》第三册“奏折”，海峡文艺出版社，2002，第 153 页。

④ 《销化烟土已将及半折》，载《林则徐全集》编辑委员会《林则徐全集》第三册“奏折”，海峡文艺出版社，2002，第 161 页。

⑤ 棕园拙者手辑《鸦片烟考》，森鸿次郎寄赠，明治卅五年十一月廿七日。

在广州博物馆和孙中山大元帅府纪念馆，分别藏有一套劝戒鸦片烟题材的外销通草水彩画。其中，广州博物馆藏一册，原本有12幅，现存11幅，装在一本有红色锦丝封套面的册页里，这些画作既没有名称，也没有留下画家姓名，我们只能根据画面内容及历史材料确定每幅画作的名称及其所反映的具体内容。

（一）广州博物馆所藏劝戒鸦片的外销通草水彩画

第一幅画作显示，一名身穿黄色长衫躺在鸦片床上的瘾君子和一名身穿紫色长衫坐在罗汉床上的瘾君子正在吸食鸦片，一名左手端着装有鸦片烟膏的杯子、身着黄色长衫的男性服务员和一名身穿红色旗袍、脚穿高跟鞋、手捧茶杯的女性服务员分别从不同方向慢步走向瘾君子们。

此情此景诚如《羊城晚报》2010年2月7日刊登谢璋的《儿时所见的鸦片烟馆》一文所述："鸦片烟馆的布局大致是这样的，多张木板床连接在一起，每张床上铺着竹席，并配置有枕头，每一张床，备有一盏烟灯，烟灯以生油作燃料。烟灯之上，配有一长圆形的烟灯罩，烟灯罩可放置鸦片烟枪。罩的中间穿有一孔，用来点燃鸦片烟膏的。当吸鸦片者光顾时，便有服务员拿来吸鸦片的工具（烟枪）。烟枪用木制成，尺余长，中间是空心的，烟枪用于吸的一边，镶有光滑的玉石嘴；另一头，镶有约两寸长的圆形的'烟斗'，用来点燃鸦片烟膏。吸食时，用一支针挑上些许鸦片烟膏，放在烟斗中点燃。……一些鸦片烟馆为了吸引烟客，更聘请年轻貌美的姑娘，为吸食者提供点燃鸦片烟膏等服务，称之为'打荷'。"可见第一幅画作反映的内容正是"在烟馆抽鸦片"的场面（见图1）。

图1　在烟馆抽鸦片

第二幅画作显示，一名身穿浅蓝色衬衣的男性正在向一名身穿深蓝色长衫的买主推销鸦片，鸦片球全部装在一个大木箱里。

据林则徐道光十九年三月二十一日《收缴鸦片已逾十分之八乘势清理东路折》中所云："查各趸船所贮烟土，在正舱者，皆系番木板箱，弁用生牛皮封裹，极为坚固。其在边舱者，间用口袋装盛，包扎亦甚严密。"① 可见当年烟土（鸦片）主要是装在"番木板箱"或"口袋"里，从境外偷运至中国。因此，本幅画作应为"买卖鸦片"图（见图2）。

图2 买卖鸦片

第三幅画作显示，一名身穿黄色衬衣的男性正在一张长条形桌上切鸦片，另一名身穿深蓝色长衫、右手拿着长烟斗的男性，似在和前者讨价还价。这幅画作反映的内容应是"街头买卖鸦片"（见图3）。

图3 街头买卖鸦片

---

① 《销化烟土已将及半折》，载《林则徐全集》编辑委员会《林则徐全集》第三册"奏折"，海峡文艺出版社，2002，第137页。

第四幅画作显示，一名身穿深蓝色衬衣的男性坐在一张矮凳子上，左手捧着一个鸦片球，右手食指指向摆在身前的两个水缸，另一名身穿浅蓝色衬衣的男性，手捧鸦片球，站在水缸前，他们二人似正在用水浸泡鸦片。这幅作品反映的内容应是“浸泡鸦片”（见图 4）。

图 4　浸泡鸦片

第五幅画作显示，一名身穿浅蓝色衬衣的男性坐在一张矮凳子上，双手用力地用长棍搅拌铜镬里的鸦片，另一名身穿黄色长衫的男性，右手捧着一个小杯，似用来盛装鸦片烟膏的。

据前引谢璋《儿时所见的鸦片烟馆》一文：“我在儿时，看过私制鸦片烟膏的工场。工场中，有一只大铜镬，乌黑色的烟土被倒入铜镬中，然后用火慢慢地熬炼，当熬成金黄色的‘鸦片烟膏’后，便可以了。”由此可见，本幅画作应是“煎熬烟膏”图（见图 5）。

图 5　煎熬烟膏

第六幅画作显示，一名身穿深蓝色衬衣的男性坐在一张矮凳子上，左手捧着一个小杯，右手握住长勺，似正要从铜镬里舀出烟膏，另一名身穿黄色衬衣的男性，双手捧着一个罐子，似用来装烟膏。这幅画作应为“装烟膏”（见图6）。

图6 装烟膏

第七幅画作显示，一名身穿黄色长衫的男性，右手捧着一个小杯，站在长方形桌旁边，目视前方来客；桌上摆放两个罐子，一红一绿；另一名身穿深蓝色长衫的男性，右手捧着一个小杯，前来购买烟膏。

“鸦片烟的售价是以每盅来论的。圆形细小如大拇指头为一盅，售价白银二角。吸鸦片者需要多少盅烟膏，琴僮便即时奉上，服务周到。当时吸鸦片烟的人，是打横睡在烟床上的，所以便有‘睡横床，吹直竹’之说。吸食时，烟斗发出微微的‘居居’之声，吸食者的鼻孔，不断喷出袅袅的烟雾。”① 因此，该幅画作当为“买卖烟膏”图（见图7）。

图7 买卖烟膏

① 谢璋：《儿时所见的鸦片烟馆》，《羊城晚报》2010年2月7日。

第八幅画作显示，在画面左边摆放一张大型方床，床正中间有一套抽鸦片的烟具：托盘、烟枪、烟灯和装烟膏的小杯，床上还摆放了粉红色的和绿色的枕头各一个，床前有一个绿色鼓凳。一名身穿黄色长衫和另一名身穿紫色长衫的男性，正手挽着手一起走向鸦片烟床。这幅画作应为“去抽鸦片”（见图 8）。

图 8　去抽鸦片

第九幅画作显示，一名身穿蓝色衬衣的男性蹲在地上，正在用力地用长棍搅拌水缸里的鸦片，旁边摆放一个红色托盘，托盘里有一盏烟灯和一个小杯；另一名身穿黄色长衫、手持长烟斗的男性，俯身望着前者劳作。此幅画作应是“街头买卖烟膏”（见图 9）。

图 9　街头买卖烟膏

在这套作品中，第十幅画作已缺失。

第十一幅画作显示，一名身穿紫色长衫的女性站在小桌前，正用刀劈一根红色的烟枪，另一名身穿黄色衬衣的男性走来，似与该女性交谈。

根据林则徐道光十八年八月初二日《楚省查拿烟贩收缴烟具情形折》载："已缴烟枪计一千二百六十四杆，皆系久用渍油之物，烟斗、杂具俱来。臣于未出省以前，即率同两司道府逐一验明，先用刀劈，继用火烧。"[①] 由此判断此幅画作反映的内容应是"销毁烟枪"（见图 10）。

图 10　销毁烟枪

最后一幅画作显示，一名身穿蓝色长衫的女性拄着拐杖，正步履蹒跚地走来，也许她的丈夫因吸食鸦片而离开了人间，她似在指责站在她面前的这位身穿黄色衬衣的男性。这幅画作反映的内容应是"人间悲剧"（见图 11）。

图 11　人间悲剧

综上所述，广州博物馆所藏的这套通草水彩画当为鸦片烟膏制作及买卖图。这套图画虽然画面布景简单，反映的人物均是社会底层百姓，但是所反映的内容应是当时中国社会的真实写照。

---

① 《林则徐全集》编辑委员会：《林则徐全集》第三册"奏折"，海峡文艺出版社，2002，第 75 页。

（二）孙中山大元帅府所藏劝戒鸦片的通草水彩画

孙中山大元帅府纪念馆所藏劝戒鸦片题材外销通草水彩画画册，共有12幅图画，每幅均贴有英文说明。现将每幅图画中的英文说明译成中文，并用引号标出。

第一幅："这是走向在女人、音乐和歌唱陪伴之下吸食鸦片烟恶习的第一步。"画面显示共有10人，其中有3名演唱人员，此情此景当是鸦片烟馆里的一幕场景（见图12）。

图12　烟馆景象

第二幅："反对吸食鸦片社团的会员派发传单，劝诫民众不要吸食鸦片。"画面显示，4名有识之士正在抄写《劝戒洋烟文》，并向路人派发（见图13）。

图13　戒烟宣传

第三幅："他不听劝诫，把吸食鸦片当作消遣。"画面显示，5 名男子正在烟馆里消遣，其中有两名躺在鸦片烟床上吸食鸦片，另 3 名正在用膳喝酒（见图 14）。

图 14　连抽带喝

第四幅："他的经济情况不太好，请不起聪明伶俐的年轻女子为他服务，只能请一位盲妹为他演唱低俗的歌曲。"画面显示，盲妹在"代月"的引导下正走进烟馆唱曲（见图 15）。

图 15　抽烟听唱

第五幅："他在填写屋契，卖房买鸦片。在另一边的男子正在煮鸦片。"（见图 16）

第六幅："他的父亲拿木棍赶他出家门，母亲拿鞭子抽打他，让他戒掉吸食鸦片恶习。"（见图 17）

第七幅："他的母亲、妻子和孩子正在痛哭嚎叫，因为他依然像水蛭一样吸食鸦片，且和下流人物交往。"（见图 18）

图 16　卖房抽鸦片

图 17　全家劝戒吸食鸦片恶习

图 18　恶习不改，全家悲痛

第八幅："他的母亲正在用藤条鞭打他，父亲看见大喜，妻子正在劈鸦片烟枪，孩子看见大惊。"（见图 19）

图 19　在家里强行戒烟

第九幅："只要认真悔改，始终不晚。他向反对吸食社团的一位会员讨一些戒烟丸，希望戒掉吸食鸦片恶习。"（见图 20）

图 20　开始戒烟

第十幅："烟瘾很大的吸食鸦片者，经济非常困难，试图向朋友们借钱，但他们都不愿意借。"（见图 21）

图 21　借钱抽鸦片无人借

第十一幅："吸食鸦片者的处境非常困难，没有饭吃，没有鸦片抽。他在向几个女人讨饭吃，只能睡在地上的破席子上。"（见图22）

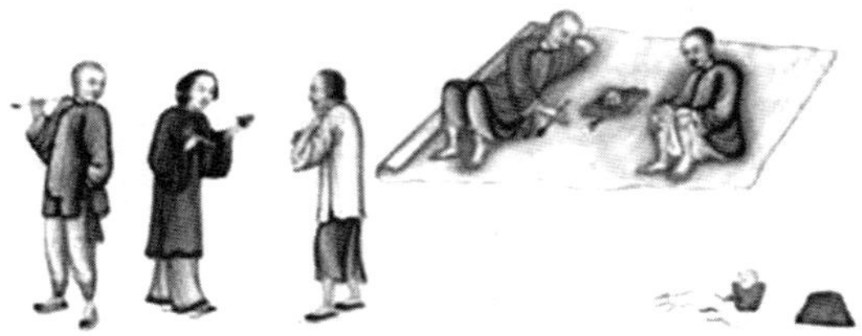

图22　穷困潦倒当乞丐

第十二幅："对他而言，破席子可以说是非常好的；他只得在一块大石头上栖身，像条虫子一样偷偷地吸食鸦片烟渣，就连狗都瞧不起他，向他狂叫。愿他灵魂安息！"（见图23）

图23　无家可归

由上述可知这套通草水彩画画面内容丰富，情景复杂生动，故事性强，生动地反映了吸食鸦片带来的严重后果。这套水彩画是由广州永泰蓪画店创作的，其生产时间应在19世纪70年代之后不久。①

二　戒烟药方考

在鸦片毒害中国民众之际，中国有识之士提出严禁鸦片入境。一方面

① 程存洁：《代月考》，载广州大典研究中心编《地方文献保护与整理出版研讨会论文汇编》，2018。

清朝政府采取措施，严禁走私鸦片，销毁鸦片；另一方面一些有识之士积极寻找戒烟良策，配制中医戒烟良方，帮助瘾君子戒烟，根除社会毒瘤。在孙中山大元帅府纪念馆所藏画册中，笔者就看到通草画画面中已显示有“戒烟丸”，而这种“戒烟丸”在清道光年间林则徐禁烟销烟之际，“久经采访各种医方，配制药料，于禁戒吸烟之时，即施药以疗之。就中历试历验者，计有丸方两种，饮方两种”①，并上报朝廷，颁行天下。其中，丸方两种是指“忌酸丸”和“补正丸”，前者“不曰戒烟丸而曰忌酸丸者，盖以既用烟灰，吞服之后，若与味酸之物同食，则令人肠断而死，故以忌酸名方”②。该药方和用法如下。③

生洋参五钱，白术三钱，当归二钱，黄柏四钱，川连四钱，炙黄芪三钱半，炙甘草三钱半，陈皮二钱半，柴胡二钱半，沉香二钱（忌火），木香二钱（忌火），天麻三钱，升麻一钱半。

共为细末，入生附子七钱，米泔浸透，石臼中捣如泥，再入烟灰一两，搅匀，入面糊同药为丸，如小桐子大。丸成后共秤重若干，约计平时有瘾一分者，每日所服之丸须有烟灰一厘二毫为度。必于饭前吞下，否则不验。起初一二日或多吞些，令其微有醉意，则有烟亦不思食矣。吞定三五日后，每日减忌酸丸一丸，用补正丸二丸顶换吞下。

“补正丸方”药方及用法如下。④

生洋参、白术、当归、黄柏、川连、炙甘草、陈皮、柴胡、沉香、天麻、升麻。

共为细末，用蜜和丸，如桐子大，以之顶换忌酸丸。如初一减忌酸

---

① 《筹议严禁鸦片章程折》，载《林则徐全集》编辑委员会《林则徐全集》第三册“奏折”，海峡文艺出版社，2002，第 38~39 页。

② 《筹议严禁鸦片章程折》，载《林则徐全集》编辑委员会《林则徐全集》第三册“奏折”，海峡文艺出版社，2002，第 40~41 页。

③ 《筹议严禁鸦片章程折》，载《林则徐全集》编辑委员会《林则徐全集》第三册“奏折”，海峡文艺出版社，2002，第 41 页。

④ 《筹议严禁鸦片章程折》，载《林则徐全集》编辑委员会《林则徐全集》第三册“奏折”，海峡文艺出版社，2002，第 41 页。

丸一丸，则用补正丸二丸吞下；至初二则减忌酸丸二丸，又用补正丸四丸吞下，余可类推。至忌酸丸减尽，再服补正丸，十日或半月后，连补正丸亦不用服矣。如瘾重者，一剂不能尽除，即多服两剂，瘾亦必断。

林则徐认为，上述两方“极灵验”，“配合两剂需钱数千文”，价格较高，故又配制了两种良方，“费钱极少，而为效甚捷”①。这两种饮方，一为“四物饮”，一为“瓜汁饮”，因简单方便，又名“简便方”。

四物饮药方及用法如下。②

赤砂糖一斤，生甘草一斤，川贝母八钱，去心研细；鸦片灰三钱，瘾重者四钱。

右四物，以清水十余大碗，入铜锅煎两三时，约存三四碗，愈浓愈妙。将渣漉出，取汁贮瓷瓮内，置静室无人行处。每日早起及夜卧之前各取汁一杯，以开水温服，瘾即可断。如瘾极重者，取已煎之汁而重煎之，十杯煎成一杯，照前再服，必效。

瓜汁饮药方及用法如下。③

南瓜正在开花时，连其叶与根藤一并取下，用水涤净，于石臼中合而捣之，取汁常服，不数日宿瘾尽去。甫经结瓜者，连瓜捣之，亦可用。

对上述四种药方，林则徐有总体评价：“忌酸、补正两丸，其法最正；四物、瓜汁两饮，其用尤便。”④ 林则徐配制的药方，是上报给道光皇帝的，

① 《筹议严禁鸦片章程折》，载《林则徐全集》编辑委员会《林则徐全集》第三册“奏折”，海峡文艺出版社，2002，第42页。

② 《筹议严禁鸦片章程折》，载《林则徐全集》编辑委员会《林则徐全集》第三册“奏折”，海峡文艺出版社，2002，第42页。

③ 《筹议严禁鸦片章程折》，载《林则徐全集》编辑委员会《林则徐全集》第三册“奏折”，海峡文艺出版社，2002，第43页。

④ 《筹议严禁鸦片章程折》，载《林则徐全集》编辑委员会《林则徐全集》第三册“奏折”，海峡文艺出版社，2002，第43页。

这些药方被后人视为“神效方”。在民间，也有人为了提高药方的可信度，将自配药方冠在林文忠公名下，比如 1904 年粤东善书局藏版《符乐善堂经验良方》卷六收录的“林文忠公戒鸦片烟神效方”即属此例，他们的药方及用法如下。

> 明党参、云苓、炙芪、潞党参、炙玉竹、姜炭、罂粟花、炒杜仲、橘红、枸杞各四钱，旋覆花、炙草、制半夏、益智仁各二钱四分。枣仁二钱，如肚腹下坠，加沉香二钱，无者不必加。
>
> 引用红枣四钱，去核，同药煎三次，三次煎一饭碗许，再将鸦片烟灰如熬烟法，过笼与药同熬至一茶碗许，入红糖半斤，收膏用磁缶盛好，每早晚用滚水冲服五钱，服后不禁吃烟，日久自然不想吃烟矣。用烟灰之多少，看瘾之大小。至大之瘾，每剂药四钱烟灰足矣。如第一次用烟灰四钱，第二次只用三钱五分，第三次只用三钱，次第减至五分。多服几剂，后不用入烟灰。服三两剂，即烟瘾断绝，无论老少年深日久之大瘾，亦能断绝。世人切勿轻视。此方屡试屡效，并不另生他病，诚戒烟之第一良方也。迩来烟贵，予亲见衙内人等用此方戒断瘾者不少，并无生病，幸勿怀疑。

这剂药方在民间影响较大，但与前文所述林则徐配制的药方相比，两者显然不同。此外，在民间流传的戒烟药方还有许多。这里将《符乐善堂经验良方》卷六辑录的另三种戒烟良方引录于后。

> 白蔗糖四两，正蜜糖四两，净水糖四两，生猪膏十二两，四味共成二十四两。
>
> 先将三样糖用水煮溶，炼成不稀不结，不老不嫩，以磁盅载住，随将猪膏煎出猪油，去渣，将油入在糖盅一处。如每日烟瘾一两者，即入生公烟一两。烟瘾二钱者，即入生公烟二钱，和同糖膏一处，再以全盅糖烟膏隔水炖滚，用竹箸密手搅至极匀，取起听用。每日三段：饭前，空肚秤食糖膏一两之谱，然后用膳方，易顶引取效；饭后勿食。有常食至半月，即原人嗅烟心恶，吸烟口苦，兼见大肠解出烟积黑色，或似洗烟枪水渍一般。瘾轻者二十日戒断，瘾重者一月戒除，屡经效

验。倘食完一料，未收全功，请再炼糖膏一料。惟照前酌减公烟五成，入膏续食，则无不戒断也。此方不用药材，价廉易办，且戒后胃口开，身体健，永无毛病，足称戒烟第一良方，不可不知。惟有志者事竟成耳。原方本传自一老道士。仆亲见叶姓一友，上瘾三十余年，日吸公烟八钱，照方服糖膏一月，其患若失，戒后身体比前加倍强壮。此方效果可知。其余瘾轻者，戒断不可胜纪。

这剂药方名为“三糖戒烟应验奇方”，为香山鹤溪刘勋翁传。另外两剂药方，一剂名为“戒烟神效方”。

三念三斤，切片，去核；陈皮四钱、细辛一两、烟灰一两、浙醋五斤。

用瓦甓煎一个时辰，取起三念渣，用蜜糖煎三念，每日饮此药水，餸糖三念，日日如常，食两甓，瘾断，见烟作呕，不思食洋烟矣。

另一剂名为“玉云仙馆祖大仙师乩示戒鸦片烟良方”。

雷丸二两，使君肉二两，枣仁一两，台党一两，制半夏二两。

以上各味共为细末，用铁锅放水四两，将药末滚透。若水少，放多一些。先将木棉树叶晒干，秤准一斤，如焙茶一式，然后研末。同上各药在铁锅炒匀，以干水为度。每日每服一钱，煎水，当茶饮，其瘾轻重，照常吸食洋烟，毋庸减少，食至一月，闻其味自淡，其瘾自轻，渐渐可以断尾矣。

另有一剂配制药方。

先将半夏二两，用清水浸四日，每日换水四次，后每斤每日用滚羌水三两泡三日，至七日后将半夏晒干，再加羌汁滚水，每斤亦用三两，浸一晚，翌晨炕干。另雷丸二两，清水浸两日，每日换水三次，翌日用甘草水，每斤雷丸用一两五钱煎水和制。雷丸并枣仁一两、台党一两、使君玉二两，三味及晒干木棉树叶一斤，如焙茶法焙好，共研细末，每料用水半斤，先将半夏、雷丸、枣仁、使君肉、台党者浸透后，加以木棉树叶末一斤。粤东有此树，价甚平和，直至干爽成散为度。

以上所述为广东民间流行的部分戒烟药方。这些药方要想获得社会认可，均有一个共同点，要么借助道士或仙师，要么借助历史名人获取社会认可。这些戒烟良方，无论是官府颁行的，还是民间自配的，均有力地证明了广州外销通草水彩画中所见“戒烟丸”是客观存在的。

三 余论

19 世纪广州外销通草水彩画反映的题材众多，内容丰富。从上述劝戒鸦片系列图像可知，孙中山大元帅府纪念馆所藏图像与大英图书馆所藏图像的画面，除个别人物或摆放的物品有所增减外，内容基本一致，这说明当年外销通草水彩画的生产创作应有样本参阅。《代月考》曾考证孙中山大元帅府纪念馆所藏的这套外销通草画的创作生产时间在 19 世纪 70 年代之后，由此可推断大英图书馆所藏外销通草劝戒鸦片烟组画的生产创作时间也当在此时间段。①

从画面中，我们不仅感受到鸦片对中国社会及民众造成了巨大伤害，同时也了解到清朝官府及社会民众都在积极努力，以连环画的形式教化民众戒烟，或推介“戒烟丸”，帮助民众戒烟，以确保社会稳定、家庭和睦。

---

① 卢庆滨在《延年益寿除恶习　富国强身戒毒烟——劝戒鸦片烟组画概述》一文中写道：“大英图书馆收藏有 24 幅通草‘劝戒洋烟画’，购进日期是 1909 年 11 月，它的内容应是反映晚清时期民间日益高涨的戒吸鸦片烟活动，是珍贵的历史资料性绘画。”王次澄等：《大英图书馆特藏中国清代外销画精华》第三卷，广东人民出版社，第 198 页。

罕见广州十三行商签字画押的发现*

冷　东　邢思琳**

摘要：签字画押是中国传统社会民间及官方常见的文书形式，当事人在契约文书上签字画押，体现画押者对契约文书内容的真实性、有效性以及约束力的承认和责任。清代初期广州十三行是官方特许从事海外贸易的机构和口岸，笔者在长期从事中外商贸活动及信息交流研究中，却一直没有发现签字画押的资料和研究成果。近期在英国发现了一批新资料，显示签字画押也是十三行商常用的文书形式，对中外商贸活动及信息交流产生重要影响，甚至英国东印度公司大班也使用了签字画押，这些资料成为文书制度研究和中西方文化交流的宝贵文献。

关键词：十三行　签字画押　押印　文书制度

签字画押是中国传统社会民间及官方常见的文书形式，当事人在契约文书上签字画押，体现画押者对契约文书内容的真实性、有效性以及约束力的承认和责任，已有相当丰富的研究成果。关于清代社会中的签字画押虽无很多直接研究成果，但一直是学界关注的领域，例如杨晏平、张志清、伍跃的《清康熙年间契约文书》，杨晏平、张志清的《清雍正年间契约文书辑录》，杨晏平、张志清的《清乾隆年间契约文书辑录》，何小平的《习惯法视野下的清代租佃关系研究——以东南六省为中心》，寒冬虹、杨靖的《国家图书馆藏部分明清土地契约略说》，平涛的《香港主权的沦丧与回

* 本文为2019年《广州大典》与广州历史文化研究项目“广州十三行印章汇考”（项目编号：2019GZY03）成果。

** 冷东，博士，广州大学十三行研究中心教授，主要研究方向为中国古代史、广州十三行、粤海关；邢思琳，广州大学十三行研究中心硕士研究生，主要研究方向为广州十三行、粤海关。

归——从南京签字画押说起》，赵楠楠的《清代田宅典契初步研究》等论文，都直接或部分涉及对签字画押的研究。[①] 而在 1757~1842 年，广州十三行是清朝特许从事海外贸易的机构和地点，进行了长期丰富的中外商贸活动及信息交流，而签字画押是其外贸活动中的重要部分，但相关资料及研究方面基本是空白。史彦曾撰写《指纹画押、指纹学与广州》一文，提出指纹画押起源于中国，通过广州被推广到全世界。在外国文献中，最早记载广州地区应用指纹画押的，是苏莱曼的《东游记》。苏莱曼曾于 851 年（唐宣宗大中五年）到过广州，他在书中写道："中国人在商业和公事上，都讲公道。譬如有人把银子借给别人，应由他写一张票子；借户也写一张票子，票子上由借户把中指和食指并列着打一个印，作为画押。"[②] 但文章记载的仅是唐朝的事儿，并没有涉及清代十三行商的内容。近期在英国发现了一批新资料，显示签字画押也是十三行商常用的文书格式，这对中外商贸活动及信息交流产生重要影响，也成为文书制度研究的宝贵文献。

一　清代广州十三行行商签字画押图形

广州十三行是由诸多商行组成的商会组织，商行及人物是广州十三行研究的主体内容。梁嘉彬《广东十三行考》书中专设"广东十三行行名、人名及行商事迹考"一章，记述历年中外文献所载洋行 39 家，茶行 1 家，对广州十三行商行的数量、行名、人物的由来及其变化进行了陈述。[③] 英国剑桥大学图书馆怡和洋行档案、大英图书馆 G12 系列档案、英国国家档案馆广州商馆中文史料（编号为 FO/1048 的档案）收藏有许多中国行商的亲笔信函，其中发现了广州十三家行商的签字画押文书。

---

① 杨晏平、张志清、伍跃：《清康熙年间契约文书》，《文献》1993 年第 1 期；杨晏平、张志清：《清雍正年间契约文书辑录》，《文献》1993 年第 2 期；杨晏平、张志清：《清乾隆年间契约文书辑录》，《文献》1993 年第 2 期；何小平：《习惯法视野下的清代租佃关系研究——以东南六省为中心》，陕西师范大学博文学士论文，2013；寒冬虹、杨靖：《国家图书馆藏部分明清土地契约略说》，《文献》2004 年第 1 期；平涛：《香港主权的沦丧与回归——从南京签字画押说起》，《南京史志》1996 年第 1 期；赵楠楠：《清代田宅典契初步研究》，中国政法大学硕士学位论文，2010。

② 史彦：《指纹画押、指纹学与广州》，《广州研究》1986 年第 5 期。

③ 梁嘉彬：《广东十三行考》，广东人民出版社，1999，第 256~340 页；李志刚：《基督教早期在华传教史》，台北，商务印书馆，1985，第 151~152 页。

1. 怡和行行商伍受昌

怡和行为广州十三行的重要行商，创始人伍国莹，商名浩官，西方人称为浩官一世，伍秉鉴为浩官二世。道光六年（1826 年），由伍秉鉴主持，伍氏家族实行分家析产，将家产平分出四房，其中三房保留怡和行的经营权。伍秉鉴将行务交由第四子伍元华掌管，并继承其首席行商的地位。伍秉鉴则以“原商”的身份退居幕后，仍然掌握怡和行和公行的实权。伍元华以受昌为商名，西方人称为浩官三世。伍元华承担伍氏家业虽然时间不长，却是一个得力人物。其后伍绍荣为浩官四世。本次发现的是伍元华的签字画押（见图 1）。①

图 1　伍元华的签字画押

2. 同孚行行商潘正炜

同孚行为广州十三行的重要行商，其前身同文行创始人潘振承，商名启官，西方人称为潘启官一世。乾隆五十二年十二月（1788 年初），潘振承去世，同文行由其子潘有度主持。潘有度商名致祥，西方人因其子承父业，称其为潘启官二世，改行名为同孚行。嘉庆二十五年（1820 年），潘有度去

① 英国国家档案馆，档案编号：FO/1048/32/13。

世，同孚行由其子潘正炜主持。潘正炜商名绍光，西方人以其承父祖之业，称其为潘启官三世。鸦片战争后，同孚行改为茶行，潘仕成为潘启官四世，直到潘正炜于道光三十年（1850 年）去世。本次发现的是潘正炜的签字画押（见图 2）。①

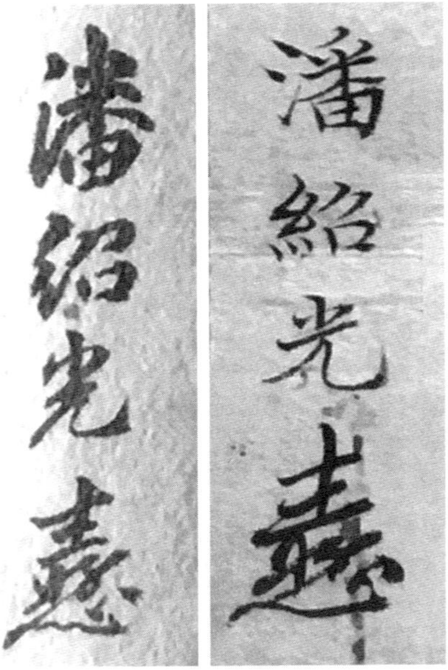

图 2　潘正炜的签字画押

3. 广利行行商卢文锦

广利行创始人卢观恒，西方人称之为茂官一世，以观恒为商名。其原籍为广州复信会县棠下镇石头村，自幼孤贫，赴广州谋生，为外商销售洋货，颇受信任，逐渐致富。其与英公司和散商有大量印度棉花交易，并成为首席行商万和行蔡世文的亲信，乾隆五十七年（1792 年）承充广利行行商，与万和行关系愈密。嘉庆元年（1796 年），广利行居广州十三行行商第三位。是年蔡世文以欠外商巨额债款，突然自杀，万和行濒于破产，卢观恒素与蔡家交好，颇加协助，并受监督之命代万和行清偿债务，而占有其贸易份额。嘉庆元年（1796 年）卢观恒与潘有度同为广州十三行行商首领，

---

① 英国国家档案馆，档案编号：FO/1048/32/13。

嘉庆九年（1804 年）以后，卢观恒屡次表示愿意退办行务，终未获批准。[①] 嘉庆十七年（1812 年）卢观恒去世，其子卢文锦接办行务，西方人亦称之茂官二世。时怡和行伍敦元居广州十三行行商首位，卢文锦居第二位。嘉庆十八年（1813 年），卢文锦与伍敦元同为总商。其后广州十三行行务日困，广利行欠债欠饷之事，时有所闻。道光九年（1829 年）以后，卢文锦之贸易信用渐失，已不能维持昔日之声誉。文锦之后，由其弟卢文蔚（称茂官二世）继办行务。本次发现的是卢文锦的签字画押（见图 3）。[②]

图 3　卢文锦的签字画押

4. 万源行行商李应桂

万源行为广州十三行行商之一，创始人为李协发，商名发官，嘉庆十三年（1808 年）创设，李协发卒于道光二年（1822 年），万源行由他的子嗣李应桂继承。万源行于道光十三年（1833 年）倒闭。本次发现的是李应桂的签字画押（见图 4）。[③]

---

① 梁嘉彬：《广东十三行考》，广东人民出版社，1999，第 295～296 页。

② 英国国家档案馆，档案编号：FO/1048/32/13。

③ 英国国家档案馆，档案编号：FO/1048/32/13。

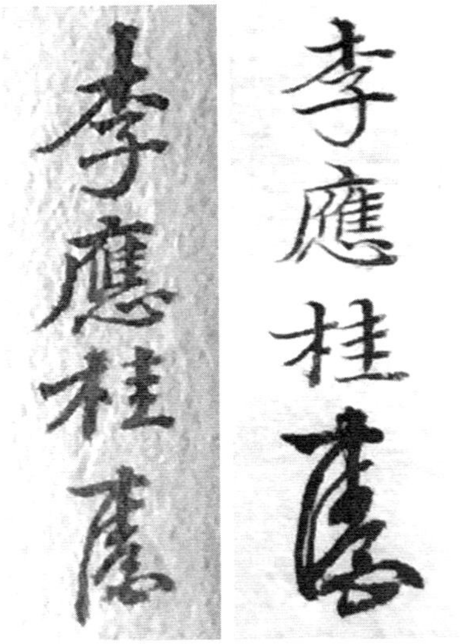

图 4　李应桂的签字画押

5. 天宝行行商梁承禧

天宝行创始人梁经国，西方人称为经官一世。其为广州番禺人，明洪武初年，由北亭乡迁凤埔（黄埔）乡南约荣西里（今属广州市海珠区）。梁经国自幼孤贫，年稍长，习洋务生理，经营日遂。初为冯姓洋行伙伴，升充司事。其后冯氏远赴外洋，以行务托之十余年，颇有盈余，冯氏感焉。经国尺累寸积，至嘉庆十三年（1808 年）承充行商，创立天宝行。道光七年（1827 年），梁经国老病，由其子梁纶枢接办行务。梁纶枢商名承禧，西人亦称之为经官二世，一直经营到广州十三行末期。[①] 本次发现的是梁纶枢的签字画押（见图 5）。[②]

6. 东生行行商刘东

东生行为广州十三行行商之一，行商刘德章，商名章官，嘉庆十六年（1811 年）成立。刘德章祖籍安徽，乾隆五十九年（1794 年）来到广州谋生，时年 30 多岁，向别人借钱开始了贸易生涯，“因该人会办外国生意，则年年赚钱”[③]，颇受外商信任，逐渐致富。同辈兄弟还有 7 人，曾经协助

① 梁嘉彬：《广东十三行考》，广东人民出版社，1999，第 323~324 页。

② 英国国家档案馆，档案编号：FO/1048/32/13。

③ 英国国家档案馆，档案编号：FO/1048/30/15。

图 5　梁纶枢的签字画押

刘德章处理商行业务，及东生行发展之后，刘德章得以雄厚资金在广州及外地广置产业，并为兄弟各人捐官，不乏道台、知府等衔。[①] 道光五年（1825 年）刘德章病故，长子刘承澍、次子刘东继其业。道光十年（1830 年）东生行破产，刘承澍、刘东兄弟为南海县缉拿收监，财产没收偿还债务。本次发现的是刘东的签字画押（见图 6）。[②]

7. 顺泰行行商马佐良

顺泰行是广州十三行行商之一，行商马佐良，商名秀官，道光十年（1830 年）成立，道光二十三年（1843 年）倒闭。顺泰行是成立较晚、资产薄弱的小行商，有关资料很少。本次发现的是马佐良的签字画押（见图 7）。[③]

8. 仁和行行商潘文海

仁和行是广州十三行行商之一，行商潘文海，商名海官，道光九年（1829 年）成立。仁和行是成立较晚、资产薄弱的小行商，有关资料更少。本次发现的是潘文海的签字画押（见图 8）。[④]

---

① 英国国家档案馆，档案编号：FO/1048/30/15。
② 英国国家档案馆，档案编号：FO/1048/32/13。
③ 英国国家档案馆，档案编号：FO/1048/32/13。
④ 英国国家档案馆，档案编号：FO/1048/32/13。

图6　刘东的签字画押

图7　马佐良的签字画押

图8　潘文海的签字画押

9. 中和行行商潘文涛

中和行是广州十三行行商之一，行商潘文涛，商名明官，道光十年（1830 年）成立。中和行也是成立较晚、资产薄弱的小行商，有关资料很少。本次发现的是潘文涛的签字画押（见图 9）。①

10. 福顺行行商王达通

福顺行是广州十三行行商之一，行商王达通，道光十二年（1832 年）成立，道光十七年（1837 年）倒闭。福顺行也是成立较晚，资产薄弱的小行商，有关资料很少。本次发现的是王达通的签字画押（见图 10）。②

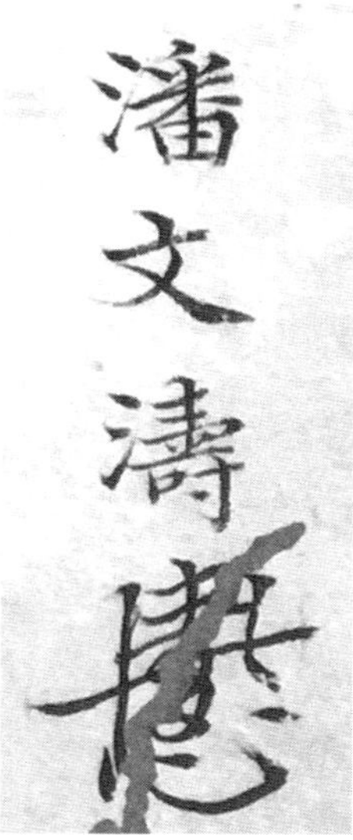

图 9　潘文涛的签字画押

图 10　王达通的签字画押

11. 同顺行行商吴天垣

同顺行是广州十三行行商之一，行商吴天垣，商名爽官，道光十年（1830 年）成立，后改入仕途，咸丰四年（1854 年）官至上海道。本次发现的是吴天垣的签字画押（见图 11）。③

① 英国国家档案馆，档案编号：FO/1048/32/13。
② 英国国家档案馆，档案编号：FO/1048/32/13。
③ 英国国家档案馆，档案编号：FO/1048/32/13。

12. 东裕行行商谢嘉梧

东裕行是广州十三行行商之一，行商谢嘉梧，别号棣华，原籍福建漳州府诏安县，商名谢鳌官，而粤人多呼之为髦官。嘉庆十六年（1811 年）谢嘉梧及其弟谢嘉桐合伙开设东裕行，成为行商。道光十七年（1837 年）谢嘉梧儿子谢有仁将东裕行改组为东兴行，谢有仁的叔叔谢治安辅佐行务，后因帮助洋人代雇轿舆出入，被禁狱中。本次发现的是谢嘉梧的签字画押（见图 12）。①

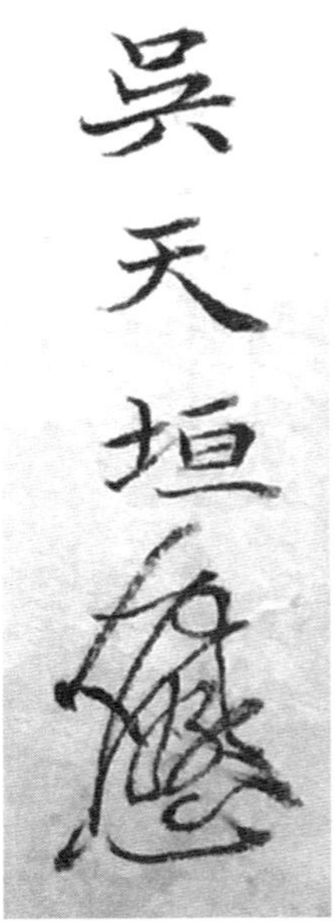

图 11　吴天垣的签字画押

图 12　谢嘉梧的签字画押

13. 兴泰行行商严启祥

兴泰行是广州十三行行商之一，行商严启祥，道光十二年（1832 年）成立，严启祥经营至道光十五年（1835 年），因病获准退出，由其兄严启昌接手，兴泰行于道光十九年（1839 年）倒闭。本次发现的是严启祥的签字画押（见图 13）。②

① 英国国家档案馆，档案编号：FO/1048/11/43。

② 英国国家档案馆，档案编号：FO/1048/32/13。

图 13 严启祥的签字画押

二 清代广州十三行行商签字画押略考

1. 广州十三行印章

印章是中国社会身份权力的象征。广州十三行已经成为具有世界意义的历史文化遗产，但是有关广州十三行印章的研究仍是空白，行商印章绝大部分已经湮灭流失，所存者极少，发掘研究行商印章，填补广州印玺学空白，已经成为迫切的任务。

2017 年，笔者在英国剑桥大学图书馆所藏怡和洋行中文档案及英国国家档案馆广州商馆中文资料的文献中，发现了广州十三行商会组织的印章“外洋会馆图记”。此外还发掘到诸多单独行商印章资料，如刘德章东升行印章，印文为“东升行印”；行商潘长耀丽泉行印章，印文为“丽泉行”；梁经国天宝行印章，印文为“天宝行大柜印”；吴天垣同顺行印章，印文为“同顺行印”；李应桂万源行印章，印文为“万源行印”；陈广顺广顺行印章，印文为“广顺行大柜印”；邱义丰义丰行印章，印文为“义丰行记”；

颜泰和泰和行印章，印文为“泰和行印”；等等。本文从签字画押的形式入手，丰富十三行商印章学领域的内容。

当事人在契约文书上签署名字，体现签字画押者对契约文书内容真实性、有效性以及约束力的承认和责任，是中国传统社会民间及官方常见的文书形式，但是在实际应用中有两种方式，识字者签字，不识字者包括不识汉字的少数民族画押，鲁迅笔下阿Q临死前最大的遗憾是画押没画圆而被人笑话，就是极好的例子。而后为了防伪及表现个人特色，人们将签名发展成为旁人无法模仿的草书字体乃至“艺术字体”，画押转变为“花押”。随着签字画押日趋频繁，“花押”虽难以模仿，但亦有难以辨识之弊，且签字画押无一定格式，无法定型，再加上文房用具前后时代不同，或签字画押时的桌椅高度以及签字画押者心情，都会使签字画押笔迹很难每次都一致，造成识别上的困难，为了取信并防伪，就要以固定的格式出现，“押印”应运而生，将个人签字押记符号刻成押印，使得签字画押前后一致，自然可以省去不少麻烦，成为中国传统印章的独特一支。

本次发现的广州十三行行商签字画押资料，充分反映了行商继承了中国传统的文书格式，既有签字又有画押，特别是画押风格迥然不同，千姿百态，自成风格。大部分行商使用的是“押印”，不同的文献上押印格式字体完全一样。但也有少数行商明显没有使用“押印”，如怡和行行商伍受昌、同孚行行商潘正炜等。不同文献上的画押字体不同，加之工整娟秀的正楷书法，反映了行商的个人特点及深厚的文化基础。一章风雅，留住时光，数百年前泛黄的信笺、手写的墨色毛笔字和红色印章，一一呈现于读者眼前，读者更为直观地感受到广州十三行档案文献的魅力和价值。当年的行商一笺素纸一墨香，紫毫青墨红印，或商海运筹，或应对酬和，时光已逝，风雅犹存。印文的篆字体现了中国文字的精华，印章的刀工反映了传统技艺的高超，印章的材质融合了万物的精华，数百年前的签字画押如此鲜明醒目，成为历史的最好见证。

2. 记录广州十三行国际风云

为了加强对对外贸易的垄断和对外商的管制，乾隆十年两广总督兼粤海关监督策楞决定实行“保商制度”。“于各行商内选择殷实之人，作为保商，以专责成，亦属慎重钱粮之意。”保商制度包含两方面的内容：一是为外商作保，二是行商互保。根据清政府的规定，“外洋夷船到广，俱先投省行认保”。具体到每一条外国船，都必须指定行商承保，有时是行商轮保，有时是外商自择行商作保。外商购销、报关、向官府递送文书等在华事宜均由该保商代理，“并且要对外商、他们的船和他们的水手的一切行为负完全责任，从买一篮水果直到一件谋杀案”。①

在广州十三行行商长期广泛参与的这些管理中，签字画押具有重要影响。因为签字画押是“取信于人”的标志，广州十三行行商签字画押于契约之上，代表的是身份和义务的约束；签字画押于告示之上，宣示的是国家的意志和法规。广州十三行行商签字画押的古老文献，也反映了中国传统社会向近代国家的变迁。

例如，英国东印度公司广州商馆大班马治平（Charles Marjoribanks）在卸任离华前策划了一项北上探查的秘密任务，即派遣英国东印度公司广州商馆高级职员胡夏米（Hugh Hamilton Lindsay）探查福建、江浙一带沿海港口与英国通商的可能性，并观察各地方政府及百姓对与外人通商的反应。1832 年 2 月，胡夏米偕同普鲁士传教士郭实腊（Karl F. A. Gutzlaff）及水手、兵丁六十名乘坐“阿美士德号”（The Lord Amherst）自澳门出发，经厦门、福州、宁波、上海一路向北行驶，还携带了大批译成中文的有关政治与宗教的宣传书册而沿途四处散发。②

为此，广州十三家行商联合致函英国方面，询问胡夏米“阿美士德号”事宜，其联名签字画押与以往信函仅仅签署商行名称或者行商姓名不同，以显示事件的严重性和郑重的态度。而其他诸多联名签字画押的文书，均与涉外管理、司法纠纷、商贸活动、信息传递有关，充分显示签字画押在文书制度中的权威性。

3. 深化广州十三行行商研究

广州十三行是由诸多行商组成的商会组织，行商人物是广州十三行研究的主体内容。梁嘉彬《广东十三行考》设有“广东十三行行名、人名及行商事迹考”一章，记述历年中外文献所载洋行 39 家，茶行 1 家，对广州十三行行商的数量、行名、人物的由来及其变化进行陈述。遗憾的是除少数行商内容较为详细，大多数行商只是个别史料罗列，无法得见全貌。时

---

① 冷东、吴东艳：《黄亚盛档案在清代文书制度》，《西南大学学报（社会科学版）》2014 年第 5 期。

② 英国国家档案馆，档案编号：FO/1048/32/13。

至今日，有关行商的研究成果仍不令人满意，只有同文行（同孚行）潘家、天宝行梁家有研究著作问世，并有较为丰富的论文成果；怡和行伍家、广利行卢家也有较多学者关注；此外泰和行颜家、义成行叶家、达成行倪家、万成行沐家、兴泰行严家只有少数文章研究涉及。[①] 而对其余的行商往往只列有行名和行商名字，还没有详细资料和研究成果，这是影响广州十三行研究深入发展的空白领域。

本次广州十三家行商的签字画押，有助于对部分行商进行深入研究。万源行行商李应桂、东生行行商刘东、仁和行行商潘文海、中和行行商潘文涛、福顺行行商王达通、同顺行行商吴天垣、东裕行行商谢嘉梧、顺泰行行商马佐良、兴泰行行商严启祥都是成立较晚、资产薄弱的小行商，有关资料很少，迄今为止还没有研究成果，这些签字画押文书有助于后人了解更多的内容。例如，梁嘉彬《广东十三行考》记载，兴泰行行商是严启昌，而本次发现的是严启祥的签字画押；东裕行行商谢嘉梧，名庆泰，而此次以别名“谢棣華”签字画押，则为首次。梁嘉彬在《广东十三行考》中记载福顺行行商为王大同或王大通，而其次“王达通”签字画押，这是行商真实姓名的最好证据；又如梁嘉彬在《广东十三行考》中记载，东生行行商刘德章，病故后长子刘承澍继承行商，而本次发现的则是刘德章次子刘东的签字画押，揭示了东生行真实行商的身份。除了签字画押，信件和契约本身的内容，则为这些小行商的商业活动，提供了具体的内容。

广州十三行商历年的数量和具体商行也是学界关注和困惑的问题。广州十三行是由多家行商组成的商会组织，据彭泽益统计，在康熙五十九年至道光十九年间纳入统计的 38 个年份中，共有行商 404 家或 421 家，行商最多年份为乾隆二十二年的 26 家，最少年份为乾隆四十六年的 4 家，通常行商数为 10~13 家（占 20 个年份），实数为 13 家的有嘉庆十八年和道光十七年两个年份。[②] 但这些统计仍然缺乏具体资料的证实，而历年的行商签字画押则为广州十三行商历年的数量和具体商行名称提供了最权威的资料。

---

① 潘刚儿、黄启臣、陈国栋：《广州十三行之一：潘同文（孚）行》，华南理工大学出版社，2006；黄启臣、梁承邺：《广东十三行之一：梁经国天宝行史迹》，广东高等教育出版社，2003；冷东、赵春晨、章文钦、杨宏烈：《广州十三行历史人文资源调研报告》，广州出版社，2012。

② 彭泽益：《清代广东洋行制度的起源》，《历史研究》1957 年第 1 期。

例如，在道光二年十三行商致函询问外商擅往江苏贸易信函上，共有 12 家行商签字画押①，不仅使我们了解是年的 12 家行商为怡和行行商伍受昌、同孚行行商潘绍光、广利行行商卢文锦、天宝行行商梁承禧、万源行行商李应桂、东裕行行商谢棣华、仁和行行商潘文海、中和行行商潘文涛、福顺行行商王达通、同顺行行商吴天垣、顺泰行行商马佐良、兴泰行行商严启祥（见图 14），而且还从 12 家行商的排名上，了解到该年广州十三行商会的内部结构和排名情况，即上排中央的怡和行行商伍受昌和广利行行商卢文锦为商会总商，上排其余四家行商为：同孚行行商潘正炜、东裕行行商谢棣華、万源行行商李应桂、天宝行行商梁承禧为资深行商；而下排的六家行商为：仁和行行商潘文海、中和行行商潘文涛、福顺行行商王达通、同顺行行商吴天垣、兴泰行行商严启祥、顺泰行行商马佐良则是新入行、资本弱的资浅行商。

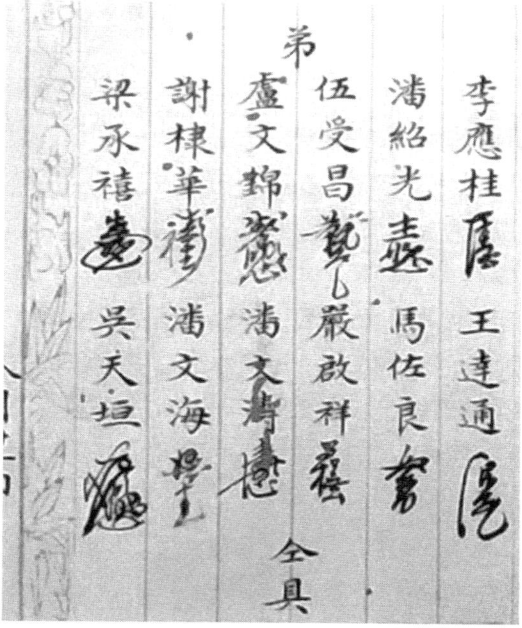

图 14 广州 12 家商行联合签字画押

① 英国国家档案馆，档案编号：FO/1048/22/12。

三 结语

广州是清代重要的对外通商口岸，广州十三行在百余年的经营活动中，曾经形成庞大的文书资源，此次发现的十余家行商的签字画押文献，具有非常重要的价值，真实再现了广州十三行贸易体系的具体运作情况。这些文献与广州十三行商会“外洋会馆图记”印章和多家行商的印章一起填补了印章领域的空白，并成为一支独立而有特色的印系。但是，这仅仅是研究的开端，还有很多学者不清楚的地方，如印章或押印的实物尚没有发现，对印章制作、文字特点、印式外形、个人特色、铸造方式等方面还缺乏了解。在诸多的文献中签字署名方式非常繁多，形式多种多样，通常不钤印，行商做法不一，或签名，或盖章，或者两样兼顾，有时则匿名，对这种文书制度学者还不甚了解。唯有对现有资料进行更深入解读，在已有研究的基础上不断拓展，继续挖掘新史料，才有希望揭开广州十三行文书制度的冰山一角。

广州学与城市形象

近代广州建市的历史意义

涂文学[*]

摘要： 本文对近代广州建市的过程进行了简单回顾，并以武汉（汉口）建市为案例，充分肯定其在近代市政改革和现代城市化与城市现代化进程中发挥的开拓示范作用。作为一份优秀的近代市政遗产，近代广州的市政改革对当下城市化和城市现代化建设仍然具有启示和借鉴意义。

关键词： 广州　建市　市政改革

一　广州市的建立与广州“市政改革”的成就

1920年12月23日，近代中国第一部城市法《广州市暂行条例》经广东省省长陈炯明核定颁布。

1921年2月17日，孙科率广州市政委员会各局局长宣誓就职，广州市第一届政府正式成立。

（一）广州市建立的意义

首先，广州是近代中国第一个建立现代市制的城市。“我国城市实行‘市’制及市行政设局管理之始，这一制度显然比以往的地方自治显示出更高的层次和政府的正统性。”“中国市政之建制，真正开始于北伐策源地之广州市，而普遍设置于北伐后，故抗战前地方行政系统变革中，最值得世人称道者，就是国府之现代市制之建设。”①

---

* 涂文学，教授，江汉大学武汉研究院院长。

① 张仲礼：《东南沿海城市与中国近代化》，上海人民出版社，1996，第561页；谬全吉：《抗战前十年行政系统的变革》，载台北研究院近代史研究所编《抗战前十年国家建设史研讨会论文集（1928~1937）》，台北，商务印书馆，1984。

其次，广州市的建立开创了中国城市独立之先河，中国国家治理开始由“城乡合治”向“城乡分治”“市政独立”转变。《广州市暂行条例》第一章第3条：“广州市为地方行政区域，直接隶属于省政府，不入县行政范围。”钱端升认为：“市之脱隶于县，要自此始。”①

最后，广州市政府体系完善，组织严密，专业化程度高，其行政管理职责范围包括市财政公债、公共卫生、市政建设、公安消防、文化教育、社会慈善等。民国市政史专家蒋慎武评价：“职权范围颇广，当时得以实现，允足推为市政史中之珍贵记录。”② 后人评价广州市政府为“中国现代市立典范”③。美国著名汉学家费正清主编的《剑桥中华民国史》评价孙科及其领导的广州市政府时写道：“广州是个殷实的城市，它是一个由孙逸仙的儿子孙科领导的工作效率相当高的政府。”“这位市长和其他六位受过西方教育的委员推进了广州的现代化建设，也使这座城市成为军费的首要来源。”④

（二）《广州市暂行条例》颁行的意义

《广州市暂行条例》由孙科主持起草，“内审本国情形，外参欧美经验”⑤。共八章57条，第一至八章分别为市行政区域、市行政范围、市行政组织及其职权、市参事会、市选举、市财政、审计处、附则。《广州市暂行条例》的基本原则和精神主要仿效和借鉴美国的委员会市制。“将一市的议决和执行权，都集中于少数人的委员会。”⑥ 在第三章“市行政组织及其职权”中规定：“市行政事务由市行政委员会议决于执行之”，“市行政委员会由市行政各局局长组织之”，“市行政委员会会议及办事细则议会自定之”。《广州市暂行条例》有较强的民治和自治色彩，一是条例规定“市长由市民选举之，于本暂行条例未修改以前由省长委任，任期五年”；二是除市行政委员会和市政议决执行机构外，另设辅助代议机构市参事会，参事会成员

---

① 钱端升：《民国政制史》，商务印书馆，2011，第715页。

② 蒋慎武：《近代中国市政》，中华书局，1937，第27页。

③ 缪全吉：《抗战前十年行政系统之变革》，载台北研究院近代史研究所编《抗战前十年国家建设史研讨会论文集（1928~1937）》，台北，商务印书馆，1984。

④ 费正清主编《剑桥中华民国史》，杨品泉等译，上海人民出版社，1991，第574页。

⑤ 黄炎培：《一岁之广州》，上海商务印书馆，1922，第19页。

⑥ 顾敦鍒：《中国市制概观》，《东方杂志》第26卷第17号，1929。

除省长指定的10人外，其他20人分别由市民直接选举和各团体推荐选举产生。参事会在市政决策中有较大权力，第三章“市行政组织及其职权”中第8条规定：“市行政委员会对于市参事会议决有异议时得交参事会复议，如参事会仍执前议，市行政委员会应执行之。”

但是《广州市暂行条例》实行的委员会市制并非原版的美国委员会市制，是一种经过改良、带有明显中国特色和时代局限的中西杂糅混合型近代市制。“吾国《广州市暂行条例》，是由美制脱胎，而再加以斟酌损益而成的”，“广州的市制，又是变相的市委员会制，而非纯粹的美国委员会市制”，表现为市长并非民选而是由省长任命，市长在市政委员会中权力过大，对各局局长有荐任权，并综理全市行政事务；参事会表面上对市行政事务有复议甚至否决权，但“市参事会已名为市民代议机关，其权限未免过狭”①，只能议决行政会议送交的案件，而不能独立议决如市预算决算事项，也没有被赋予监督、弹劾的权力。

尽管如此，《广州市暂行条例》在中国近代市政史上的首创之功不可抹杀。时人对此均给予高度评价。钱端升认为，《广州市暂行条例》是近代中国第一部完整的市政制度，“为中国市制放一异彩”；张锐指出，广州的市制“组织与以前我国所有条例迥异”②；董修甲指出，《广州市暂行条例》“与前清城镇乡制，及苏省暂行之市乡制，毫不相同也”③；蒋慎武认为，广州市建立的新市制使中国“市政制度乃又突现曙光”④。

（三）广州市政建设的成绩及其社会评价

广州市政府成立后，科学开展城市规划，大张旗鼓地修筑现代化马路，拓宽街道，三年间就新修马路27公里。大力发展城市交通事业，引进汽车、电车等现代化交通工具，制订城市交通规则，规范市民交通行为，使“全市交通颇称便利”。建设现代化宜居模范新村，建设第一、第二、第三等三个公园，注重公共卫生和市区环境建设，使市容市貌大为改观。有外国传教士游历广州后说：“中国任何一个城市都不如广州的街道整

---

① 钱端升：《民国政制史》，商务印书馆，2011，第717页。
② 张锐：《中国市政史》，《中国建设》1931年第5期。
③ 董修甲：《市政学纲要》，上海商务印书馆，1927，第144页。
④ 蒋慎武：《近代中国市政》，中华书局，1937，第27页。

洁，管理有方。”[①] 广州市政建设和“市政改革”成就巨大，影响深远，受到时人充分肯定和高度评价。

孙中山说：“譬如广州这两三年军事期间，组织市政厅，做广州市自治的事情，因为懂办市政的人才不少，所以近来的成绩，凡是游过广州的人，没有一个不惊奇的。倘若国家太平，更求进步，成绩当更为可观，现在不过是用广州市来实验实验罢了。”[②]

刘乃诚指出：“广州市政之成绩，为二十五省五特区之冠。”[③]

陈序经认为：“说到城市运动，广州不但是开中国新城市的纪元，并且是现在由中国人管理最西化的一个城市，这是凡研究中国城市和市政的人们所公认的。”[④]

郭基扬认为：“故二千余年陈旧之广州市，始能于短期间顿改旧观，焕然一新，为全国都市之模范，而跻于世界近代城市化之域，此种伟大之成绩，不特国人所钦仰，抑亦为欧西人士来游其地者所赞许，然此均为物质上所表现，有足令人观感者，其于内容之组织，我人又不能加以漠视。盖有良好之组织，然后始有良好之效能，有良好之效能，然后始有优良的结果，此乃事有必至，理有固然者也。”[⑤]

二 广州建市的社会影响和历史地位——以武汉（汉口）建市为中心的考察

（一）汉口市和武汉市政府成立的经过

1926 年 9 月 7 日，国民革命军北伐占领汉口，10 月 10 日，攻克武昌，武昌、汉口、汉阳三镇成为广州国民政府统辖区域。

1926 年 10 月 7 日，国民政府“以汉口为华洋互市之区，实全国商务中心”，宣布成立汉口市政府。刘文岛被国民政府任命为汉口市首任市长。10

---

① 中华续行委办会调查特委会：《中华归主：中国基督教事业统计（1901～1920）》，中国社会科学出版社，1987，第 49 页。

② 《孙中山全集》第八卷，中华书局，1986，第 325 页。

③ 刘乃诚：《抗战后市政建设上之新问题》，《市政建设月刊》1948 年第 1 期。

④ 陈序经：《中国文化的出路》，中国人民大学出版社，2004。

⑤ 郭基扬：《广州市政府组织之研究》，《社会科学论坛》1938 年第 1 期。

月20日汉口市政委员会成立。

1926年12月10日，武昌市成立，蒋介石以国民革命军总司令的名义任命黄昌谷为武昌市市长。

1926年底，国民党武汉临时中央党政联席会议经过筹备，宣布1927年元旦正式在武汉办公并发布命令，确定国都，以武昌、汉口、汉阳三镇为一大区域，作为“京兆区”，定名武汉，并组织管理京兆区委员会。

1927年4月16日，武汉市政府成立，此为第一个以武昌、汉口、汉阳为管辖区域的三镇合一的武汉市政府。

（二）武汉（汉口）市对广州的学习与效仿

1. 委员会市制

汉口和武汉市政体制是对广州市政体制的承袭和仿效。1926年10月20日成立的汉口市政府，“于十月二十日成立汉口市政委员会，旋又成立武昌市政厅，然诸事无所取法，多依粤市章程办理”[①]。汉口市仿效广州市政府，采取的是委员会市制，以市长为市政委员会主席，各局长为委员，隶属于湖北省政务委员会，并设市参事会代表市民辅助市政。1927年4月16日成立的武汉市政府亦采取委员会市制，武汉市政委员会由中央党部、国民政府、省党部、市党部、省政府、汉口市商会、汉口市商民协会等各推委员共11人组成，市政委员会成立后，票选陈公博（中央党部）、李国暄（市党部）、吴士崇（省党部）为常务委员，共同主持武汉市政府工作。

2.《汉口市暂行条例》“多依粤市章程办理”[②]

比较《汉口市暂行条例》与《广州市暂行条例》，这两个条例大同小异，其基本精神一致，条例框架大体相同。市政体制都是委员会市制；城市相对独立而非“城乡合治”，均直隶于省政府，不入县行政范围；两市条例都规定设市参事会，为代表市民辅助市行政。但两个条例也有一些不同点，如关于市长，广州条例规定“市长由市民选举之，于本条例未修改以前由省长委任，任期五年”，而汉口条例规定“汉口市长由国民政府任命之”。关于市参事会的职权，广州条例只有“议决市民请愿案咨送市行政委

---

① 《武汉市政府行政概况——武汉市政务委员会报告》，《长江流域商民代表大会日刊》1927年7月11日。

② 《汉口市政建设概况》第1期，1930，第15页。

员会办理之，议决市行政委员会送交案件，审查市行政各局办事成绩”三项，而汉口条例除上述三项外，另有“审查市预算送呈湖北省政府审核，审查市决算”两项。广州条例有“市选举”专章（第五章），规定“市选举每年一度举行，以选出民选之参事员”①。而汉口条例“市选举”一章则付之阙如，关于市参事会参事员的产生，在第五章“参事会”第 30 条中规定，“市参事会由湖北省政府就特许之各团体各指派一人组织，特许职业团体由湖北省政府公布之”。不过，广州的参事员市民直选并没有进行，1927 年 1 月，孙科在汉口市政府的一次演讲中曾经谈到这个问题。

广州的市政厅另设市参事会的一个机关。市参事会起先是选举的，但不幸的是办法后来行不通，中国人对于选举一事，向来没有习惯。选举的时候地方一班公正的人怕事不出来，而土豪劣绅们乘机出来活动。所以参事会办得不大好，后来由各界职业团体选举，还是不成功。所以最后是由各界职业团体选出候选人，由政府在候选人中指定若干人。这是因为目前市民的程度还不能够直接负责办市政，所以不可没有政府的指导，但将来总当渐渐引上民选的轨道。②

3. 孙科对汉口和武汉建市的历史性贡献

孙科既是政治活动家，又是民国知名的市政专家。自幼随母赴美，获加利福尼亚学士学位，哥伦比亚大学硕士学位，对市政学颇有研究，1919 年 12 月他在《建设》月刊上发表其市政学专著《都市规画论》。20 世纪 20 年代，孙科曾三次出任广州市市长，对广州进行了卓有成效的治理。1926 年底他随国民革命军北伐到达武汉，不仅对汉口和武汉建市悉心指导，而且直接领导和参与武汉城市规划，为武汉（汉口）建立起现代城市市政体系和城市现代化建设与管理做出了杰出贡献。孙科对武汉（汉口）现代市政的贡献主要体现在三篇文献中，一是 1927 年 1 月 1 日发表的《计划武汉三镇市政报告》，二是 1927 年 1 月应汉口市长刘文岛之邀在汉口市政府所做的《市政问题》演讲，三是由他亲自指导由武汉市工务局编制的武汉市“将来规划”。

---

① 广州市参事会参事员分三种，一是由省长指派市民 10 人；二是由全市市民直接选举代表 10 人；三是由工商两界各分选代表三人，教育、医生、律师、工程师各界各选出代表 1 人。

② 《市政问题》，《市声周刊》1927 年 1 月。

（1）孙科的《计划武汉三镇市政报告》对武汉市政府组织构架进行具体设计，并对市财政和监督问题提出了具体意见。其中最有价值的观点是他提出武汉三镇市政统一的问题，不仅三镇一体，而且要将租界交还后设立的特别区纳入统一管理。

> 今汉口市政委员会之下既设有公安、卫生、公（工）务等局，而又另设特区管理局，于行政上固有重复分歧之弊，于财政上亦不免有虚糜库款之嫌，苟非有特别政治外交之关系，则特区管理局万无存在之必要。且武汉三镇市区相连，又属同时举办市政，对于集中统一更易筹划。……总言之，武汉三镇之市政务须统筹兼顾，不宜分别管理，一者可收行政集中之便利，再者可省经费之重支。换言之，即三镇市政机关之组织，应采取集中统一方针。

由此可见，孙科是武汉三镇统一，集中建市的重要倡导者和关键推动者。

（2）孙科的《市政问题》讲演系统地介绍了他在广州办市政的经验和体会，除继续强调市政统一外，他还对汉口市如何进行现代城市规划提出了一些卓有见地的建议和意见。孙科认为，汉口的城市规划要着眼于未来，要有战略眼光。

> 汉口的地位是很重要，处在全国的中心，外国人都说汉口是中国的诗家谷（芝加哥），诗家谷是美国交通的中心点，汉口是中国交通的中心点，所以将来是很有发达的希望。汉口现在已有一百万人口，数年后一定可以增加十倍以上，所以现在的计划一定要注意将来发达时的情形，处处为将来留地步，使将来发达时要建设不至于再破坏。不过这种大计划的决定，在现在的中国恐怕找不到此种人才。所以关于都市的设计一定要聘请外国人才的。请外国人才虽然要一笔大经费，但这种用度不是白费的。现在广州已预备聘请一位美国专家来设计，并且计划黄浦（埔）的商港，将来汉口市要设计，亦非如此不可。

（3）武汉市政府工务局的“将来规划”体现了孙科很多城市规划思想和理念，如孙科推崇德国的现代都市规划和英国的“都市花园运动”，主张在都市大量规划和建设公园，他认为“新旧都市建设规划所不可缺之要事”包括交通、卫生、娱乐三大方面。

> 都市建设唯一之重要计划，厥为未来之交通设备，包括一切之水上交通（港口、船埠码头及与铁路方便联络）、铁路交通（各方路线入市经过路程、车站建设位置）、车马交通（市内电车、摩托车、马车、人力车以及事前街道规划之宽阔与联络）和徒步交通（街道两旁人行道）。
>
> 现代都市关于卫生之设，其最重要者有二：一为自来水之供给，一为垃圾排泄物之消除。
>
> 都市规划中关于住民娱乐设备为多预留空地开辟大小公园及游乐场（剧场、影画院、儿童游乐场）。

孙科的城市规划思想和理念是学习和借鉴欧美先进城市规划思想，“按照现代方式规划城市空间”，建设宜居城市。

市政独立统一，长远战略规划，生态宜居城市，孙科的上述现代城市建设理念不仅对近代武汉城市现代化发展做出了创造性贡献，而且也是近代中国城市现代化理论的一份珍贵遗产，对当下城市化和城市现代化建设仍具有启示和借鉴意义。

新中国成立以来广州城市形象的电影流变：以美学治理为目标*

林　玮　戴晨露**

摘要：本文通过对新中国成立以来有关广州城市电影文本的解读，在探讨电影文本和社会文化文本的基础上，分析电影和城市之间的互动关系，梳理出一条属于广州的城市形象电影流变脉络。新中国成立70年以来，广州城市形象的电影建构主要经历了三个阶段，即农村本位意识下的城市形象缺席期、南国都市风情类型下的广州城市形象新时期、新世纪国际视野里的多元城市形象。

关键词：城市形象　城市电影　美学治理　广州文化

城市化与工业资本主义的扩张近乎同构，而电影作为工业革命兴起后的一种电子传播技术，与城市商业的发展有着天然的关联。对此，多位学者提出过相应的论述，"至少在发生学的意义上城市和电影存在一种原初关系"①。这种关联在中国语境中，突出表现在"自从1896年8月11日在上海徐园内的'又一村'第一次放映'西洋影戏'以来，电影与城市便在中国结下了不解之缘"②。

城市和电影都是现代化文明的产物。一方面城市为电影的发展提供了坚实的基础，是电影创作的主要题材；另一方面电影影响了城市形象的建

* 本文系国家社科基金青年项目"中国城市电影的生活美学批判"（项目编号：17CZW008）的阶段性研究成果。

** 林玮，文学博士，浙江大学影视艺术与新媒体学系副主任、副教授，主要研究文艺美学、影视艺术；戴晨露，浙江大学传媒与国际文化学院硕士研究生。

① 陈晓云：《电影城市：当代中国电影的城市想象》，《当代电影》2008年第12期。

② 张英进：《电影的世纪末怀旧——好莱坞·老上海·新台北》，湖南美术出版社，2006，第156页。

构和表达，满足着人们的异乡幻想——这种幻想具有双重指向，既与未来相关，又与脱离了在地日常生活的“飞地”相关，具有一种审美现代性意味的“乌托邦”气质。我国现代城市的文化结构，在很大程度上由于电影媒介的介入而发生着改变，而同样重要的是，城市自身的形象也在电影中得到彰显、改写与变异。电影是在城市生活里获得充分发展的，是城市社会文化的一部分，它也在形塑着城市文化与城市形象。表征城市形象的演变是电影的重要功能之一，而把握城市形象在电影史上的演变，则是通过文化进行城市治理，探索城市生活美学治理的重要方向。

广州是中国首批对外开放的城市之一，是改革开放的前沿阵地，也是中国经济的重要城市和影视产业的发达城市。新中国成立 70 年来，广州的城市定位不断更新，城市经济实力不断增强，在对“城市电影”的回应中，它呈现出独特的流变。本文尝试从新中国成立 70 年的历史出发，分析这一流变的阶段性，并从中找到中国城市电影发展的基本特征，进而尝试提出一种城市形象的美学治理手段。

一　缺席的在场：农村本位意识与“伪装的”城市形象

在新中国成立后的前 40 年（1949～1979 年），中国电影的城市表达在很大程度上是一个和乡村近乎一致的空间意象。面对全新的文化语境，国内的影视作品将重点更多地放在了讲述农村武装革命取得胜利的话语形态上，尤其集中在民族、时代、阶级三大主题上，承担着启蒙与救亡的宏伟叙事功能。电影的受众被定义为政治意义上的“人民”，而非市场意义上的“观众”，影像的功能更多地表现为证明、阐释和普及政权的合法性，带有浓重的意识形态色彩。在这样的情况下，城市形象在中国电影中基本是处于缺席状态的。城市仅作为一种生存空间而存在，它缺乏独立的文化意识，甚至有不少电影创作者从农村本位的立场和视角出发，对城市所代表的相对脱离劳作、相对富裕的生活形态展开阶级性的否定或者质疑。因此，陈吉德在《试论中国现代都市电影的特质与流变》一文中认为：“1957 年之后，城市电影几乎走进了扎布里斯基之角（古希腊传说中的死亡之角）。”①

① 陈吉德：《试论中国现代都市电影的特质与流变》，《艺术广角》1998 年第 1 期。

而与之相类似的是，广州在新中国成立之后的很长一段时间里并不是国家重点发展的城市。广州作为中国历史上最重要的对外通商口岸，一直是华南地区主要的物资集散地，与海外市场联系紧密、商业氛围浓厚，但其他重点工业企业规模较小，整体经济水平并不高。经过 1950 年全国范围内广泛开展的“救济城市失业工人运动”之后，广州的经济于 1952 年才略微有了发展，社会总产值达到 9.63 亿元，国内生产总值为 5.17 亿元，国民收入为 4.79 亿元，职工人数也达到了 25.83 万人。[①] 而同期上海的国内生产总值达 36.66 亿元，职工人数为 141.38 万人，北京的国内生产总值也有 7.88 亿元。特别是当时广州社会生产的原料供给和产品销售大多依赖国外市场，这类经济在当时恢复得较为缓慢。故论者言，广州“与全国同时期其他城市相比，不仅与北京、上海等大城市存在较大差距，与重庆、武汉、哈尔滨等城市相比，在社会总产值、国民收入、工农业总产值等经济数据方面，也被拉开了一定距离”[②]。直到 1956 年底，广州的“一五”计划确定的主要任务基本完成，广州的城市经济发展水平才有了稳步提升，广州开始了社会主义建设的新征程。珠江电影制片厂也在此时开始了筹建工作，并于 1958 年正式投产。但从筹建到 1978 年，珠江电影制片厂的故事类电影年产量平均不到 5 部，1979 年才第一次超过了建厂时的设计标准（5 部），摄制了 7 部电影（5 部故事片、2 部舞台艺术片），广州地区影视行业的发展水平和当时的北京、上海、香港都有一定差距。

没有孕育城市电影的土壤也就造成了广州城市形象在国产电影作品里的缺席，一是在这一时期为数不多的展现广州形象的城市电影里，城市并不是一个具有现代性指向意义的空间，而仅仅作为一种视觉构成元素。其创作的内涵还是回归到“乡村”这个人情化和道德化的精神岛屿本源，例如电影《南海潮》（1962 年）通过对阿彩和金喜两位主人公悲惨爱情故事的深刻描绘，表现了南海渔民在共产党游击队的帮助下结束了长期受渔霸、反动派以及日寇侵害的痛苦生活，《南海潮》展现的是传统岭南渔村的文化图景和传统渔民的生活环境，是对早期广州形象的影像化表达。二是该时期即便有表现城市的电影，其以街道为中心的城

---

① 吴智文、丘传英：《广州现代经济史》，广州人民出版社，2001，第 438 页。

② 汤国良：《广东工业四十年》，广东人民出版社，1989，第 10 页。

市社区空间呈现出相对匮乏的状态，整体上塑造的是一种“都市里的村庄”感，例如 1963 年的《72 家房客》讲述的是新中国成立前住在广州市一幢破旧大院里的 72 家穷苦房客，与恶霸流氓屋主炳根夫妇斗智斗勇并最终取得胜利的故事。电影将革命话语体系中的阶级矛盾和道德选择从农村搬到了城市，而城市的现代空间被破旧大楼所置换，城市的现代性被压抑。三是在文化内涵上这一时期的电影将城市塑造成了诱惑、危险、堕落的能指，例如由卢珏执导的电影《羊城暗哨》（1957 年）是一部反特、谍战类的题材，它主要讲述了在解放初期，一名代号 209 的特务被边防军捕获，为了将敌特组织全面击退，王练冒名 209 与特务接头，经过细心侦查最终将特务一网打尽的故事，这类电影将城市描绘成一个充满犯罪和政治敌人的黑色空间，对城市形象的捕捉还是停留在传统意识形态话语体系里，并不具备现代城市意识，不能作为都市城市文化符号的表达。

二　现代的重现——南国都市风情下的城市形象新时期

中国电影城市化表达的新时期发端于 20 世纪 80 年代，准确地说，是在党的十一届三中全会后，在党实现工作重心的转移，明确以经济建设为中心的发展方针之后。这段时期（20 世纪 80～90 年代）的影视创作者开始反思，突如其来的工业现代文明给习惯于沐浴在乡村文化之中的国人带来的猛烈冲击。1984 年，广州作为 14 个沿海开放城市之一，拥有了更多的经济自主权，也获得了国家层面的政策和资金扶持，经济发展自此驶上了快车道，开启了新阶段，这是继 1921 年国民政府建立广州市之后，广州城市现代化的第二次书写。也就是在这一时期，作为事业单位的珠江电影制片厂改为企业单位性质的珠江电影制片公司（1985 年），影视行业的整顿改革让整个创作环境更加宽松，全新的影视理念和更具现代性的影视观念开始逐渐酝酿，同时期相关的研究论文也开始逐步运用“城市电影”“都市电影”等概念进行辨析。赵园于 1986 年提出“城市在电影里的概念已经从生存空间转化为一种文化环境”，吴信厚于 1986 年提出“现代都市电影是对都市文化的一种思考”，陈晓云认为“伴随着新一代的电影创作者把艺术关注从过去时代死寂的废墟上转回熙攘、嘈杂的现代城市，我国的电影真正走向了一个新时期”①。正是在这样一个多方复杂合力的语境下，一批真正具有当代意识的城市电影正在被创作出来，广州的城市形象也完成了现代化重现。

（一）20世纪80年代，希望与质疑并存的困惑之城

对于中国来说，整个20世纪80年代都是充满了力量，都是激动人心的，而这股新生之气的原动力就是改革开放事业的开启。在20世纪80年代末期，还集中出现了专门研究城市电影的文章，如吴厚信《论珠影的都市电影》、黄大德《关于“南国都市电影”的通信》和朱少玲《拥抱生活直面人生——南国都市电影管窥》等，其中大量涌现的对于珠江电影制片厂所拍摄的“南国都市电影”的专题研讨也标志着广州在这个时候已经成为城市电影主要表达的对象。市场经济的开放赋予了城市居民一个崭新的生活机遇，在这急剧变化又充满生机的时代背后，是悄然成为城市居民的迷茫和惶然。

1984年张良导演的电影《雅马哈鱼档》讲述了20世纪80年代初，三个待业青年合作开办个体鱼档的故事，影片透过“雅马哈”鱼档的兴衰变化，首次向观众展现了20世纪80年代广州个体经营户的形象。影片从晨光中珠江上早发的渔船到龙珠街摊档上各类活物的特写，由一位长发红衣蹬着高跟拖鞋的少女，带领着观众在各式各样的摊档中穿行，将广州特有的地方风情淋漓尽致地展现出来。而影片中出现的大三元酒家、西稼夜市、戍珠茶楼，几个重要场景都是对“食在广州”的具象描绘。对于海仔、阿龙、珠珠的不同人物命运的描写，反映的正是社会转型初期青年人摇摆不定的心理状态，在展现浓郁的广式生活气息的同时，广州作为现代都市的风貌已初露端倪。1985年珠江电影制片厂的电影《绝响》上映，影片讲述了生活在广州西关古旧小巷中一对父子的故事。通过对父子两代人不同命运的描绘折射出时代变迁，冠仔拒绝了自己父亲深爱的广东音乐，拒绝了文化机构安排的就业机会，选择做了一个卖“太爷鸡”的个体户。这是经济改革之后的青年人第一次拥有了自主选择的权利，以及独立思索自身追

---

① 赵园：《乐声和市声的交响——〈绝响〉观后感》，《当代电影》1986年第5期；吴厚信：《论珠影的都市电影》，《当代电影》1989年第1期；陈晓云：《电影城市：中国电影与城市文化（1990~2007年）》，中国电影出版社，2008。

求的意识。“《绝响》代替新时期的青年人完成了现代文明对传统社会心理和生存模式的冲击，是真正意义上的城市电影。”[①] 1987 年的两部电影《太阳雨》和《给咖啡加点糖》延续了对这种骤临的现代文明的思考，更加深刻地展现了处于冲击之下的人们心理和精神上的无措和焦虑。鳞次栉比的摩天大楼、璀璨夺目的夜色霓虹、喧嚣动感的流行音乐和巨型的广告牌以及川流不息的车辆，构成了这两部电影中现代都市的外部符号，一个躁动的、色彩纷呈的现代化都市完完全全地掩盖了传统乡村文明。《太阳雨》和《给咖啡加点糖》中的主角亚曦和刚仔都在优越的物质生活里陷入一种安东尼奥尼式的现代精神困苦之中，他们开始竭尽全力地去寻找解决方案，他们对乡村文明和传统文化有了一种不可遏制的思念，强大的城市语境让人物主体越发无力。这种都市个体和现代社会整体之间的裂隙是普遍存在却又难以言说的精神焦虑。它预示着中国的城市电影终于拥有了真正的现代意识，即陆绍阳所提出的“城市电影是以当代城市生活空间为叙事空间，表现人与人、个性自由与制约个性发展的外部条件之间冲突的影片”[②]。这一时期的城市电影将广州形象聚焦在有关“城市与人”关系的现代主义命题的探讨上。

（二）20 世纪 90 年代，商业浪潮下的温情家园

20 世纪 90 年代在电影领域出现了有关“无代期”[③] 的讨论，一部分迷恋乡土和民族宏伟叙事的“第五代导演”趋于消失，对“历史边缘”的书写被“现实边缘”所替代。与此同时，广州的改革开放事业进入新时期，1992~1994 年，广州市连续 3 年国内生产总值增幅超过 20%。[④] 1995 年随着“八五”计划完成，广州的综合经济实力在全国十大城市中的排名继续提升，稳居第三位，至此确立了广州作为国内第三大经济总量城市的地位。随着商业化潮流全面、稳定地到来，影视创作者们逐渐放弃 20 世纪 80 年代的关于现代都市个人苦痛的反思，更多地转向了一种接纳式的温情叙事。

---

① 路春艳：《中国电影中的城市想象与文化表达》，北京师范大学出版社，2010，第 269 页。

② 陆绍阳：《新城市电影影像特征》，《电影艺术》2004 年第 5 期。

③ “无代期”不是严格意义上的分期概念，它是指电影界的一种特殊状态，即当前电影界“代”的界限模糊、数代争雄格局趋于消失的状态。见王一川《“无代期”中国电影》，《当代电影》1994 年第 5 期。

④ 广州年鉴编撰委员会：《广州年鉴（1996）》，广东人民出版社，1996，第 494 页。

1995年孟洪峰执导的《广州故事》是一部讲述都市青年爱情故事的影片，将城市变迁和片中人物的情感曲折变化联系起来，以工尺巷的拆迁为切入口，展现的是20世纪90年代广州基础建设期的城市建设情况，直面旧城区的改造确实令人有一丝伤感的恋旧情怀，但是“微笑着和过去道别”才是这一时期真正的社会心态。阿强与妻子桂芳、粤剧名伶阿凌和永泰之间的情感纠葛最后通过一次白云山之旅而柔化，影片利用对岭南文化（粤剧）和风光景色的展现消解着人物矛盾，也安抚着观众的情绪。1997年胡炳榴导演的《安居》，围绕阿喜婆与钟点工珊妹从隔阂到相互沟通并最终建立感情的故事展开，电影从老人这个细腻的角色入手，温和地展现了人与人之间的真情，真正将人物立于主题之上，使之不再是城市表达的配角，穷苦出身的乡村少女完成了对经历过商品化、城市化进程的老太太的温情感召，信任关系的建立是一种双向救赎。

珠影这一系列的南国都市电影作品，表明了这一时期创作者的视点已经转移到变革前沿的广州城市，已经开始尝试探讨现代都市人的心理变化。这些最先具有独立意识的都市个体青年，是广州的城市文化细胞，他们走过了20世纪80年代的迷惘和精神困惑，由一个个社会的零部件蜕变成真正的都市青年形象，而广州的城市形象也至此完成了从传统岭南渔村向现代化先进都市的转变。

三　维度的展开：国际视野里的多元城市形象

21世纪是中国的世纪，从加入世贸组织的那一刻起，中国人民便开启了以回归世界舞台为中心的旅程。在21世纪的第一个10年（2010年）广州的生产总值便突破了万亿元大关，2004年在中央将广东确定为文化体制改革的综合性试点地区后，伴随着新一轮全国电影业的体制改革和产业化进程①，珠影的新一轮改革也全面启动，珠江电影制片公司转为企业制，民营资本开始深度介入电影业，为影视行业注入新鲜血液。在广州即将进入新世纪第二个10年历程，其经济发展稳中有进，在这一时期的电影作品中，

① 以2002年新的《电影管理条例》颁发为标志，制片业初步对外开放，民营机构可依靠资本投入获得独立拍摄电影的机会。

广州的城市形象是通过国际视阈展开的，且多元丰富。进入新时期，中国电影市场繁盛为影视理论的创作更新提供了条件，在媒介融合的大趋势下，新媒体技术的发展也为影视理论的传播找到了更为有效的路径。面对全新的中国电影生态，国内有关电影理论批评的讨论更多地偏向于对本土影视话语体系的构建。饶曙光曾提出："我们要从当前中国电影的丰富实践中打造融通中外的新概念，形成有中国特色的电影话语体系，建构电影理论批评的中国学派，形成建立在当下中国电影实践基础上的科学话语体系、评价体系和评价标准。"① 这一重视本土立场的趋势，为该时期城市电影的空间建构及其辨析带来了深远影响。与此同时，视觉文化、身体政治学、文化地理学等学科的介入，为城市电影的论题提供了其他的理论参考。在电影与城市的互动关系中更加重视共时性的空间表达，此刻的城市形象除了构建城市空间和现代文化的内涵，更多的是对"电影强国"和"中国梦"的战略号召，是有关城市语境的更新。站在新的历史起点的广州，其城市形象由单一变为多元，由国内视阈里的综合一线城市变为国际视阈里的超级现代化大都市。

（一）近代革命的策源地

21 世纪以来，在全新的社会语境和全球化的市场规则下，电影对于广州形象的建构不再局限于个体和社会整体之间关系的讨论。经过 30 年持续稳定的发展，人们对现代城市的规则已经不再陌生，已经不再是被现代文明推着向前走的被动客体。所以，在这一时期的影视创作中城市已经慢慢淡化成故事发生的背景和人物塑造的底色。从 2003 年珠影出品的《邓小平》到 2006 年由两家民营公司（惠州华人兄弟影视公司和北京沃森影视文化交流有限公司）联合出品的《东江特遣队》再到 2009 年孙周执导的《秋喜》，可以发现创作者开始逐渐重视广州的革命政治地位，与广州相关的历史事件和历史人物成为这一时期电影文本主要表达的对象。

其中由丁荫楠执导的电影《邓小平》作为表现领袖人物的"史迹传记片"，它追求的是一种对阶段性历史的表达。面对权威话语的书写，广州作为一个展开叙事的环境背景，在一个与人物有着互动关系的客体层面发挥

① 饶曙光：《建构电影理论批评的中国学派》，《电影新作》2015 年第 5 期。

着作用。从一定意义上讲，影片《邓小平》中的城市已经成为一个供观众纪念伟人光辉业绩和追忆时代印迹的平台，此刻广州的城市形象是关乎整个时代特质的一种表达。《秋喜》是导演孙周为广东省庆祝新中国成立60周年而策划的一部献礼影片，也是继《给咖啡加点糖》（1987年）、《心香》（1992年）之后，孙周的又一部以女性角色为核心，呈现南粤地域景观的城市电影。与前两部侧重都市女性情感的影片不同，《秋喜》是一部谍战片，主要讲述了广州解放的故事。影片截取了1949年10月1~14日广州解放这段历史，影片的主线索讲述的是大势已去的国民党对城市进行肆意破坏，广播电台台长夏惠民一直怀疑他的下属晏海清是地下党员，却迟迟没能找到直接证据；而地下党员晏海清则在努力争取夏惠民信任的同时不断刺探对方情报；影片的另一条线索是晏海清与家中女佣秋喜的爱情故事，但因夏惠民设计秋喜被晏海清误杀，愤怒的晏海清最终也将夏惠民杀害。《秋喜》的视觉话语体系，描绘出地道的岭南地域风情，影片以广州天字码头的喧闹繁忙开场，珠江上来来往往的疍家渔船、街道上大面积的骑楼，海珠岛、海珠桥、海珠大戏院的入镜，以及丰富的广式经典小食，都一一映照着广州这座城市的历史记忆，是导演利用影像对南粤区域形象的塑造以及对广州这座城市自我认同的身份想象。除此之外，同时期还有很多展现广州近代革命实践的电视剧作品，例如2004年的《羊城风暴》、2005年的《冼星海》以及改编自1957年同名电影的《羊城暗哨》（2006年）。这些作品集中突出了广州人民在重大历史阶段为国家做出的伟大贡献，将广州塑造为我国近代革命的重要策源地。

（二）都市男女的爱情广场

对都市男女情感生活的关注，是这一时期广州城市电影的另一个显著特点。如果说20世纪八九十年代的南国都市电影里有关爱情的展现是基于对都市人群“现代症候”的侧面描写，那么新世纪以来广州城市电影里的感情生活便是呼唤对片中人物的关怀以及人与人之间关系现状的探讨。从2000年珠江电影制片公司的《漂亮妈妈》到2014年的《脱轨时代》，中年失婚女性的生活状态和感情选择是这类影片着重表达的主题，利用女性视角对不同的婚恋价值观进行讨论，更契合观众的时代心理。其中《漂亮妈妈》是孙周导演带来的第四部以女性主角为叙述核心的都市电影，从上述脉络里可以清晰地看见孙周导演的创作偏向已经从现代都市空间的建构慢慢转移到现代都市女性的情感选择，如果说《给咖啡加点糖》里的林霞、《心香》里的莲姑、《秋喜》里的秋喜，这三个都市女性都没有成为实际上的母亲，到了《漂亮妈妈》里的孙丽英，这一角色就完成了女性肉体和精神蜕变，以一个母亲的形象对都市女性的情感叙事，女性形象成为行走在城市景观里的人文景观，并且开始关注残障人士的生活境遇。片中的母亲孙丽英带着聋哑儿子郑大艰难生活，作为一名女性、一位母亲，她个人的人生悲剧在诞下这个残障婴儿之后便拉开帷幕。个人的隐忍和负重前行对应着社会责任的缺失，在片中作为拯救者出现的焦校长，始终出于个人道义对其给予帮助，背后并没有社会政策的支持，也没有现实温情氛围的关照。这些是影片想要激发大家思考的部分，在面对生活大踏步向着光明迈进的时候，我们是否忘记了回头关照那些艰难前行的弱者。而电影《脱轨时代》讲述了大龄失婚女性在遭遇丈夫出轨后，重新面临情感选择的故事。作为城市爱情轻喜剧，《脱轨时代》描绘的是一个女人和她所处的时代以及新时代的女性对婚变的态度。影片的结尾，主人公许可并没有选择改过自新的前夫，也没有选择给自己生活带来光亮的年轻富二代，而是给观众留下悬念，每一个观众都会有自己的答案和选择。作为一部小妞电影，《脱轨时代》明显是另类的，和众多游离在婚姻边缘的年轻女性不同，片中的许可是带着伤痕走出围城的女性。婚变后和康少之间少妇式的姐弟恋尝试也是一种新的情感观念的表达，城市在这个时候已经完全成为故事的底色，是生活的秀场，甚至作为旅游景区被展现（许可在片中的职业是导游），城市的内涵由生活在其间的主体定义，新时代女性的婚恋观在一定程度上也是城市文化内涵的一个侧面。

另外，职场青年的感情生活同样是这一时期城市电影的重要母题，电影《幸福迷途》（2012 年）、《单身男女 2》（2014 年）和《脱轨时代 2：男神时代》（2015 年）讲述的都是现代都市中不同职业和不同年龄段的男女爱情故事。不论是《幸福迷途》里的荔枝湾涌，还是《脱轨时代 2：男神时代》里为了抢婚攀爬的广州合景国际金融广场大楼，以及女主角的婚礼重头戏取景地广州 W 酒店，此时的城市坐标建筑已经置于背景板上，成为各类人物职业的孵化地，而不再是电影想要突出的议题。在 2015 年的两部校园爱情电影《栀子花开》和《最美的时候遇见你》中，广州的城市空间已经完全成为展现男女情感的生活广场。

（三）立身国际的超级一线都市

将广州打造成世界一线城市（Alpha 级）是 21 世纪广州新的发展定位，2016 年广州首次跻身世界一线城市前 40 位，到 2018 年列第 27 位。新时期的广州利用自身在全球经济中的地位，其国际影响力稳步提升，同时作为粤港澳大湾区城市群的核心枢纽，广州完成了从国家中心城市到国际化一线城市的蜕变，相对应的城市形象在影视中的表达也发生了改变。

在内地与香港的合拍片《逃出生天》（2013 年）和《形影不离》（2012 年）中，猎德大桥、小蛮腰、珠江新城、车陂、西塔等标志性建筑频频出镜，给故事的发展提供了一个具有现代感的都市空间，动作元素和现代城市空间的融合让这类作品的节奏更加紧凑，展现的奇观也更加多元。从电影类型上看，《逃出生天》是由港片班底打造的国产消防题材的灾难电影，而《形影不离》是有外籍演员加入的悬疑、喜剧的混合类型，这些外来元素的汇入给我们展现城市形象提供了一个他人视角，通过对城市空间里视觉类型的再现来构建一种内地城市的想象以及国际视野里的中国想象。其中《逃出生天》是一部有着主旋律情节的灾难片，而导演在展现故事的过程中极力弱化了硬宣传，弱化了个人英雄主义，削弱了公共职能部门自带的光辉，将重心放在面对极端灾难时众生相的刻画，这就避免了将“灾难片”拍成“救灾片”。并且片中“双男主”的模式设定也增加了其中的戏剧张力，将城市的主体——人，置于核心地位，在电影与城市的互动中，将人的视角无限扩展。而在好莱坞电影《变形金刚 4：绝迹重生》（2003 年）和国产电影《孪生密码》（2013 年）中，特效、犯罪、枪战、警匪、外籍演员面孔等各类元素的混搭，将广州塑造成一个繁荣、发达、有科技感和未来感的国际都市，夜景下的犯罪故事让广州有了一种类似“纽约城”的质感。《孪生密码》是一部混搭了各种类型的“拼盘”式商业片，它不仅包含了商战、枪战、谍战、警匪、悬疑、爱情等众多类型元素，在制作团队和演员阵容两个方面也充满了“混血”质感，并且电影在广州、香港和纽约三座城市进行取景，各城地标性的建筑成为和故事线索紧密连接的场景，这些差异性的城市景观互为镜像，对应的城市形象也在发生着改变。在这些电影作品中广州是引领全球的超级一线都市。

四 结语：通向城市形象的美学治理

新中国成立 70 年以来，广州完成了从传统渔村到现代都市再到国际一线城市的转变，完成了从商业核心城市到综合性多元城市的转变，而有关广州城市形象的电影表达也完成了从单一到丰富，从流于表面的符码堆砌到对现代都市文明人的深入探讨，从质疑困顿到引领未来的嬗变。

城市专题研究

基于“活力全球城市”战略定位的广州发展思考

张健一[*]

摘要：参照全球城市的三个基本特征，“活力全球城市”应具有全球性、枢纽性、原创性、宜居性等特质。基于这一战略定位，建议广州立足更宏大的世界视野，用好用足权威排名对城市的国际化信用背书；聚焦提升广州在全球城市体系中的网络连通性，加快推进枢纽型网络城市建设；着眼发挥知识与技术对内生增长的支撑作用，持续推动产业科技创新深入发展。

关键词：全球城市　城市规划　广州

按照《广州城市总体规划（2017~2035年）》草案的总体思路，广州的目标愿景是“美丽宜居花城、活力全球城市”，城市定位包括“国际综合交通枢纽、商贸中心、交往中心、科技产业创新中心”等等，到2035年将“建成社会主义现代化先行区，成为经济实力、科技实力、宜居水平达到世界一流城市水平的活力全球城市”。尽管上述规划尚未得到国家正式批复，但是反映出广州对自身在全球城市体系中定位的初步思考。这一发展定位，是继2016年《长江三角洲城市群发展规划》提出“提升上海全球城市功能”、《上海市城市总体规划（2015~2040年）》草案提出“至2040年建成卓越的全球城市，国际经济、金融、贸易、航运、科技创新中心和文化大都市”的城市定位之后，中国内陆又一城市着眼建设全球城市而提出的相应发展目标。这也意味着，随着中国综合国力提升以及中国在世界上的影响力更加显著，城市作为国家参与国际竞争的重要角色必然要从全球性的

* 张健一，法学博士，广州市政府研究室综合处副处长。

功能定位去谋划未来发展。基于此，什么是全球城市、所谓“活力全球城市”体现在哪些方向、建设“活力全球城市”的重点在哪里等问题，成为摆在广州面前的重大课题。

一 什么是全球城市?

关于“全球城市”的概念界定，素来有多种说法，但归结起来，又可分为两种。一是将世界上所有城市纳入一个纵向的等级体系，即认为世界上的城市处于不同的权力位阶上，位阶高的城市在资源配置和发展时序上均优先于位阶低的城市，因而高位阶城市的发展必然以牺牲低位阶城市的发展为必要条件。二是将世界上所有城市纳入横向的合作体系，即认为这些城市具有相互补充、相互支撑的关系，没有哪个城市的发展利益必然被当作牺牲品，只存在哪个城市在功能建设上更完整、哪个城市则相对欠缺的问题。然而，无论是基于第一种还是第二种观点，人们都认可一点，那就是世界上的城市只有部分城市可以被称为全球城市或世界城市。而诸多种类的城市排名，包括日本森纪念财团、中国社会科学院、全球化与世界级城市研究小组（Globalization and World Cities Study Group and Network，GaWC）等组织的全球城市排行榜，许多还存在重合。由于前两种排名均从城市竞争力的角度对全球城市进行排名，而后一种排名则从全球城市体系的角度做了研究，因此本文将主要以GaWC的排行榜为例，对全球城市的特征进行分析。通过对这些城市排名的观察和反思，笔者认为全球城市至少应具有三个特征。

（一）能够在全球范围内配置发展所需的资源，最终要看城市中的市场主体在全球市场的影响力

城市这种资源配置能力，不是指城市直接去和其他城市合作而获得相应资源，也不是城市借助国家的力量去获得其他国家的资源，而是通过公司企业的发展壮大和全球扩张获得全球性的地位与作用。换言之，就城市的全球资源配置能力而言，实际上具有这种能力的主体并非城市，也不是国家，而是存在和发展于城市中的市场主体。这与市场发挥决定性作用的

资源配置机制相一致，与全球化中资本寻求全球布局建设、力求覆盖全球市场的进程相一致。因此，城市配置全球资源的能力，关键是看这个城市市场主体的发展情况，是看来自这个城市的市场力量在全球市场中发挥影响力的状况。

（二）能够成为全球范围内资源配置的必要载体

具有全球影响力的公司企业，其布局不仅具有世界性，也具有区域性，即更加青睐和集中于热点地区。这些地区包括北美、西欧、亚太三大区域。由于这些热点地区具有全球范围内的虹吸效应和马太效应，处于这些热点地区的城市，有更多的可能性成为全球城市。这种相对集中的城市发展趋势，又进一步促使区域内相关城市对其他公司企业产生吸引力和趋同性，从而使不同产业部门、不同业务领域的公司企业加速集聚，增强城市的全球性特征和对外辐射力。与第一个特征相类似，全球城市成为全球范围内资源配置的必要载体，其发生机制仍然依赖于具有全球影响力的公司企业；正是因为这些企业选择将某个城市作为其资源配置的重要节点甚至关键枢纽，城市才会具有全球影响力。

（三）能够作为全球化深入发展的重要联结点

以上两种特征都表明，城市通过公司企业被纳入全球资源配置机制进而发挥全球影响力，其基本预设是全球化对城市和企业的双重作用，其聚焦点则在于全球化浪潮中企业与城市相互作用、相辅相成。但是，这种角度过多地借助企业视野去评价和构建全球城市体系，并没有考虑到国家背景和地区战略对全球城市形成和发展的影响作用。实际上，在全球化浪潮中，任何国家都会有目的、有指向地选择发展战略特别是谋划和探索产业转型路径，试图摆脱、减少不平等（绝对不平等或相对不平等）的国际政治经济秩序对本国经济发展的压制和阻碍（包括近年来的美国也如此认为）。在这个过程中，城市作为国家联结其他国家以及世界的节点和枢纽，承载着引领国家深度参与全球化进程的任务，也担负起探索全球化与本地化相结合的具体路径、将全球化覆盖到国家内部的功能。因此，全球城市还具有带动和联结所在国家乃至某个重要地区并与全球市场紧密融合的重要使命。无论是基于国家战略，还是基于企业策略，城市特别是一国之中最有可能成为全球城市的城市都是最佳的联结点，而正是这些联结点的存在才使得全球化具有坚实、可持续的根基。

二 “活力全球城市”指什么?

《广州城市总体规划（2017~2035 年）》草案提出，围绕“两个一百年”谋划广州城市发展定位，目标愿景是“美丽宜居花城、活力全球城市”。如果说“美丽宜居花城”更多的是对未来广州城市管理和社会治理目标的要求，那么“活力全球城市”则是对广州在全球城市体系中地位和作用的展望。虽然上述规划草案并没有对何谓“活力全球城市”进行具体解释，国家层面也尚未对这一目标愿景予以正式确认，但是遵循 GaWC 等既有学术脉络和研究框架，可以尝试对这一目标愿景的内涵和可能指向作一探究。

从全球城市体系的有关排名来看，GaWC 关于 2016 年全球城市的最新排名，也是目前关于全球城市地位和作用最权威的排名，可以更具体地反映出广州在全球城市体系中的位置。按照这一排名，GaWC 将世界上的城市分为五类，分别是全球一线城市、二线城市、三线城市、四线城市（又称自给自足城市）和没有纳入排名的城市。例如，中国只有 33 个城市进入 GaWC 的最新榜单，大多数城市没有纳入这一排名。其中，一线城市又分为“一线++”“一线+”“一线”“一线-”四档城市。“一线++”城市只有两个，就是伦敦和纽约；新加坡、香港、巴黎、北京、东京、迪拜、上海，均为“一线+”城市，属于高度融入全球化进程并且对伦敦和纽约整合全球城市功能，尤其是满足亚太地区对于高级服务的需要起到补充作用的全球城市。广州虽然没有进入全球一线城市的前两档，但是入选为“一线-”城市，属于将主要经济国家和地区与全球经济联结起来的重要全球城市。与广州同属一个梯队的，不乏华盛顿、墨尔本、巴塞罗那、旧金山、维也纳、台北等知名城市。在中国境内，排名位于广州之前的全球城市，只有香港、北京和上海。按照 GaWC 的评价方法，全球城市排名实际上是将一定数量的具有全球影响力的公司企业的全球发展战略和布局建设情况，通过定量化方法转化为数字赋值并多层叠加而计算出来的结果。由于不同的城市可以因设有同一家公司企业的办公室而发生业务联系，那么这些城市不仅因为公司企业的进驻并被纳入其全球战略而具有一定的服务价值（Service Value），而且它们之间因为同一家公司企业内部产生的工作流量（Working Flows，即对可能发生的业务联系的量化）而具有一定的网络连通性（Network Connectivity）。正是多家公司企业赋予城市网络连通性的多层叠加，构成了对城市在全球城市体系中的地位和作用的数据化说明。总而言之，GaWC 的评价方法，与全球城市上述三个特征高度吻合，侧重于从公司企业看待世界、理解世界、评价世界、构建世界的角度，从公司企业全球发展战略中城市所处的地位和作用出发，复合式、累计相加地得出跨国企业关于全球城市体系的一定共识。GaWC 眼中的世界和全球城市体系，实际上是跨国企业眼中的世界和全球城市体系。

但是，GaWC 的评价方法，也带有明显的不足，这些不足也正是广州客观认识其全球“一线-”城市地位的重要前提。一是没有将跨产业部门的业务流动纳入评价体系，实际上任何一个产业部门的价值更多地体现在对其他产业部门的服务和支撑上，而不是体现在自身内部业务往来上。虽然 GaWC 也承认其评价方式具有间接性，即没有统计跨国企业内部实际产生的工作流量，而只是近似地测算其内部可能发生的工作流量，虽然这些工作流量能够间接反映公司企业对其他产业部门的影响作用，但是毕竟不能直接反映缺乏可信度。二是没有深入考察跨国企业的工作流量对驻在城市的实质性影响。这种评价方法更注重跨国企业对驻在城市的标签式提示作用，忽视了跨国企业对驻在城市经济社会发展具有明显的实际推动作用。三是只从跨国企业的角度去描述和定义城市在全球城市体系中的地位与作用。的确，全球化的核心是资本的全球流动和布局建设，城市的全球性本不是城市自我赋值的，但是对城市在全球城市体系中的功能评判不能简单地陷入“以企业为中心”的视角之中。毕竟，城市除了具有经济功能，也具有政治、社会、文化、国际交往等多方面功能。四是借助“工作流量”的概念难以准确反映城市之间在服务价值上的巨大差异。工作流量反映出因同一家公司企业发生的联系、同时具有服务价值的两个城市之间双向的可能业务往来，但是无法反映两个城市之间何者处于主要地位、何者处于次要地位。

尽管如此，与上海“至 2040 年建成卓越的全球城市，国际经济、金融、贸易、航运、科技创新中心和文化大都市”的城市定位相比，广州的目标愿景“美丽宜居花城、活力全球城市”以及城市定位“国际综合交通枢纽、商贸中心、交往中心、科技产业创新中心”等涵盖范围相对较小、目标也更为集中，但是从 GaWC 历年排名来看，目前广州在全球城市体系中所处位置已经达到历史最好水平。这意味着广州在吸引跨国企业投资入驻、推动其加快本地化布局建设上的成效是逐年递增的，从而在跨国企业的全球战略中的地位不断提升、作用不断加强，特别是与世界上其他城市包括同处一线城市行列的竞争者相比，在一些城市排名逐年下降的同时，广州在排行榜中上升的速度相对较快。这一结论也有助于回应之前关于广州“后劲不足、发展乏力、难以为继”甚至“广州还是不是一线城市?”的质疑。

对这些偏见的回应，可以从广州融入全球化进程的几方面来说明。一是外商到穗投资企业和落地项目逐年增加，广州与世界经济的联系进一步加深。目前，在穗外商投资企业达 3 万多家，其中在穗投资的世界 500 强企业达 297 家，投资项目 921 个。二是紧密对接世界科技革命趋势、出台产业政策，战略性新兴产业集群加快形成。近年来，广州紧紧围绕建设国际航运、航空、科技创新三大战略枢纽，紧密对接国家“一带一路”建设及大众创业万众创新、自由贸易试验区、粤港澳大湾区等重大战略，着力推进产业转型升级，重点支持新一代信息技术、人工智能、生物医药（IAB）和新能源、新材料（NEM）等战略性新兴产业加快发展，吸引了通用电气、微软、思科、富士康等一批产业巨头相继进驻广州。三是市场化、国际化、法治化营商环境进一步完善。广州向来高度重视营商环境建设，坚持以法治建设为引领，以发挥市场在资源配置中的决定性作用为目标，努力实现与国际通行的商事规则无缝对接，为来穗投资的企业打造生活舒心、事业顺心的创新创业环境。例如，富士康来穗投资 610 亿元，建立 10.5 代 8K 显示器全生态产业园区，从项目谈判到落户签约不到 50 天。这充分说明了广州政府的行政效率和服务企业的能力。在多方共同努力下，广州营商环境建设取得了长足进步。2017 年广州《财富》全球论坛参会 500 强企业数、参会嘉宾数均创历史新高，实现“双超越”；跨境电商进出口、快递业务量居全国第一位，服务外包规模、5A 级物流企业数量、商务诚信建设工作评价排名全省第一位，市场采购出口额、会展业展览面积居全国第二位，社会消费品零售总额连续 30 年稳居全国第三位。近几年来，《福布斯》共 5

次将广州评为“中国大陆最佳商业城市”的第一名。四是国际知名度和影响力不断提升，在国际交往中具有更强的辐射作用。目前，从广州出发，有1000多个航班到达全球200多个城市，100多条海运航线通江达海，城轨覆盖珠三角，铁路网呈扇面连通长三角、京津冀、大西南，成为“一带一路”沿线国家及地区的交通重要枢纽。外国驻穗总领事馆数量达到61个，广州与70个国际城市建立友好关系，仅2017年就举办各类重大国际性会展近百个，各类小型专业类会展300多个，《财富》全球论坛、世界航线大会、世界港口大会等一批世界性重要会议（论坛）成功落户广州，反映出广州国际化水平和世界知名度不断提升。

结合全球城市的特征、GaWC的评价体系和广州融入全球化进程的进展情况，“活力全球城市”应当被理解为“活力+全球城市”。“全球城市”这一概念不能涵盖对城市具有的地位和作用的所有评价结果，在城市是否具有全球性以及具有何种程度的全球性这个问题得到明确之后，还需要对城市本身应当拥有的“活力”进行分析、培育、开发和提升。就广州近年来各项重点工作和发展规划要求来看，“活力全球城市”至少包括以下几项内容。一是全球性。不仅在穗投资的公司企业具有更大的全球影响力，具有全球影响力的公司企业更多地选择来穗投资兴业，而且在同一产业部门内部以及跨产业部门的全球性经济活动更多地发生于广州，同时发生于广州的企业经济活动具有更显著的全球影响力。二是枢纽性。在全球城市体系中具备更高的枢纽地位、网络连通性和功能等级，并作为集聚国际高端要素的综合性、多功能门户城市，建成与国际综合交通枢纽、商贸中心、交往中心相适应的立体化联系沟通网络，推动全球范围内人流、物流、信息流、资金流顺畅流通、密切往来。三是原创性。构建起以企业为主体、市场为导向、产学研深度融合的技术创新体系，抓住先进制造业发展和科技创新紧密融合这一导向，以产业科技创新为目标推动关键共性技术、前沿引领技术、现代工程技术、颠覆性技术创新研发和应用，建成国际科技产业创新中心和国家创新中心城市。四是宜居性。经济持续繁荣、就业充分稳定、社会和谐稳定、文化丰富厚重、生活舒适便捷、景观优美怡人、公共服务完备到位、公共秩序井然有序，人民群众幸福感、获得感、安全感更加充实、更有保障、更可持续，适宜人们居住、生活、就业。

三　建设“活力全球城市”要重视什么？

这无疑是一个宏大的课题，对于每个希望成为全球城市的城市而言，基本方向是朝着上述全球性、枢纽性、原创性、宜居性不断完善而迈进。限于篇幅，本文只就若干原则性、方向性问题作一简单阐发。

（一）立足更宏大的世界视野和更高的战略定位，用好用足权威排名对城市的国际化信用背书

权威排名是对城市国际竞争力和对外形象的科学注解，具有更高的可信度和传播度；在权威排名中名列前茅，将极大地降低广州和全球对话的成本、有助于提高城市融入全球化进程的速率和效益。联合国开发计划署《2016 年中国城市可持续发展报告：衡量生态投入与人类发展》的评估结果显示，广州在中国 35 个大中城市中居首位；《福布斯》杂志近几年的排名结果显示，广州被评为“中国大陆最佳商业城市”第一名等等，这对广州在世界更为广范的评价维度中进一步坚定自信，以更高远的视野置身经济全球化浪潮以及中国供给侧结构性改革的宏大进程，力图在世界经济版图上创造更大的可能性，无疑提供了很强的动力，具有明显的促进作用。2016 年 GaWC 排名，不仅揭示了全球化进程的发展规律以及全球城市体系的演化规律，而且揭示了城市进入全球城市体系并提升功能等级和网络连通性的一般规律，这对广州增强城市竞争力也具有借鉴意义。在发展更高层次的开放型经济、推动世界范围内更高程度的合作共赢成为历史必然和时代趋势的当下，深入分析 GaWC 等评价方法的科学内涵和价值维度，从其公开的大量基础数据（数据量大、透明也是 GaWC 的评价方法更具权威性和公信力的重要基础）中充分比较广州与其他全球一线城市的长短，一一查找问题短板，虚心汲取先进经验，主动将自身纳入国际经济新秩序谋取新的地位和功能，不仅对提升广州在 GaWC 等国际权威排名中的位次，而且对广州开放型经济体制完善发展乃至全球化向纵深迈进的过程中发挥更大的作用，做出更大的贡献。

（二）聚焦提升在全球城市体系中的网络连通性，加快推进枢纽型网络城市建设

通过对人流、物流、信息流、资金流流动集聚态势的观察，可以判断一座城市的枢纽带动力和网络连通性。当下城市规模实力等级的简单划分转向了城市网络体系的视角，受制于地理空间相连的城市群的思考转向网络所带来的空间距离再思考，但在现实中纯粹纵向或纯粹横向的全球城市体系并不存在，实际上是带有等级化的全球城市体系持续地存在并演化着。因此，在全球城市体系中，广州的作用能不能发挥得更好，关键取决于成为何种层次的重要节点，成为具备何种功能等级的枢纽型网络城市。对广州而言，应该具有综合性的功能。国际综合交通枢纽、商贸中心、交往中心，这些要素在结构上是互相支撑的，有助于将广州打造成为一个综合性、多功能、门户型的城市。在巩固、扩大国际商贸中心和国际综合交通枢纽的传统优势的同时，广州应充分利用承接新一轮国际高端要素转移的机遇，建设国际交往中心，借由国际会、议论坛等平台，成为各行各业前沿信息的集散地，发挥聚集知识思想、行业前沿、商业交流的促进作用，创造经贸合作、技术交流的良机，加强国际交流和区域合作，并由此扩大在国际国内语境中的话语权，发出强有力的广州声音。特别需要强调的是，广州追求的网络连通性不仅存在于广州与世界上其他城市之间，而且存在于广州自身的各种要素之间，这就是通过跨界融合发挥各种要素的整体效益，将商贸、交通、交往的优势整合起来，构建面向全球、立体化的枢纽型网络。这包括推进中央商务区与中央活动区的融合建设，催生和溢出大量经济；瞄准引进跨国企业亚太区域总部，抓紧配套完善国际高档居住区；打造广州指数、广州价格、广州标准、广州品牌、广州服务，增强在全球城市体系中的影响力；牵头成立跨境、跨界别、跨产业部门高科技发展联盟，加快建设具有前瞻性的重大产业科技创新平台；构建跨境物流配货及转口贸易中心，将会展中心转型发展为全球采购中心；等等。

（三）着眼发挥知识与技术对内生增长的支撑作用，持续推动产业科技创新深入发展

1987 年获得诺贝尔经济学奖的索洛提出的新古典增长理论是现代增长

理论的基石，它描述了一个完全竞争的经济、资本和劳动投入的增长引起产出的增长，而新古典生产函数决定了在劳动供给不变时，资本的边际产出递减。这一生产函数与储蓄率不变、人口增长率不变、技术进步不变的假设结合，形成了一个完整的一般动态均衡模型。这是经济学中的外生增长理论。2018 年刚刚获得诺贝尔经济学奖的保罗 · 罗默在 1986 年发表的《收益递增经济增长模型》一文中提出了内生经济增长模型，他认为知识和技术研发是经济增长的源泉。罗默的模型较为系统地分析了知识与技术对经济增长的作用，认为技术具有正的外部性，技术进步的最大推动力是企业，技术进步是企业追求利润最大化的结果。根据罗默的内生增长思想，发展中国家要实现长期的经济增长，重要的是具备一种使新设计或创意能产生和使用的机制，这就要求政府政策的制定必须重视教育发展和科技投入、激励和保护创新。罗默的内生经济增长理论承认知识能提高投资收益，承认投资促进知识积累，知识又刺激投资，形成一种良性循环，从而得出投资的持续增长能永久性提高增长率的结论。有鉴于此，当前广州最需要的，不是纯粹基础科学领域的理论创新，也不是“另起炉灶”式的新兴科技应用创新，更不是脱离实体经济的所谓金融创新，当然也不是一相情愿地鼓励高校教师和科研人员离岗创业，而是尊重市场运行规律、社会分工规律和产学研一体化规律，让技术创新体系中的不同角色各自发挥应有功能，切实让市场导向和企业主体发挥作用。具体而言，基于既有工业经济体系和制造业发展布局，以产业发展需求为导向和倒逼要求，全面提升制造业各条产业链的科技含量和产品附加值，增强广州作为国际科技产业创新中心和国家创新中心城市的核心竞争力。这一点，有助于提升广州原创性科技的知名度和影响力，与加快引进外资投资并行不悖且相互促进。

流空间视角下广州在珠三角区域中的地位研究*

戴荔珠**

摘要： 信息时代背景下，城市之间的联系越来越密切。城市联系在各种“流”的推动下促使一个新的中国城市网络格局形成。本文在回顾国内外研究城市相关文献的基础上，借鉴世界城市网络研究方法，试图通过国际生产者服务公司的业务联系方式，分析珠三角区域网络，从而探索广州的区域地位。研究表明，珠三角的网络功能联系存在于9个城市之间，证明了珠江三角洲是一个综合的多中心城区。广州在珠三角城市群中的区域地位显著下降，而以深圳为代表的多个城镇的经济实力在改革开放初期较薄弱的基础上有了明显增强。在珠三角区域内，广州和深圳是区域中心城市，全面推进珠三角区域与世界城市网络的功能整合。珠海是一个不断发展的分中心；广州、深圳、珠海三个城市市区的周边地区和其他地级市区是网络节点的下一级，节点之间的功能连接显示跳跃性特征。

关键词： 流空间　国际生产者服务业　珠三角区域网络　广州

自20世纪70年代以来，全球经济结构经历了全面的调整。生产方式的转变，信息和通信技术的创新，资金的跨国流动，服务经济的兴起，共同促进了城市联系与空间组织形式的全面进化与变革。有学者发现，用传统的中心地理论来解释这些新的经济现象和城市空间形态变得越来越困难，

---

* 本文为2018年度“羊城青年学人”资助研究项目“流空间视角下粤港澳大湾区的空间结构及其影响机制研究”（项目编号：18QNXR32）的研究成果。

** 戴荔珠，博士，广州大学广州发展研究院助理研究员，研究方向为经济地理、城市地理。

利用规模属性来描绘城市结构的局限性越来越突出。[①] 在这种背景下，Castells的“流空间”理论为刻画新时代背景下的城市关系和地位研究提供了有力的理论支持。[②] 在研究当今世界的城市区域空间结构领域，Taylor等主张使用“中心流理论”来补充原有的“中心地”理论。[③]

“流空间”（space of flows）的含义是“不必地理邻接即可实现共享时间的社会实践的物质组织”。在城市地理学学者视野中，“流空间”概念的核心是信息流引导下的一系列“流”（如人口流、物流、资金流等）和各种“流”的连续运动所形成的空间领域或载体。“流”数据反映了区域城市之间真实的空间相互作用，避免了应用传统数据构建模型存在的空间接近性和等级规模方面的不足，为从“流空间”的角度研究区域空间结构提供数据基础。在“流空间”理论背景下，城市区域可以理解为由全球化和区域化力量共同决定的特定区域内社会空间流动过程（技术、信息、智力资源、资本、组织互动的流动），以及在“流”运动过程的控制下，由各个城镇组成的协调运作系统。

城市联系网络在城市发展和区域规划领域都受到了广泛关注。它用于了解具有密切联系的城市区域的城市化进程，城市在区域网络中扮演的角色。珠江三角洲为中国密集城市化区域的典型代表，适用于城市网络模型。本文借鉴世界城市网络的研究经验，利用国际高级生产者服务公司的办公网络分布数据计算城市连通性，并以此为衡量指标，分析珠江三角洲城市网络的空间结构特征，为研究探讨广州在珠三角区域中的地位提供新的视角。

一 分析方法

自20世纪90年代以来，城市网络分析方法取得了很大的突破。“全球

---

① 张闯：《从层级到网络：城市间关系研究的讲演》，《财经问题研究》2009年第3期，第22~27页。

② Castells M, The Informational City: Information Technology, Economic Restructuring and the Urban-regional Progress (Oxford U K & Cambridge USA: Blackwell, 1989), p. 146.

③ Taylor P. J., Hoyler M., “Verbruggen R. External Urban Relational Process: Introducing Central Flow Theory to Complement Central Place Theory,” *Urban Studies* 13 (2010): 2803-2818.

化与世界城市”（GaWC）研究小组批评了早期的“世界城市”研究过于依赖孤立的城市属性，提出通过使用公司办公地点等跨国数据来映射城市网络。[①] 其中，国际生产者服务业公司办公网络分析法得到较为广泛的应用。它通过研究国际生产者服务业公司的总部和分支机构的位置分布结构来揭示城市之间的功能联系。采用这种方法的优点是研究者相对易于获取数据，并且办公室的地理分布可用于验证城市之间是否存在持续的功能联系。

（一）研究对象选择

本文通过国际生产者服务业公司公布的数据和分公司的营运数据、地址信息来分析城市区域网络的空间结构。生产者服务业是广义的中介经济的一个组成部分，主要包括金融服务、银行、保险、法律服务、房地产、会计和专业协会。本文选择了在珠江三角洲地区设有总部或分支机构的 5 个行业 89 家国际生产者服务业公司，包括外资/港资银行、国际保险公司、国际广告公司、国际会计师事务所以及国际律师事务所等，作为研究对象。

（二）研究区域与研究单元

本文的研究领域是珠江三角洲地区，包括广州、深圳、珠海、佛山、江门、东莞、中山、肇庆和惠州 9 个市。本研究选择区（县）作为研究单位，从而更详细地描述珠江三角洲地区各城镇节点的功能特征。目前在官方统计中，珠江三角洲城市统计单位主要分为三个层次：市、区（县）、街道（镇、乡）。但东莞市和中山市不设区（县），采用“市管镇”的行政管理方式。为了保持区域内研究单位规模的一致性，本研究参照《东莞市总体规划（2005～2020 年）》和《中山市总体规划（2005～2020 年）》划分的方法，将东莞划分为中部、东南部、东北部、西南部和西北部五个区域，将中山分为东部、中部、西北部和南部四个区域。加上珠江三角洲内其他

---

① Taylor P. J. and Derudder B., *World City Network—A Global Urban Analysis* (London: Routledge, 2015); Sigler T., & Martinus, K., “Extending Beyond ‘World Cities’ in World City Network (WCN) Research: Urban Positionality and Economic Linkages Through the Australia-based Corporate Network,” *Environment and Planning A*, *Special Issue on Global Networks* 12 (2016): 2916-2937.

区（县），一共有 50 个研究单位。

（三）连通度分析方法

利用世界城市网络研究的计算方法，将企业地址信息转化为分布在 n 个城市的 m 个国际生产者服务业公司。这种方法的目的是测量公司 i 在城市 j 中的服务价值 Vij。测量结果可以排列为服务值矩阵 V。城市网络分析是一个这样的投影函数，将 V 矩阵转换为城市互动的关系矩阵 L，通过公司的业务联系来分析城市之间的互动关系。在这项研究中，Vij 是根据公司 i 在城市 j 的办公室（包括总部和分支机构）数量来衡量的。它主要包括以下四个指标：

公司 i 在城市 a 与城市 b 之间的连通值 $R_{ab,i}$：

$$R_{ab,i} = V_{ai} V_{bi} (i = 1, 2, \cdots, m) \tag{1}$$

城市 a 与城市 b 之间的总体连通值 L_{ab}：

$$L_{ab} = \sum L_{ab,i} (i = 1, 2, \cdots, m) \tag{2}$$

城市 a 在网络中的总体连通值 T_a（每个城市都连接 $n-1$ 个城市）

$$T_a = \sum R_{aj} (j = 1, 2, \cdots, n; 且\ j \neq a) \tag{3}$$

城市 a 在网络中的连通度 R_a：

$$R_a = N_a \sum T_j (j = 1, 2, \cdots, n) \tag{4}$$

二　珠三角城市网络的空间特征

通过数据收集与处理，得出可以反映珠三角城市网络分布的相关结果（见图 1）。本文从以下从两个方面分析国际生产者服务业企业网络，即单一城镇研究单元的连通度分析和多个城镇研究单元之间的连通值分析，从而分别从“点”和“线”两个角度总结城市网络的基本特征。通过划分各城镇研究单元的连通度等级（见表 1），分析城市网络节点的连通度特征。

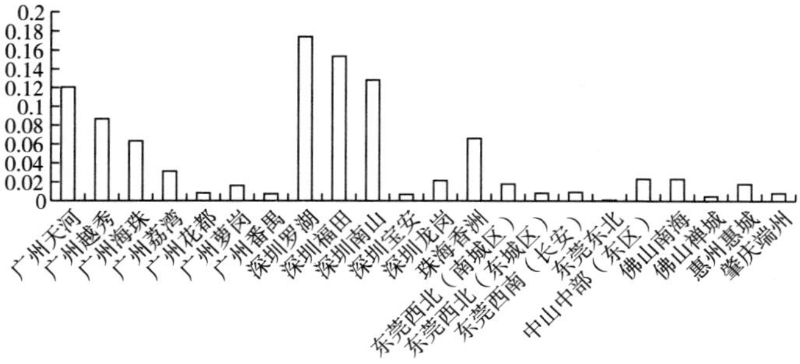

图 1　珠三角各县区连通度分布

表 1　珠三角城市网络连通度分级

连通度区间	城　市
0.1~0.2	广州天河，深圳罗湖，深圳福田，深圳南山
0.02~0.1	广州越秀，广州海珠，珠海香洲，广州荔湾，中山中部（东区），佛山南海，深圳龙岗
0~0.02	惠州惠城，东莞西北（南城区），广州萝岗，东莞西南（长安），肇庆端州，广州花都，东莞西北（东城区），广州番禺，深圳宝安，佛山禅城，东莞东北

（一）具有层次性特征

第一，深圳的福田区、罗湖区和南山区与广州天河区是珠江三角洲地区国际生产者服务业公司网络的中心节点（$0.1 \leqslant R_a \leqslant 0.2$）。最高连通度值出现在深圳经济特区（深圳福田、罗湖和南山），广州天河区的连通度总和达到近60%。珠三角地区绝大多数国际生产者服务业公司总部，以及大量分支机构和办事处集中于这些地区。例如，渣打银行在深圳特区开设了20家分行，已经建立比较完善的服务网络。

第二，深圳和广州的部分地区以及其他主要城市的主要城区构成珠江三角洲地区国际生产者服务业公司网络的次中心节点（$0.02 \leqslant R_a < 0.1$），包括广州的越秀区、海珠区和荔湾区、珠海主城（香洲区）、中山主城（中东区）、佛山南海区和深圳龙岗区。这些节点的连接来自许多类型的国际生产

者服务公司的分支机构。

第三，国际生产者服务业公司网络也覆盖了主城区相对较为偏远的肇庆和江门，以及广州、深圳、佛山和东莞的周边地区，但连通度值较小（$0 \leq R_a < 0.1$）。从国际生产者服务类型的角度来看，这些节点连接主要来自外国银行分支机构和办事处。

第四，虽然国际生产者服务业公司网络覆盖珠江三角洲的9个城市，但在本文定义的50个城市节点中，有27个城市节点没有分布国际生产者服务业公司的总部或者分支机构。

（二）珠江三角洲城市网络空间具有多中心特征

珠江三角洲城市单位之间的最大连通度值发生在深圳福田区和罗湖区之间（Lmax = 61），假设城市之间的连通性为 Pab = Lab/Lmax，并对 Pab 进行分级可以清楚地看出城市网络的多中心性和多层次性。Pab ≥ 0.2 的中高强度环节出现在深圳、广州和珠海三个城市的中心，呈现出明显的三角形结构。这表明，从国际生产者服务业公司网络的角度来看，珠江三角洲内部存在多中心结构。即使不考虑香港和澳门，珠江三角洲地区也形成了以多中心为特征的城际网络。广州和深圳是网络传播的主线，珠海的中心地位也很明显。同时，所有其他城市节点通过低强度连接，并且网络连接显示出不同的分层特征。

（三）珠江三角洲城市网络空间具有明显的跳跃性特征

第一，网络中的“短线”联系少于“长线”联系，特别是在深圳、广州和珠海的周边城市。短距离的城市片区之间的短线联系少于远距离的“长线”联系。在这些城市中，国际生产者服务公司（主要是国际会计师事务所和外资银行）尽管设有分支机构但它们的业务量有限。

第二，在珠海、中山、肇庆、惠州和江门只有一个区域被网络覆盖。网络连接是岛屿之间的跳跃结构，这与生产者服务行业本身的分布特征有关。一方面这种“跳跃”特征的存在是行政区划的结果；另一方面也表明交通设施与城市环境的协调必须在区域一体化的情况下进行，而且超出行政边界和次区域边界的协调是有效的，有利于推动高端资源的有效流通和引导。

三 广州在珠江三角洲城市网络中的地位和作用

在珠江三角洲工业化20多年的过程中，随着整体经济实力的显著提升和产业结构的优化升级，城市经济空间格局也发生了重大变化。改革开放初期，珠江三角洲部分县（市）的经济发展水平仍然较低。超过一半的工业企业集中在广州、佛山和江门3个城市，特别是广州。改革开放初期，广州的GDP占珠江三角洲总量的一半以上，珠江三角洲呈现出以广州为核心的城市经济空间格局。经过20多年的改革开放，以深圳为代表的珠江三角洲大量中小城镇迅速崛起，工业化和城市化进程明显加快，大大提高了各个城镇的经济实力。在2010年代，广州和深圳的跨国公司总部具有明显的集聚效应和综合的行业类型。它们是珠江三角洲城市网络的两个主要中心。虽然珠海的连通性和发展潜力高于其他城市，但其功能并不全面。这是一个不断发展的中心。珠江三角洲城市网络的“多中心模式”实际上是基于银行和会计核心产业的布局规则。珠海能否成为3个中心中的一个，要看肇庆、惠州和江门的发展。周边城市的主要城区可以成为城市网络的子中心，是这种布局规律的结果。

广州作为中国南方的传统中心城市，改革开放以来，一直受到国家城市发展政策的制约，但在华南地区其发展水平始终排在第一位。从经济总量来看，改革开放初期，广州几乎占珠三角经济总量的一半，区域中心城市的地位非常突出。1990年，在珠江三角洲的其他县（市）中，深圳异军突起。1990~2000年，广州经济总量占珠江三角洲的比例下降后，基本上由深圳填补。由于珠江三角洲许多城镇的发展在此期间基本绕过广州直接引进外资，特别是香港资本，它只与广州保持行政联系，导致广州地区的地位大幅下降。在改革开放初期较弱的基础上，以深圳为代表的珠江三角洲多个城镇的经济实力得到了显著提升。在21世纪初，广州通过加快实施产业结构调整和产业转型等一系列经济发展措施，加快了发展。产业结构从“二三一”的形式向“三二一”的形式的演变的过程已经完成，第三产业占据主导地位。根据产业结构理论，广州已经具备了后工业社会的产业结构特征，表明它是一个区域性中心城市，其服务功能日益加强。在同一时期，一些中小城市和城镇，例如深圳、东莞等也以经济全球化为背景，积极调整产业结构，大力发展高新技术产业，经济发展开始了新一轮起飞，经济实力进一步增强。

从广州和珠江三角洲其他城市地区的连通性来看，“长线”联系明显多于短距离城市内部的联系（见表 2）。广州和深圳或珠海部分地区之间的连通值也超过了广州各区之间的连通值，反映了强大的跳跃性。

表 2　广州各区与深圳、珠海部分区域的连通值分布

地区	广州天河	广州越秀	广州海珠	广州荔湾	广州花都	广州萝岗	广州番禺	深圳罗湖	深圳福田	深圳南山	深圳宝安	深圳龙岗	珠海香洲
广州天河		17	11	6	1	2	1	48	37	28	1	4	11
广州越秀	17		11	5	2	3	1	19	19	17	1	2	10
广州海珠	11	11		3	3	3	0	17	14	15	0	2	16
广州荔湾	6	5	3		0	1	1	10	9	11	1	2	2
广州花都	1	2	3	0		1	0	0	0	0	0	0	4
广州萝岗	2	3	3	1	1		1	1	2	1	1	1	4
广州番禺	1	1	0	1	0	1		1	1	1	1	1	0
深圳罗湖	48	19	17	10	0	1	1		61	58	1	9	16
深圳福田	37	19	14	9	0	2	1	61		46	1	7	14
深圳南山	28	17	15	11	0	1	1	58	46		1	7	12
深圳宝安	1	1	0	1	0	1	1	1	1	1		1	0
深圳龙岗	4	2	2	2	0	1	1	9	7	7	1		2
珠海香洲	11	10	16	2	4	4	0	16	14	12	0	2	

四　小结

本研究表明，珠江三角洲城市网络具有一体化、非均衡、多中心的结构特征，9 个城市之间的网络化功能联系证明珠江三角洲是一个综合的多中心城区。深圳和广州是珠三角区域的中心城市，全面推进区域与世界城市网络的功能整合。珠海是一个不断发展的区域分中心；广州、深圳、珠海 3 个城市的外围地区和其他地级城市是下一级网络节点，节点之间的功能连接显示跳跃性特征。网络中的城市机会更多地取决于节点之间的密切互动以及分工中的互补性和协调性。因此，城市政策制定者有必要运用区域一体化思维来促进城市与城市之间的空间合作。珠江三角洲城市网络是一个不平衡的地理系统，表现为中心城市与周边城市的区位不平衡以及双方发展的不平衡。其源自中心与周边，东西两侧经济水平的差异，也受到国际生产者服务业公司的影响。因此，区域协调应促进珠江两岸经济交流，积极发展银行、会计等行业，利用大网络的均等化布局，促进城市体系的均衡发展。

参考文献

Derudder B. and Taylor P. J., "Change in the World City Network, 2000 - 2012," *The Professional Geographer* 68, (2016): 624-637.

Derudder B., " Mapping Global Urban Networks: A Decade of Empirical World Cities Research," *Geography Compass* 2 (2008): 559-575.

Friedmann J., "The World City Hypothesis," *Development and Change* 1 (1986): 69-83.

Meijers E. "Polycentric Urban Regions and the Quest for Synergy: Is a Network of Cities More than the Sum of the Parts," *Urban Studies* 4 (2005): 765-781.

Meijers E., The Notion of Complementarity in Urban Networks: Definition, Value, Measurement and Development (10th UNECE Conference on Urban and Regional Research, 2006), pp. 22-23.

Peter J. Taylor, Michael Hoyler, Raf Verbruggen, "External Urban Relational Process: Introducing Central Flow Theory to Complement Central Place Theory," *Urban Studies* 13 (2010): 2803-2818.

Yang X., Derudder B., Taylor P. J., Ni P. and Shen W., "Asymmetric Global Network Connectivities in the World City Network, 2013," *Cities* 60 (2017): 84-90.

柴彦威、刘天宝、塔娜：《基于个体行为的多尺度城市空间重构及规划应用研究框架》，《地域研究与开发》2013 年第 4 期。

程大林、李侃愤、张京祥：《都市圈内部联系与圈层地域界定——南京都市圈的实化研究》，《城市规划》2003 年第 11 期。

董超、修春亮、魏冶：《基于通信流的吉林省流空间网络格局》，《地理学报》2014 年第 4 期。

高鑫、修春亮、魏冶：《城市地理学的“流空间”视角及其中国化研究》，《人文地理》2012 年第 4 期。

顾朝林：《济南城市经济影响区的划分》，《地理科学》1992 年第 1 期。

顾朝林、庞海峰：《基于重力模型的中国城市体系空间联系与层域划分》，《地理研究》2008 年第 1 期。

顾朝林：《中国城镇体系等级规模分布模型及其结构预测》，《经济地理》1990 年第 3 期。

周军：《中国城镇体系研究：综述与展望》，《城市问题》1995 年第 4 期。

韩艳红、陆玉麒：《南京都市圈可达性与经济联系格局演化研究》，《长江流域资源与环境》2014 年第 12 期。

李红卫、王建军、彭涛等：《珠江三角洲城镇空间历史演变与趋势》，《城市规划学刊》2005 年第 4 期。

许学强、李郇：《改革开放 30 年珠江三角洲城镇化的回顾与展望》，《经济地理》2009 年第 1 期。

马学广、李贵才：《全球流动空间中的当代世界城市网络理论研究》，《经济地理》2011 年第 10 期。

尹俊、甄峰、王春慧：《基于金融企业布局的中国城市网络格局研究》，《经济地理》2011 年第 5 期。

广州水文化的发展现状、问题及对策分析

姚华松*

摘要：水文化在广州地方学的建构中起到重要作用。本文重点分析广州水体的主要构成——海、江、河涌及其发展与演化，进而阐述广州水文化面临的现实尴尬，最后提出发展广州水文化的建议。

关键词：水文化　地方性　广州

地方，指地球表面的某一特定地区。而某个地方要称为“学”必须具备一定的条件，即该地域具有独特的历史文化资源，至今仍有效用；在现实发展中，该地域所取得的巨大成就具有重要的学术研究价值。在我国，地方学和地方文化研究有着悠久的历史。先秦时期即已经出现划分区域范围的著作《禹贡》，“禹别九州，随山浚川，任土作贡”。大规模地方学研究开始于20世纪80年代，我国出现一批不同于传统地方学研究思维方式的新地方学和研究机构。据统计，国内兴起的地方学研究涉及敦煌学、徽学、藏学、北京学、上海学、武汉学、南京学、杭州学、西夏学、西安学、广州学、兰州学、青岛学、开封学、温州学、扬州学、泉州学、安阳学、三峡学、鄂尔多斯学、河西学、关东学、泰山学、故宫学、潮学、齐学、鲁学、浙学、楚学、吴学、晋学、关学、巴蜀学、湘学、成都学、桂学、河洛学、内蒙古学、长安学、吐鲁番学、满学、海南学、南沙学、重庆学、邯郸学、成都学、香港学、澳门学、台北学等50余种。笔者认为，地方学的研究对象是地方性。这种地方性具有很强的本地特色，是历史发展长河中不断积淀的产物。从城市发展历史看，城市基本发端于水资源丰富的地

* 姚华松，博士，广州大学广州发展研究院副研究员，主要从事城市地理、底层群体和女性主义地理学等研究。

方，很多城市的形成和发展都与水相关。本文将重点分析广州城市独特的水文化，探讨水文化的主要构成及独具特色的广州地方性。

一 广州水文化的发展现状

广州水文化大概有海、江、河流、河涌、湖泊等，本文重点分析海、江、河涌三类水体。

（一）大海

除了作为自然存在体的海，更重要的是广州人与海打交道的重要产物——海港。约 3000 年前，海潮从狮子洋袭来，直拍越秀山南麓，回旋至番山四周。数千年来，由甘溪、流溪、沙河及西江北江分支带来的泥沙，受海潮顶托珠江淤积成三角洲。由于广州距离三江出口稍远，泥沙淤积量相对较少，故而广州港幸运地成为深水河港兼海港。正因为广州港的存在，占广州历来就是我国经济大都会，一直是海上丝绸之路的始发港。从全球范围内各个城市的外籍人口总量及占全球的比重，对外商贸活动的活跃度和业务量占全球的比重，广州的国际地位和在全球城市体系中的重要位置来看，广州是当下的伦敦、纽约、东京等城市比不了的。这在某种意义上表明，因为大海的存在，广州才在历史长河的发展中慢慢铸就了开放包容创新的城市品格。

从广州城市定位看，广州一直把珠江作为城市发展格局的重要轴线，近年来，广州致力于发展南沙，把广州从滨江城市打造为滨海城市。相对来说，滨海城市显得开放、大气和包容。其意义在于：广州当在未来全球合作和区域治理、“海上丝绸之路”的国家担当等方面做出更大贡献，广州在迈进全球城市行列的路上有更大的作为。

当前的广州致力于打造更加包容开放的经济体系，要更加弘扬大海精神，让广州融入“一带一路”之“海上丝绸之路”等国家倡议，在国家使命担当中发挥更加重要的作用。同时，鉴于广州近年来出现的“城市内陆化”的悲观论调，广州更应该发扬改革开放的创新勇气，以改革促发展，以创新促发展，让大海精神在新时代生根发芽、长叶开花。

（二）珠江

珠江是广州的“母亲河”，水运是近现代最重要的交通方式，是支撑本地经济发展的重要因素。同时，珠江是广东省境内北江、西江、东江汇合的水域，这意味着，粤北、粤西、粤东的大量人口、经贸、文化和文明都一直源源不断地被输送至聚集在珠江入海口的广州，广州无疑是岭南文化高度集中性区域和代表性区域，为广州文化的多样性打下重要基础。与珠江相关的一个群体是疍民。疍民以前分布于珠江沿岸，他们居无定所，以打鱼、运输为生。在古代社会，一些装饰豪华的疍艇被称为“画舫”，专供上流社会阶层游玩。疍民唱的歌叫“咸水歌”。广州和岭南地区的疍民普遍把玄武当作水神祭拜，如汉代的马援，因为疏通西江水域，令滩涂化险为夷，舟船免于覆溺，被广大疍民尊称为水神。这些经济、人口、社会和文化的交流与互动，是珠江除了基本的运输功能之外的重要延伸，是珠江文化体系中的重要内容。

可见，广州作为珠江三角洲的区域中心城市，与其江河文化密不可分，与其江河的交通职能、社会职能和文化意义关联。珠江是广州和其他广东城市联系的重要通道，让广州成为岭南文化的重要集散地。

（三）河涌

广州有东濠、西濠、南濠、猎德涌、玉带濠、清水濠、新河浦、杨箕涌、海珠涌等 200 余条河涌。这些河涌成为广州市民日常生产和生活的重要依托。农副产品的运输，划龙舟、工业取水、百姓洗衣做饭都和河涌有直接关系。据记载，农历四月初八，“江上陈龙舟，曰‘出水龙’”；五月初一至初五，举办一年一度的龙舟大赛是广州市民的重大节日；七月初七是乞巧节，很多人去“沉香之浦”的海珠岛周边玩乐。而每逢七月十五，即鬼节，广州市民则要先拜祭祖先神灵；七月二十五，大批市民“往浦涧采浦”。

同时，与水文化相关的民俗也五花八门、种类繁多。广州水文化渗透到建筑、戏剧、音乐、艺术、文学、绘画、工艺、饮食等各个领域，例如建筑中的风水及水景营造，民间曲艺中的龙舟歌、咸水歌，饮食中嗜好的“生猛海鲜”、靓汤、凉茶等，这些习俗无不受到水文化的重大影响。

从地方命名看，广州很多地名含江、滘、沥、滘、井、泉等字，例如番禺沙湾紫坭村西北的濠滘、村南的三善滘等，与井泉有关的有打水巷和井边巷（光孝路）、流水井（西湖路）、莲花井（东风中路）、清泉横巷（应元路）、双井街（盘福路）、福泉街（六榕路）等。从方言看，很多广州方言与水相关，如度水（借钱）、威水（威风、神气）、吹水（吹牛）、干水（没有钱）等。

可以想象，一年一度的龙舟节就要开始了，一群小孩子在广州河涌里游泳打闹和开心戏水；一群妇女一边洗衣服一边聊着最近发生的事情；一群男人在河涌里卖力地练习划龙舟，以最好的状态为即将到来的龙舟比赛作准备。到了划龙舟那天，广州万人空巷，所有人都来到河涌，兴高采烈地观看龙舟比赛。观看比赛后，全村人一起开心吃饭、畅快聊天，男人们开怀畅饮，女人们说笑谈天，孩子们打闹成一团，幸福的笑容洋溢在每个人的脸上。从社会空间的角度理解，河涌不只是划龙舟这么简单，不只是水域这么简单，基于河涌发展起来的社会和文化意义更加重要。显而易见，河涌不只具有交通功能，还具有重要的社会和文化交往功能，它见证着广州人民每天的生产和生活活动。

二　广州水文化存在的主要问题

随着广州城市工业化、现代化和城市化的快速推进，广州水文化在发展的同时，也遭遇了较大的生存危机，在大海、珠江和河涌等各个广州水文化载体中都有体现。

首先，看海洋。根据广州海洋地质调查局承担的珠江三角洲近岸海域海洋地质环境调查，珠江口海域大约有 95%的海水已经被重度污染，剩下的 5%的海水也存在中度污染的问题。珠江三角洲入海口近海域的磷酸盐、铅、硫化物、无机氮、氨、氢离子、石油类含量均超标，达到重污染级别，其中石油、重金属铅、无机氮 100%污染超标。另外，珠江水利委员会的调查数据显示，近年来珠江流域废污水排放量已超过 170 亿吨，排污口排放总量超过 126 亿吨。毫不夸张地说，珠江入海口在我国已经成为仅次于渤海湾的全国第二大污染海域。

其次，看珠江。众所周知，珠江是广州的母亲河，哺育着千万广州儿女。然而，珠江宽度萎缩却是不争的事实。在汉代，珠江宽度约为 2000 米（西湖路至市第二工人文化宫），到了晋代为 1700 米（坡山至宝岗北），宋代为 1100 米（濠畔至盐仓巷），明代为 650 米（一德路至堑口），清代为 500 米（谊园至南华路），至今广州海珠桥下的江面宽度仅为 180 米。20 世纪 80 年代以来，随着广州经济的高速发展，珠江和我国许多大江大河一样，难逃被严重污染的厄运，江面垃圾漂游，黑臭油腻，畅游珠江早已成为"老广州"的追忆。根据我国政府的《地面水环境质量标准》，只有第三类以上的水质才适宜人类游泳。广东省环保局的监测数据显示，在一年中珠江广州河段有 7 个月达到第四类水质，4 月和 11 月属于第五类水质，1~3 月的水质比第五类还差。权威部门的监测数据表明，珠江广州河段至今还没有哪一个时间段达到适宜人类游泳的水质标准。

究其原因，珠江水污染主要有两大元凶：一是垃圾污染，二是城市生活污水。从垃圾污染构成看，上游水草垃圾占 45%；市区河涌特别是不少沿线河涌垃圾污水直排，河涌成为主要的排污口。据悉，广州每天的污水排放量大约为 200 万吨，而真正经过污水厂处理的比例还不到 30%，其余的都是直接排到珠江。除了广州本身的污染外，上下游河段的污染也对广州珠江河段产生交叉感染和叠加效应，这严重加剧了珠江水环境污染状况。以东濠涌为例，每小时产生的垃圾就有 300 公斤，每天 7.2 吨，整个广州大小河涌 224 条，光这样污染严重的河涌就有 14 条，其污染总量可想而知。另外，有统计显示，每天进出广州的船舶有 8000 多艘，若每艘船一天产生 3 公斤垃圾，一天就有 24 吨以上的垃圾。由于大量人口增加，珠江水上的飘浮垃圾物还以每年 20%的速度上升。除了垃圾外，珠江水的另一大污染就是城市生活污水，由于历史的原因和居民对水资源保护意识淡薄等，珠江两旁很多地方的生活污水都是直接排放到河涌然后再流入珠江。特别是在城乡接合部地区，大小粪便未经任何处理直排河涌的现象屡见不鲜。

随着广州城市化、工业化和现代化的快速推进，城市发展过程中产生大量的工业废水和生活污水直接排放到广州的江河湖海，导致珠江海口、珠江和大大小小的河涌出现非常严重的污染，珠江水污染和水质量恶化成为危及广州可持续发展的致命因素。富于水脉、航运便利的珠三角地区，随着大量外资的涌入，以及工业化和城市化的快速推进，已经成为外向型出口加工业密集的"世界工厂"。该地区聚集了几十万家外向型企业，已经发展为“世界制造业基地”。虽然这个面积仅 1 万多平方公里的区域内，创造了中国 30%的对外贸易额，但在“世界工厂”创造奇迹的背后，是被水利界赞为“南国少女”的珠江承受的巨大隐痛。毫不夸张地说，珠江的污染是创造“世界工厂”奇迹所付出的代价，全球众多消费者使用的珠三角地区企业的产品，基本上是以污染珠江等为巨大代价换来的。

广州市水务局于 2017 年 9 月对广州市重点河涌污染进行了一次巡查，现场让人触目惊心。广州海珠区一企业竟将深红色工业废水，直接倾入河涌。在海珠区石溪村大干围涌两岸密密麻麻地分布着造纸、印染、包装、纸业加工等行业，涌内的水黑臭无比。巡查人员在广州白云区巡查中，发现了不少工厂的偷排行为，广州白云区白海面涌属流溪河下游支流，流域周边主要为农田、荒地和村居，工业企业零散分布，主要经营产业为家具、食品、日用化工品等。巡查人员在广州白云区白海面涌上游南岸发现工业废水排污口 1 个，该排污口直径约 600 毫米，从管口持续排出大量泡沫状废水，有明显香精气味，初步判定为含洗发水、洗洁精等日用化工品原料的工业废水。

广州市内城中村、农村辖地范围内普遍设立一个或多个工业园区，园内企业林立，产业范围涉及金属制品、塑料加工、服装印染、纸制印刷品及日用化工品等多个行业，这些工业企业沿河涌而建，不少企业通过雨水收集管网或私造排污管将工业废水直排河涌水体，造成水环境严重污染。

广州水文化出现的各种问题，根子在于对发展经济和环境保护的关系协调处理得不好。为了经济发展，为了实现更多的 GDP，水体被污染了，有关方面没有很好地处理增长和发展的关系，没有意识到水文化对地方发展的重要性，对地方文脉传承、对区域环境的重要意义。

三　新时期弘扬广州水文化的若干建议

（一）建立水文化发展的系统观

系统观是广州水文化开发、利用和保护体系中的关键问题。只有当人们充分认识到水是自然生态系统的重要组成部分，水文化是人类历史和文化长河中的重要组成部分，各类水体是广州水文化体系的重要组成部分的时候，人们才有可能真正保护广州水资源，增进水文化的良性与可持续发展。也只有当人们把水及水文化视为人与自然和人与社会这两个大系统中的重要子系统，才能够正确处理这两个子系统与其他子系统之间的耦合关系，人们才能善用城市中的水及水文化。

（二）认识水文化对广州地方性的重要意义

广州的江河湖海及河涌是广州水文化的重要主体，是伴随广州城市成长和发展起来的，对广州人民日常生产和生活产生重要影响，对广州乃至岭南地区的地方精神的形成与地方性的建构产生重大影响。因此，各级领导要高度重视广州水文化在城市格局中的文脉地位，只有从思想上深刻认识到水文化对于广州城市地方性的重要意义，才能从源头上弘扬和发展广州的水文化。

（三）大力发展水文化遗产旅游

广州是延续2000多年的中外海上交通的重要通道和“海上丝绸之路”上唯一经久不衰的港口大市，在“海上丝绸之路”的各历史时期都具有不可替代的地位和作用，广州至今依然保留着众多海洋文明的文物和史迹。同时，广州人民在与自然的竞合关系中也创造了很多沟、濠等水利工程。通过对上述历史文物和水利工程的整体规划及全域整治，采取有效措施保护和继承原有风貌，可以将其打造为展示广州城市千年发展历程的代表性区域。

（四）打造有特色的水文化节点和水文化廊道

在城市发展和设计过程中，要高度重视作为城市本底的水文化及附着于水文化的地方性人文历史。整理和搜集广州与水文化相关的历史典故、民间传说和文物史迹，例如南海神庙、十三时夷馆、秦代造船工场遗址、怀圣寺光塔和蕃坊、灯塔等水文化标志作用明显的历史元素，花大力气把广州打造成为城市重要的水文化节点。

参考文献

朱光义：《岭南水乡》，广东人民出版社，2005。

高友谦：《中国风水》，中国华侨出版公司，1992。

杨宏烈：《广州古典园林水景特色的认知》，《广东园林》2001 年第 1 期。

赵莞丽：《明清时期广东的水上居民》，广东省社会科学院硕士学位论文，2007。

葛润南：《广州市东濠涌周边地区再开发研究》，华南理工大学硕士学位论文，2005。

李伟、俞孔坚、李迪华：《遗产廊道与大运河整体保护的理论框架》，《城市问题》2004 年第 1 期。

王彬、司徒尚纪：《基于 GIS 的广东地名景观分析》，《地理研究》2007 年第 3 期。

史海钩沉

西洋海岸炮与晚清民国广州海防

黄利平[*]

摘要： 晚清时期，广州的珠江和虎门口曾以一百多尊德国克虏伯炮以及部分英国阿姆斯特朗炮等海岸炮构建起了江防海防要塞。这批西洋大炮从根本上改变了广州防务的落后局面。购买克虏伯海岸炮耗资巨大，裸炮每尊就要约三万两白银；整个购买安装过程由四任两广总督相继主持完成，历时十余年；意义深远，对广州近现代史构成了一定的影响。虽然现在广州已没有一尊克虏伯海岸炮在原来的炮台里，但这批炮台大多数至今尚存，已是“国保”“市保”级文物，目前的保护、利用工作亟须厘清当年建设史中的一些基本问题。

关键词： 广州　克虏伯　炮台　要塞

清朝末年，中国曾大量购买德国克虏伯海岸大炮（后膛精钢炮），在全国构建了多个海防江防要塞。[①] 其中绝大多数安装在进出广州的珠江水道和虎门口，是著名的虎门要塞和长洲要塞的基本武器装备。它极大地增强了广东海防、江防实力，进而影响此后近半个世纪广州的对外防务，直到抗战时还在发挥着作用。本文拟以晚清文献、民国档案和炮台文物为基础，考察晚清民国时期在广州布防的克虏伯海岸炮（其中也有部分英国阿姆斯特朗等西洋大炮），从一个侧面考察广州海防、江防近代化过程。不妥之处，请批评指正。

---

* 黄利平，广州南沙虎门炮台管理所研究馆员，研究方向为海防史、古代江防、海防文物等。

① 乔伟等：《德国克虏伯与晚清军事的近代化》，《南开学报》1999 年第 3 期，第 66 页。

一　清末时期

从现有资料可知，在广州珠江两岸和虎门口安装克虏伯海岸炮是在光绪七年（1881 年）到光绪二十一年（1895 年）之间，主持者是四任两广总督，张树声两任，张之洞和李瀚章各一任。① 1882 年（光绪八年），两广总督张树声在威远和下横档台安设“最大新式洋炮”，每座炮安装在独自的“露天台”或“扇面台”等钢筋混凝土炮台上，且都富有个性的名字，这是前所未有的。威远台中的露天台是威远东台及山腰台，里面安装的炮名分别为“陈师”（英国阿姆斯特朗前膛炮）和“保疆”（德国克虏伯后膛炮）。从此德国、英国的世界名炮逐渐成为广州海防的主力火炮，原有的以大量普通洋炮组成的炮台如威远月台等成为辅助。光绪九年（1883 年），当中法战争的硝烟弥漫在珠江上空的关键时刻，两广总督的张树声匆匆赶回广州继续引进世界名炮，开建上横档、长洲、鱼珠和沙路 4 座由“露天台”组成的西式炮台群。光绪十年三月，张树声说：“上年夏间奉命回粤，……八月于兹筹款于万窘，增兵于各路；购大炮于德国，运水雷于英厂；筑台垒于虎门、长洲、鱼珠、沙路。无日不与抚臣及省中司道竭蹶经营，……各台炮位现已到齐。”② 在四任两广总督中，购炮最多的是张之洞，他刚到广东不久就致电驻德国柏林的李钦差：“祈设法再觅二十一生、二十四生大炮数尊。”③ 1885 年他又电：“讬中使大臣李凤苞与德国兵部议购克虏伯二十一生特后膛大炮十六尊，本年二月内到齐，分发新增各台。各台于春初兴工，六月告竣。”1887 年他甚至以分期付款（10 年期）、分批交货方式一次订购十五生三十五倍口径克虏伯新式长炮五十尊，连弹药合计需白银 83.5 万两。1889 年，除已交货的第一批五尊大炮外，张之洞又加价七万余两白银将其余 45 尊十五生炮的合同改定为 20 尊二十四生十五倍口径长炮（连弹

① 中国第一历史档案馆等：《明清皇宫虎门秘档图录》，人民出版社，2011，第 294～295 页；中国第一历史档案馆：《光绪朝朱批奏折》第 64 辑，中华书局，1995，第 724 页。

② 沈云龙：《近代中国史料丛刊》第二十三辑《张靖达公奏议》卷八，台北文海出版社，1966，第 517 页。

③ 苑书义等编《张之洞全集》第 7 册，河北人民出版社，1998，第 4930 页；中国第一历史档案馆等：《明清皇宫虎门密档图录》，人民出版社，2011，第 300 页；苑书义等编《张之洞全集》第 1 册，河北人民出版社，1998，第 573、718 页。

药）。李瀚章在光绪十六年（1890 年）上任后再一次修改合同，他认为“二十四生长炮出子太高，不能平击。炮弹过大，力亦不能过远……故于春间饬令德商李德向克虏伯厂将前改订二十四生长炮退去九尊，仍订十一尊。”① 清代广东与德国克虏伯厂这笔最大的交易虽然有所修改，但最终还是完成了，克虏伯炮成为广州海防的主要火器装备。

清代两广总督的职责范围除广东省之外还有潮州、广西、海南的防务，即当时说的潮防、廉防和琼防，所以在这十余年中购买的克虏伯海岸大炮往往要兼顾这三个地方的调配使用。广东在晚清克虏伯海岸大炮引进方面呈现出时间跨度长、经手的人多、安装地点分散的特点，为今天追寻这些克虏伯海岸大炮的去向造成了困难。克虏伯和阿姆斯特朗海岸炮是重型火炮，需要安装在固定的专用炮台上，而建造炮台又是耗资巨大的项目，② 故当时的习惯做法是先订炮，然后按炮的规格来制作炮台，如张之洞所订购的克虏伯炮于“光绪十一年二月内到齐，分发新增各台。各台于春初兴工，六月告竣”。故以现存炮台和历史文献比较研究，来探寻安装在广州的西洋海岸炮的数量是比较可靠的。

1. 虎门口的西洋海岸炮

1927 年的《东莞县志》卷 36 记载：

> 宣统初炮台炮位数：沙角山炮台炮位三；白草山炮台炮位二；捕鱼炮台炮位五；仑山炮台炮位五；蜈蚣山炮台炮位一；旗山炮台炮位未详；龟山炮台炮位二；狮子山炮台炮位一；白鹤山炮台炮位二；象山炮台炮位一；凤凰山炮台炮位三；以上沙角山方面有军械库、子弹库各一。
>
> 定阳炮台炮位二；威远炮台炮位未详；威胜东炮台炮位六；威胜西炮台炮位六；逐电炮台炮位二；以上在武山东西方面有三台药库一，较场一。
>
> 上横档炮台炮位八；下横档炮台炮位九；以上在海口上下横档山方面。

① 中国第一历史档案馆：《光绪朝朱批奏折》第 64 辑，中华书局，1995，第 653 页。

② 苑书义等编《张之洞全集》第 4 册（河北人民出版社，1998，第 2482 页）记载：“单座炮台工料费约需四千两白银；二十一生特、三十五倍长克虏伯炮裸价三万两白银。”

> 蒲洲炮台炮位三；振威炮台炮位一；振定炮台炮位一；振阳炮台炮位一；安平炮台炮位一；安定炮台炮位一；安威炮台炮位一；安盛炮台炮位一；安胜炮台炮位一；以上在南沙大角山方面有子药库一、操场一。[①]

经调查，现今在定洋台、上下横档岛和大角山、蒲洲山的炮台炮位数与此记载相符。按国家博物馆藏清代光绪二十六年（1900 年）北洋水师提督叶祖珪的《沿江沿海各省炮台图说》记载，这时虎门各台中西洋大炮为 59 座。与现存炮台遗址数量基本相符。应注意的是，现存炮台中的一些炮在清末时已调整到其他炮台，如蒲洲三台清末只有一座炮。

2. 长洲区域的西洋海岸炮

将《广东海图说》（1889 年）、《南北洋炮台图说》（1910 年）和长洲区域现存的炮台进行比较可以确定，鱼珠炮台炮位 7 座、沙路炮台炮位 9 座和牛山炮台炮位 7 座，与现存炮台数目相符。长洲岛上海岸炮的数量，《广东海图说》记："长洲炮台在珠江南北二支合流处。光绪九年新建，凡五所，计十五座，置洋炮十五尊。"[②]《南北洋炮台图说》记载了这 15 尊洋炮的具体位置："长洲白兔岗两炮台、白鹤岗四炮台、大坡地五炮台、西岗山两炮台、蝴蝶岗两炮台。"[③] 李瀚章后来在这里增建了一座炮台。[④] 按国家博物馆藏清代光绪二十六年（1900 年）北洋水师提督叶祖珪的《沿江沿海各省炮台图说》记载，这里的大炮并未增加，还是 15 座。因此，清末珠江长洲区域西洋海岸炮应为 38 座。

这样，晚清时期在广州珠江长洲和虎门口曾有克虏伯和阿姆斯特朗海岸炮约 100 尊。当时这些炮和所在炮台都有单独的名字，在炮台工程竣工时上报朝廷，如 1990 年两广总督李瀚章向朝廷奏报海南秀英炮台"至本年三月底工竣，共计新筑炮台五座。中间应设二十四生炮者三座，拟名拱北、镇东、定西；两旁应设十五生炮者二座，拟名振威、振武"[⑤]。《南北洋炮台

---

① 《东莞县志》，东莞养和印务局铅印本，1927。

② 张之洞：《广东海图说》，广雅书局，1889。

③ 萨承钰：《南北洋炮台图说》，一砚斋藏本，1910，第 253~263 页。

④ 中国第一历史档案馆：《光绪朝朱批奏折》第 64 辑，中华书局，1995，第 724 页。

⑤ 中国第一历史档案馆：《光绪朝朱批奏折》第 64 辑，中华书局，1995，第 708 页。

图说》里也有记载，如上横档炮台 7 尊，炮名分别是霹雳、耀武、鞠旅、靖逆、镇边、广隽和定远；下横档炮台 7 尊，炮名分别是永固、镇定、广靖、神威、安疆、飞霆、广靖；蒲洲炮台 3 尊，炮名分别是蒲山、蒲威和蒲海；大角炮台 3 尊，炮名分别是振威、振定和振扬。长洲区域只记有牛山炮台 7 尊，炮名分别是克敌、克胜、克虏、威远、靖远、绥远、定远。这批大炮基本保存到民国时期，并成为广州海防江防的主要装备，在民国档案中还可以看到有关资料。

二　抗日战争之前

抗日战争之前，虎门要塞的海岸大炮都是晚清时期所购置。“本要塞各炮，均装于四十年前。”① 1930 年虎门要塞司令陈庆云也曾说，这里“各炮多为老式之克虏伯炮，间有为老式之阿姆斯特朗炮”②。

1. 保存数量、规格和布防位置

1934 年广东邀请德国军事专家马德来广州考察这些前清时期进口的老炮。他沿珠江跑了一圈，提交了一份《要塞炮检测报告》：

虎门、黄埔共有之炮，其类别如下：

24 生的炮，35 倍长，用 24 生的河岸炮架；8 尊。

24 生的炮，35 倍长，拆开置于威远山巅；1 尊。

21 生的炮，35 倍长，用 21 生的河岸炮架；8 尊。

15 生的炮，35 倍长，用 15 生的河岸炮架；2 尊。

21 生的炮，22 倍长或 22.4 倍长，用 21 生的河岸炮架；16 尊。

21 生的炮，19 倍长，用 21 生的河岸炮架；15 尊。

21 生的炮，15 倍长，用 21 生的河岸炮架；1 尊。

8 吋英国暗士当炮，用河岸炮架；6 尊。

6 吋英国暗士当炮，用河岸炮架；2 尊。

15 生的炮，26 倍长，用 15 生的河岸炮架；8 尊。

---

① 陈策：《虎门要塞改善计划草案（1936）》，中国第二历史档案馆（全宗 767）。

② 陈庆云：《整顿虎门、长洲要塞计划之意见（1930）》，中国第二历史档案馆（全宗 787）。

15 生的炮，25 倍长，用 15 生的河岸炮架；8 尊。

共计 75 尊。①

这里除了 8 尊标明是英国暗士当（阿姆斯特朗）炮外，其余 67 尊都是克虏伯炮，包括一些备用的如“拆开置于威远山巅”的炮等。1936 年虎门要塞司令部统计可投入战斗的是 73 尊炮，“本要塞所辖各种口径之旧炮，计有德造二十四生的口径海岸炮九门，二十一生的口径三十八门，十五生的口径一十九门；英造八吋口径海岸炮五门、六吋口径二门”。而实际上在各炮台上布防的只有 71 尊，具体规格、参数和布防区域见 1936 年《虎门要塞现用炮种编制一览表》。②

沙角总台 22 尊（见表 1~表 3）。

表 1　上游分台 7 尊

炮种（口径）	倍数	数量	用药（磅）	射程（m）	每炮士兵（人）	士兵总数（人）
24cm 克虏伯炮	35	1	57	11000	上士 1，中士 1，上等兵 8，一等兵 10	20
21cm 克虏伯炮	22	2	16.5	4800	上士 1，中士 1，上等兵 6，一等兵 8	32
21cm 克虏伯炮	19	3	14.5	3800	上士 1，中士 1，上等兵 6，一等兵 8	48
15cm 克虏伯炮	35.5	1	18（用石子药）	5000	上士 1，中士 1，上等兵 2，一等兵 3	7

表 2　下游分台 9 尊

炮种（口径）	倍数	数量	用药（磅）	射程（m）	每炮士兵（人）	士兵总数（人）
24cm 克虏伯炮	35	4	57	11000	上士 1，中士 1，上等兵 8，一等兵 10	80
21cm 克虏伯炮	22	2	16.5	4800	上士 1，中士 1，上等兵 6，一等兵 8	32

① 马德：《虎门要塞视察报告（1934）》，中国第二历史档案馆（全宗 787）。

② 载马德《虎门要塞视察报告（1934）》，中国第二历史档案馆（全宗 767）。

续表

炮种（口径）	倍数	数量	用药（磅）	射程（m）	每炮士兵（人）	士兵总数（人）
21cm 克虏伯炮	19	1	14.5	3800	上士 1，中士 1，上等兵 6，一等兵 8	16
15cm 克虏伯炮	25.5	1	18（用石子药）	5000	上士 1，中士 1，上等兵 2，一等兵 3	7
20.8cm 暗士当炮	22	1	20.5	6500	上士 1，中士 1，上等兵 6，一等兵 8	16

表 3　大角分台 6 尊

炮种（口径）	倍数	数量	用药（磅）	射程（m）	每炮士兵（人）	士兵总数（人）
24cm 克虏伯炮	35	1	57	11000	上士 1，中士 1，上等兵 8，一等兵 10	20
21cm 克虏伯炮	22	2	16.5	4800	上士 1，中士 1，上等兵 6，一等兵 8	32
21cm 克虏伯炮	19	2	14.5	3800	上士 1，中士 1，上等兵 6，一等兵 8	32
15cm 克虏伯炮	35	1	14.5	11000	上士 1，中士 1，上等兵 3，一等兵 5	10

威远总台 21 尊（见表 4~表 6）。

表 4　威远分台 11 尊

炮种（口径）	倍数	数量	用药（磅）	射程（m）	每炮士兵（人）	士兵总数（人）
21cm 克虏伯炮	19	3	14.5	3800	上士 1，中士 1，上等兵 6，一等兵 8	48
20.8cm 暗士当炮	22	1	16.5	4800	上士 1，中士 1，上等兵 6，一等兵 8	16
15cm 克虏伯炮	35	1	14.5	11000	上士 1，中士 1，上等兵 3，一等兵 5	10
15cm 克虏伯炮	25	6	4.5	3800	上士 1，中士 1，上等兵 3，一等兵 5	60

表 5　上横档分台 6 尊

炮种（口径）	倍数	数量	用药（磅）	射程（m）	每炮士兵（人）	士兵总数（人）
21cm 克虏伯炮	22	3	16.5	4800	上士 1，中士 1，上等兵 6，一等兵 8	48
21cm 克虏伯炮	19	1	14.5	3800	上士 1，中士 1，上等兵 6，一等兵 8	16
15cm 克虏伯炮	35.5	2	18（用石子药）	5000	上士 1，中士 1，上等兵 2，一等兵 3	14

表 6　下横档分台 4 尊

炮种（口径）	倍数	数量	用药（磅）	射程（m）	每炮士兵（人）	士兵总数（人）
20.5cm 暗士当炮（改装）	22	1	16	5486	上士 1，中士 1，上等兵 6，一等兵 8	16
21cm 克虏伯炮	19	1	14.5	3800	同上	16
15cm 克虏伯炮	25	2	18	5000（用石子药）	上士 1，中士 1，上等兵 2，一等兵 3	14

长洲总台 28 尊（见表 7 ~ 表 10）。

表 7　长洲分台 12 尊

炮种（口径）	倍数	数量	用药（磅）	射程（m）	每炮士兵（人）	士兵总数（人）
24cm 克虏伯炮	35	1	57	11000	上士 1，中士 1，上等兵 8，一等兵 10	20
21cm 克虏伯炮	35	2	34	11000	上士 1，中士 1，上等兵 6，一等兵 8	32

续表

炮种（口径）	倍数	数量	用药（磅）	射程（m）	每炮士兵（人）	士兵总数（人）
21cm 克虏伯炮	22	5	16.5	4800	上士 1，中士 1，上等兵 6，一等兵 8	80
15cm 克虏伯炮	35.5	2	18（用石子药）	5000	上士 1，中士 1，上等兵 2，一等兵 3	14
15.2cm 暗士当炮	11.1	2	18（用石子药）	5486	上士 1，中士 1，上等兵 4，一等兵 6	24

表 8　牛山分台 7 尊

炮种（口径）	倍数	数量	用药（磅）	射程（m）	每炮士兵（人）	士兵总数（人）
21cm 克虏伯炮	35	3	34	11000	上士 1，中士 1，上等兵 6，一等兵 8	48
20.8cm 暗士当炮	27	4	56（用石子药）	8640 码	上士 1，中士 1，上等兵 4，一等兵 8	56

表 9　沙路分台 5 尊

炮种（口径）	倍数	数量	用药（磅）	射程（m）	每炮士兵（人）	士兵总数（人）
21cm 克虏伯炮	35	2	34	11000	上士 1，中士 1，上等兵 6，一等兵 8	32
21cm 克虏伯炮	19	2	14.5	3800	上士 1，中士 1，上等兵 6，一等兵 8	32
15cm 克虏伯炮	25.5	1	18（用石子药）	5000	上士 1，中士 1，上等兵 2，一等兵 3	7

表 10 鱼珠分台 4 尊

炮种（口径）	倍数	数量	用药（磅）	射程（m）	每炮士兵（人）	士兵总数（人）
24cm 克虏伯炮	35	1	57	11000	上士 1，中士 1，上等兵 8，一等兵 10	20
21cm 克虏伯炮	35	1	34	11000	上士 1，中士 1，上等兵 6，一等兵 8	16
21cm 克虏伯炮	22	1	16. 5	4800	上士 1，中士 1，上等兵 6，一等兵 8	16
15cm 克虏伯炮	25. 5	1	18（用石子药）	5000	上士 1，中士 1，上等兵 2，一等兵 3	7

注：1. 本表用药栏，除特别注明外，均用无烟新药。

2. 每炮士兵除规定外，无烟药每炮战时增设预备一等和二等炮兵各一名；有烟药每炮战时亦增设预备一等和二等炮兵各一名。

《虎门要塞长洲总台所辖各台一览表》① 提供了民国时期长洲区域尚存的西洋海岸炮的名字及存量（见表 11 和表 12）。其中牛山 7 炮与清代《南北洋炮台图说》所记相符，故可以认定这些炮的名字在晚清时期就已有了。

表 11 虎门要塞长洲总台所辖各台一览

长洲台		牛山台		沙路台		鱼珠台	
名称	位置	名称	位置	名称	位置	名称	位置
绥边炮	白兔岗	克虏炮	牛山头	伏西炮	马鞍山第一台	兑克炮	鱼山
乾决炮	白鹤山	克敌炮	牛山头	巽守炮	马鞍山第二台	定功炮	鱼山
永定炮	白鹤山	克胜炮	牛山头	离昭炮	马鞍山第三台	常胜炮	鱼山
宣防炮	白鹤山	威远炮	牛山腰	广锐炮	马鞍山腰	震勇炮	狮山
慎守炮	白鹤山	靖远炮	牛山腰	广锋炮	石头山前台	广平炮	狮山
扬威炮	大坡地	绥远炮	牛山腰	—	—	—	—
长驾炮	大坡地	定远炮	牛山腰	—	—	—	—
艮成炮	旧西岗	—	—	—	—	—	—

① 载马德《虎门要塞视察报告（1934）》，中国第二历史档案馆（全宗 787）。

续表

长洲台		牛山台		沙路台		鱼珠台	
名称	位置	名称	位置	名称	位置	名称	位置
坎测炮	旧西岗	—	—	—	—	—	—
坤定炮	新西岗	—	—	—	—	—	—
制胜炮	蝴蝶山	—	—	—	—	—	—
伟烈炮	蝴蝶山	—	—	—	—	—	—

表 12　清末民国时期广州西洋海岸炮存量

单位：尊

地点	清末	抗日战争之前
沙角	20	16
大角	8	6
威远	14	11
上横档	7	6
下横档	10	4
长洲	15	12
牛山	7	7
沙路	9	5
鱼珠	7	4
南石头	不详	0
中流砥柱	不详	0
合计	97	71

综上可见，在广州珠江两岸和虎门海口的进口西洋海岸炮，从清末到抗日战争之前的约半个世纪里减少了大约 1/3，其余 2/3 还是完整地保存到抗日战争之前，它们是 1937～1938 年在珠江虎门抗击日本海军入侵的主要装备。

2. 保存状态及作用

从当年虎门要塞司令部的机密档案和应邀前来专门检测火炮的德国军事专家的报告中得知，到抗日战争之前这批尚存的清晚期购买的西洋海岸炮仍保持了强大的威力：1930 年虎门要塞司令陈庆云《整顿虎门要塞之意见、整顿虎门长洲要塞计划之意见》[①] 记载：

各炮多为老式之克虏伯炮，间有为老式之安姆斯特朗炮，其最大缺点在于：旋转俯仰之不快捷及施放慢，大约五分钟一发，纵将来训练达至精妙，恐亦非三分钟一发不为功，较诸现今同口径炮之每分钟八发以上者其不敌也，明矣。各炮保存尚好，其机件亦全，故炮皆能施放。粤中迭经变乱，各炮之炮闩及机件多有遗失。自陈司令庆云任事以来，凡广州兵工厂之能配者皆就而配制之，否则至香港配制。故各炮皆全，未有不能施放者。弹药通合分配故有炮皆有弹药。

抗日战争之前，德国专家达尔马在《考察广东要塞报告书》[②] 中写道：

广东要塞备炮甚多，可见彼时当局对于富庶之广东防务异常重视，全部有炮七十门以上，其建筑在当时亦可谓为新式而强固者。惜以后未能随时改革以致落后。……就各要塞地带之形势论之，则虎门与长洲两处，迄今犹可适合于战术上之要求，其形势盖出自然而无可变更者也。所有炮械，大概系从前两期购办，已经四五十年之久，多半陈旧。各台炮之布置，皆属零星不整，违反现时炮台原则，此乃弱点之最大者。其射击速率与侵彻力均嫌薄弱，似不足以应付新时代之敌人。至各炮之保存状态，俱臻良好。弹药就余所考察者大致亦尚整齐备，若能逐一精密检查一次尤佳。炮之附属配件均完全无缺，炮管色泽甚佳，未受何等摩擦损伤。故可断言，其保存方法，实优越于扬子江其他各要塞之上。士兵训练程度亦颇可观，此盖由于不时举行射击演习之故。但亦缺少新式射击法与使用法之新知识，此盖限于旧式炮械与缺乏经验之故，各处皆然不足怪也。各炮位置，类皆零星分布，缺乏统一可能，故能一致指挥连属之处甚少，就余考察所知，只有一两处可以达此目的。似宜迅为设计改良。射击速率各炮皆可设法增加两倍乃至四五倍，此亦极堪注意者。

---

① 载马德《虎门要塞视察报告（1934）》，中国第二历史档案馆（全宗 787）。
② 载马德《虎门要塞视察报告（1934）》，中国第二历史档案馆（全宗 787）。

1934年，德国专家马德在《要塞炮检测报告》① 中指出：

上列各炮（见前文所引）系自三月二十三至四月五号，于注意一般可用之程度，检查完毕，其状态可约言如下：炮管均保持颇佳。炮膛直径均系由炮口测验，大致仍为正确之状态，间有些微之磨损，但在可容许范围以内。炮闩与炮闩孔亦然。为使用炮闩动作之导轴及导轴母螺，均几为原有状态，未受磨损。炮闩螺丝钉及炮闩母螺因年久之教练使用，在普通情形下均有磨损，其程度各有不同，然对于炮之正规使用，尚无妨碍。……发射设备：各炮或为燃烧回路发射（引火螺丝发射），此均不坏，惟须用脂肪油润之。或为爆管发射，此对于上部引火，即火门在炮管以上，尚属可用，但全部只有一二炮为上部引火。……瞄准设备，准星仍保持原有状态，毫无损坏。……炮架大部保持颇佳。……炮架之高位瞄准机均未损坏，在所见之螺丝瞄准机中，有瞄准小轴稍受磨损，在母螺中颇动摇不定。但对于使用并无关系。炮架之方向瞄准机亦称“旋转机”，因构造过旧，旋转甚难，使用诸多不便，此外则无可议之处。……炮弹之搬运及吊上装置固无损坏之处，惟构造过旧，不足应现代之要求。改良之道，惟有从新另造也。以上乃就各炮共同之点而言。分别观察之，则下列各炮尚有注意之处：

沙角下游镇捷炮，24生的口径，35倍长，炮管号码29。其膛之中心及炮闩孔前部均有大锈痕，系运输来华时受海水之影响，无碍于炮之使用。

沙角下游大壮炮，24生的口径，22倍长，炮管号码89。炮闩钢板之凝结面有损，须修理之。②

威远保疆炮，8.2吋口径，暗士当出品，22倍长，炮管号码3222。炮闩螺钉与炮闩母螺均大受磨损，故炮闩关闭不紧，此须在射击前修复之。

威远扬武炮，15生的口径，35倍长，炮管号码126。炮口方面约1米长内外均以海水关系生锈甚重，但膛墙并未损坏，此直无法修理，

① 载马德《虎门要塞视察报告（1934）》，中国第二历史档案馆（全宗787）。

② 24生，误，应是21生。根据是本检测报告开始部分，此时虎门要塞没有“24生的口径，22倍长”的克虏伯炮。

不过除在炮弹出口速率较少时有顾虑外，对于射击并无妨碍。“炮闩转把”过于松动须修理之。

威远广绥炮，21 生的口径，15 倍长，炮管号码 18。其紧塞座有一处曾经烧坏，如该处不能如一般之所为用电流锻接则或者可翻转之，并换一直径较大之紧塞环使之适合。①

威远震叠炮，15 生的口径，25 倍长，炮管号码 1。其膛线约在其先滑部分前十生的左边，因一度炮弹管内爆裂之影响受伤颇重，膛墙压宽若干，现则已削去之。膛墙突出部分锉去以后，炮管仍能实弹射击。

上横档镇边炮，21 生的口径，22 倍长，炮管号码 27。炮膛内约在药包地位前 1 米，亦有炮弹管内爆裂之痕迹，但并无妨于实弹射击。

上横档靖逆炮，21 生的口径，22 倍长，炮管号码 13。炮闩内后圆面、引火沟之中轴处，有一粗母螺，其直径约六生的长，不明用途。此孔对于炮管之使用固无关系，然究以填塞为宜。

上横档鞠旅炮，15 生的口径，20 倍长，炮管号码 89。情状与靖逆炮相同。②

下横档镇东炮，15 生的口径，25 倍长，炮管号码 9。炮闩界限链缺一环。炮架上部后退轨损折不平，须修理。其多板式驻退机须折开检验。

长洲绥边炮，6 吋口径，暗士当出品，炮管号码 3569。炮管内膛线在炮口十生的后下部修理使变为平滑。

长洲坤定炮，21 生口径，35 倍长，炮管号码 9。其炮管号码为 11 系属错误。

牛山定远炮，8 吋口径，暗士当出品，29 倍长，炮管号码 4769。药包位置前膛线内有炮弹管内爆裂之痕迹，但无妨碍。

鱼珠广平炮，21 生的口径，19 倍长，炮管号码 7。该炮无炮闩，

① 15 倍，误，应是 19 倍。根据《虎门要塞现用炮种编制一览表》，威远炮台只有“21 生的口径，19 倍长”的克虏伯炮。

② 20 倍为误，应为 35.5 倍。按本检测报告开始部分所言，虎门要塞 15 生口径的克虏伯炮只有 35.5、25、26 倍长三个规格；另外根据《虎门要塞现用炮种编制一览表》，其时上横档炮台只有“15 生的口径，35.5 倍长”的克虏伯炮。

上筑一纪念亭。左右两炮耳盖板且均破裂。

沙路巽守炮，21 生的口径，35 倍长，炮管号码 13。炮管上有四块长板，以为加足力量之用，外传系为管上有外裂痕，如果属实（因在板下未能证实其有无），此亦不能保障其安全。

此外在威远最高山峰，有一拆开放置之 24 生的口径炮，长为 35 倍，各部皆生厚锈，此犹有用之炮，须即设法防风雨潮湿之再侵蚀。本报告完。马德拟呈、张果为译。

这批老式的克虏伯和阿姆斯特朗炮在 1937~1938 年虎门口抗日战争中多次投入战斗，在打退日军的进攻、阻强敌于海口之外的海战里依然发挥了重要的作用，并彻底粉碎日军由水路攻占广州的企图，是当时广州防务中不可或缺的武器装备。《1937 年 9 月 27 日虎门要塞战情电文》："南京。委员长蒋，部长何，总长程：4247 密，本晨六时十分，敌舰两艘来犯，竟向我要塞发炮，各台当即奋勇迎击，至六时三十五分，一敌舰被我击中尾部，始相率狼狈逃去。是役我炮台官兵伤数名，兵器未有损坏，士气倍昨。职陈策，威辰。参。印"①，展现了这批清晚期购买的海岸炮发威痛击日本海军的历史事实。

1938 年底，日军从陆路攻占广州后，虎门、长洲要塞失守，要塞中的克虏伯和阿姆斯特朗炮遭到彻底破坏和废弃。到 1945 年日本投降后，虽然要塞的军事建制尚存，但由于其中的克虏伯和阿姆斯特朗炮已彻底失去火炮的基本功能，没有统计的必要，所以没有相关信息留存下来，当然要塞也就随之失去了存在的意义，结束了它的历史使命。今天，在长洲已没有这批大炮的踪影，在虎门尚存 2 尊克虏伯、3 尊阿姆斯特朗海岸炮的主体。2 尊克虏伯炮，一在沙角炮台广场，一在威远山顶；沙角的炮筒两边刻克虏伯商标三圆环，一边刻 NO 28 FRIED KRUPP 1889，另一边刻 210074 NO 11.6A C 6700。3 尊阿姆斯特朗炮，一尊在捕鱼台，另外二尊在博物馆广场。

另外在广州博物馆还保存有从各炮台征集来的 3 尊克虏伯海岸炮，一尊 21 生炮筒刻有 NO.27F. KRUPP 1867，左侧刻有 H. GRUSON，右侧炮耳刻有

① 《民国档案》2007 年第 3 期，第 35 页。

7928Kg。另两尊都是 12 生，编号分别为 113 和 115。炮筒刻有克虏伯商标三圆环，有 F. KRUPP1887 字样，右侧炮耳刻有 2176Kg 字样。

晚清时期购进并安装在珠江两岸和虎门口的克虏伯和阿姆斯特朗海岸炮共 115 尊，是当时华南最大军事要塞中的主要武器装备，其中约 2/3 共七十余尊经历了半个世纪，保存到抗日战争之前，并在保卫广州抗击日军的战斗中发挥了重要作用。当年安装这批西洋海岸炮的近百座炮台今天仍遍布于广州珠江两岸和虎门海口，不时提醒着世人广州近现代史上那一幕幕战争风云。

铜圆价格变动下的近代广州社会

蒙启宙*

摘要： 光绪二十六年，两广总督李鸿章在广州废大钱而创铸铜圆，开中国铸造铜圆之先河。6年后，两广总督岑春煊饬令广东钱局铸造了中国第一套带孔铜圆。自此，铜圆价格变动对广州社会的影响再没有停止过，对其进行深入研究有助于我们了解近代广州社会。

铜圆是恶性通货膨胀催生的特殊钱币。由于受香港文化的影响，广州人把铜圆称为铜仙。铜圆价值虽然低微，却与广州社会的政治、军事和文化有千丝万缕的联系，因此交替出现的"仙荒"与"仙潮"成为各种社会矛盾的焦点。

本文以铜圆价格变动下的广州社会矛盾为研究对象，借助大量第一手史料和实物图片，对各时期铜圆价格变动的成因进行剖析，同时揭露日本发动全面侵华战争前夕对广州铜仙的掠夺，从草根金融的角度反映近代广州社会。

关键词： 铜圆　价格变动　广州社会

自秦汉以来，广州人便有了使用制钱的习惯，市场交易除间或使用银两外均以制钱为主要流通货币。在广州，"制钱并不是银两的辅币，更不是虚价的货币，而是实价的货币"①。"制钱外圆中方孔，以便小麻绳穿孔贯之。""天方地圆"的造型使制钱既便于携带也方便计算。制钱的计算方法很直观：分两端穿满为100枚，叠成两吊共200枚而结为一节，满5节即足1000枚称为一贯。质地优良的制钱每枚重量约库平一钱，每贯重约库平5~

* 蒙启宙，建设银行广东省分行高级经济师，研究方向为金融史、货币史。

① 谭彼岸：《中国近代货币的变动》，《中山大学学报》（社会科学版）1957年第3期。

6 斤。[①] 按照清朝末年广州的生活水平计算，市郊农民每人每月有一贯钱的开销，日子就过得很不错了。[②]

一　恶性通货膨胀催生特殊钱币

清朝咸丰年间，洪秀全领导的太平天国农民运动沉重打击了清政府的封建统治。清政府军政开支日益庞大而赋税收入大为减少。清政府除了推行捐纳政策和停发或减发一部分官史薪俸外，于咸丰三年（1862 年）三月三日开始铸造各种大钱。种类繁杂的咸丰大钱造成国家币制的极端混乱。各种私铸和仿铸的大钱应声而出，引发了“我国近代史上一次严重的恶性通货膨胀”[③]。

广东制钱的原料大多选用云南昭通出产的铜块，制钱作为主要流通货币，在广州等地使用量很大。以清朝末年广东人均 400～500 枚制钱持有量估算，广东全省制钱的正常流通量为 300 亿枚左右，折合铜料 7 万~8 万吨。在制钱价值大幅贬值而各种原料价格又日趋昂贵的情况下，铸造制钱的成本越来越高，发行制钱的亏损日益严重。

为了减少制钱耗材的使用，光绪十六年（1890 年），两广总督李鸿章下令将原铸每枚制钱的重量由一钱改铸为八分，去掉原铸制钱“库平一钱”字样，改铸满文“广宝”二字。即便这样，随着铜铅价格逐年上涨，铸造制钱亏损数额仍然巨大。光绪二十年（1894 年），李鸿章饬令广东钱局年底停铸制钱，导致广州市面上流通的制钱日益减少，市面经常闹钱荒，商民因钱币找换而产生的纷争不断。而香港铜圆乘虚而入，在广州等地“大行其道”。“因香港铜币为银币值 1%，英文为‘仙士’，故粤惯称铜币为铜仙。”[④]

光绪二十六年（1900 年），李鸿章见“英仙士铜钱，质轻而值大，谋仿铸之，奏请设局先行试铸，是为中国铸造铜圆之始”[⑤]。清廷恩准后于同年

① 周斯铭：《五十年来的广东金融概况》，《广东文史资料精编》，中国文史出版社，2008。

② 广东省地方史志编纂委员会：《广东省志 · 金融志》，广东人民出版社，1992。

③ 徐思道：《广东铜元的铸造和流通》，《银海纵横 · 近代广东金融》，广东人民出版社，1992。

④ 周斯铭：《五十年来的广东金融概况》，《广东文史资料精编》，中国文史出版社，2008。

⑤ 魏建猷：《中国近代货币史》，《广东省志 · 金融志》，广东人民出版社，1992。

六月在广州开铸广东铜圆。

首批广东铜圆每枚重 2 钱，直径为 27.8 毫米，成色为紫铜九点五，白铅零点四成，锡零点一成。其正面珠环内以汉文镌有“光绪元宝”四字，内加满文“广宝”二字，环外周围镌有“广东省造，每百枚换一圆”字样及星花 2 颗。背面环内有蟠龙花纹居中，环外用英文镌有“KWANG TONG ONE CENT”（广东一仙）字样及星花 2 颗。

由于铜圆与当时的生活水平相匹配，很快便在广州等地的小额支付中流行。清朝末年，广州各戏院的座位是清一色大板凳，每一列座椅的后背上设有一条木板，木板开有多个圆孔，观众可以边看戏边喝茶、嗑瓜子、吃糖果、饼干等。“但要坐得舒服些，就要在买票进场时多交 1~3 个铜圆租用椅垫。因此椅垫不属于戏院设施，是戏院以外的商人投标承包的。”① 民国期间，广州“最低廉的商品，也以铜圆作为交易媒介”②。

不过，广州人向来以制钱一文为结算单位，而“每百枚换一圆”的一仙铜币与制钱的换算并不相同。币值太少的铜圆不符合广州商民的支付习惯。光绪三十年（1904 年），广东钱局开铸当十铜圆，“每个当制钱十文”。当十铜圆自六月开炉鼓铸，每日铸造 4 万余个，“数月以来，行销无滞，军民称便”③。

光绪三十二年（1906 年），两广总督岑春煊以“停铸制钱，改铸当十铜圆，市廛零用不便”为由，饬令广东钱局铸造带孔铜币。该铜币成色为紫铜六成，白铅四成。每枚重三分二厘，中穿圆孔，币面一面镌有“光绪通宝”四字，另一面镌满文“广宝”二字，为中国第一套带孔铜圆。投放市场后受到商民的欢迎。随后，湖广总督张之洞也奏请朝廷开铸一文铜币，币面无孔。清廷度支部采取折中办法，于光绪三十四年（1908 年）饬各省“铸造一文新钱，重量成色拟照广东配合，形式拟照湖北无孔办理”。

清朝灭亡后，龙纹铜圆被全部销毁，改铸新型铜圆。

中国铜圆在广州首铸的原因有三：一是粤省地邻港澳，商民习惯使用

---

① 刘国兴：《戏班和戏院（粤剧史话之二）》，《广东文史资料精编》第 5 卷，中国文史出版社，2008。

② 广东省地方史志编纂委员会：《广东省志·金融志》，广东人民出版社，1992。

③ 中国人民银行总行参事室金融史料组：《中国近代货币史资料》（第一辑下册），中华书局，1964。

香港铜仙，为了挽回利权而自行仿造。二是广州停铸制钱之后，“钱价日涨，银价日落”，为了救济钱荒不得不铸造铜圆。三是两广总督李鸿章创铸铜圆的目的在于图得盈余以供给省政经费。①

1918年上半年，广东造币厂铸造“当二十文”铜圆18.2万枚，由于成色低下而遭到抵制，很快便退出流通领域或折价为“当十文”铜圆使用。②同年5月23日，广东开铸2仙铜币，每枚重为二钱八分，成色为铜六成，铅四成，直径为33毫米，正面珠环内圆点居中，绕以“二仙铜币”四字，环外上刻“中华民国”年号，中刻星花2颗，下刻“广东省造”字样，背面珠环内中镌阿拉伯文“2”字，环外刻星花2颗以及英文，译作“广东二仙”。由于二仙铜币“量轻质低，遭到商民的歧视而停铸，故流通数量极少”③。

1919年3月，广东造币厂铸造“五仙镍币”，规定其价值为银币1角之半。④ 但按照当时的币值，每银半角可换铜圆6枚。而镍币所刻为“五仙”，而且该枚镍币与1毫银币大小相仿，容易混淆。因此在流通过程中经常发生争执。

1936年，广东发行圆孔“一仙”铜圆。其“正面花纹图案围边，中穿圆孔，上列‘中华民国二十五年广东省造’字样，下镌五羊图案；背面花纹围边，圆孔左侧为一束禾穗，右侧为‘壹仙’2字”⑤。

广东铜圆是在咸丰大钱无法解决恶性通货膨胀，而广东制钱又因原料价格高昂，铸钱亏损甚巨而无法运转的情况下催生的一种特殊钱币。但是，“铜圆和大钱虽然异其形体”，但“实质上还是没有脱离制钱的体系”⑥。

二　仙值变动引发“蝴蝶效应”

中国钱币向来以中间方孔的圆币为造型，象征“天圆地方”天地合一

① 徐思道：《广东铜元的铸造和流通》，《银海纵横·近代广东金融》，广东人民出版社，1992。

② 广东省地方史志编纂委员会：《广东省志·金融志》，广东人民出版社，1992。

③ 周斯铭：《五十年来的广东金融概况》，《广东文史资料精编》，中国文史出版社，2008。

④ 广东省地方史志编纂委员会：《广东省志·金融志》，广东人民出版社，1992。

⑤ 广东省地方史志编纂委员会：《广东省志·金融志》，广东人民出版社，1992。

⑥ 徐思道：《广东铜元的铸造和流通》，《银海纵横·近代广东金融》，广东人民出版社，1992。

的财富理念。“孔方兄”既是中国钱币的雅称，也是中国人财富的代名词。广州开铸铜圆既“为中国铸造铜圆之始”，也颠覆了中国铸币“孔方兄”的形象。

发行之初，广东铜圆的市场价格往往不是按币值每一百枚兑换一个大洋，而是超过了币面价值。根据当年中国海关的报告，“广东铜圆升水（升值）一般在5%~20%之间”。也就是说，80枚左右的铜圆可兑换一个银圆。

铜仙价值虽然低微，却能在国内外经济的影响下产生蝴蝶效应，形成金融风潮。

（一）世界变动引发仙值变动

民国初期，广州铜圆价格有所下降。1918~1922年，广州的铜圆价格进入一个相对稳定的时期。一角银毫在广州可兑换铜圆12枚上下，即便有起有跌也相差不大。此时正值第一次世界大战期间，世界铜价高昂，即使是劣质铜圆也能保持一定的价值，与银毫相差不大。“一战”结束后，世界铜价日渐回落，广州铜圆价格也随之低落，铜仙与银毫之间的兑换比率逐渐增大，一角银毫通常可兑换铜圆30枚上下。

除了军事外，世界经济事件的发生也会引发铜圆价格变动。1933年6月，66个国家的代表云集英国伦敦召开世界经济大会，试图通过协商来建立稳定的世界经济秩序。其间，广州金价日益高涨，“惟铜仙与金成一反比例，其低跌程度几于莫可挽救”。7月8日，“每铜仙千枚仅值银四元一毫八点。市面零找，每银二毫换四十七枚，贸易找赎作每毫二十四枚算”①。

（二）仙值变动引发国内经济变动

铜圆可以说是近代广州最奇特的钱币。广州人历来以小银圆为主要流通货币，铜圆只用于零星找赎。虽然铜仙首创于广州，但广州“所铸铜圆多运往上海转运各省销售，所获余利以供给省政经费”②，在广州实际行销的并不多。例如，1916年五六月间，广东造币厂受广东都督署委托，用日本紫铜铸造了1936470枚一仙铜币。8~12月，受石井兵工厂委托，利用兵

① 《金贵铜贱之特殊现象》，《国华报》1933年7月9日。

② 中国人民银行总行参事室金融史料组：《中国近代货币史资料》（第一辑下册），中华书局，1964。

工厂的碎铜料铸造了 6330170 枚一仙铜币。1916 年 11 月至 1918 年 5 月，受当时广西省的委托，利用弹壳铜铸造了 5167350 枚一仙铜币。[①]

广州铜圆甚至成为广东救助邻近省份的工具。1921 年 8 月，广西各地由于军阀混战，“市面金融异常绌，而铜圆一项尤感缺乏，人民均大蒙不便”。广东省政府“体察情形”，令粤造币厂“饬匠赶铸铜币五百万枚，运赴西省，救济市面，以资调剂”[②]。广州铜仙的价格对省内各地的经济影响深远。1933 年 7 月，广州市“铜仙价格再见低跌”，“每千枚仅值银三元六七”。广州铜圆跌价波及韶关。“由韶关到省之商人谈，韶关亦铜圆充斥，市价暴跌，找换铜仙，且有以重量计值。例如，每斤值银若干”[③]。

由于铸造铜圆有利可图，各省竞相设厂开铸铜圆并不断降其成色。大小军阀也在各自防地内公开铸铜仙，“尤以南路一带如北海等地方，私铸最多，质亦最劣”[④]。到了 1916 年，即便在始发地的广东造币厂，其所铸造的铜圆成色也仅为铜六成铅四成，比法定成色低得多。

（三）地方当局对铜仙价格的监控

作为流通领域十分广泛的铜仙，其价格变动幅度较大和过于频繁都会引起社会的骚动。因此，地方政府都想方设法把铜值稳在一定的范围内。1933 年广东省财政厅议决：广州市面的铜圆价格每毫找二十五枚。翌年的 5 月，广州市面铜圆再次下跌，“每毫找二十九枚，而找换店买入为每千枚三元二毫二，每百元亏去铜圆一千二百二十余枚”。为了“维持仙价”，5 月 7 日，广州市商会召开第三次执委会议讨论稳定铜圆价格方案。[⑤]

铜仙价格也是各种官方指标的参照物。由广东省政府统计事务处编印的《广州金融商情月刊》，每期都有“金银及铜圆市情”和“中央纸及金银铜圆价格统计表”两个专栏，成为华南地区各地政府、经济研究机构以及商民等了解广州经济状况和金融走势的重要依据。

中央银行纸币价格变动也以铜圆为参照。例如，1927 年 12 月初，“连

---

① 广东省地方史志编纂委员会：《广东省志 · 金融志》，广东人民出版社，1992。

② 《赶铸铜币运赴西省救济市面》，《国华报》1921 年 8 月 5 日。

③ 《本市铜元价格更低跌》，《国华报》1933 年 7 月 12 日。

④ 周斯铭：《五十年来的广东金融概况》，《广东文史资料精编》，中国文史出版社，2008。

⑤ 《商会议维持铜圆市价》，《越华报》1934 年 5 月 8 日。

日中（央银）行纸币价格陡然增高”，“持银币买中纸，每元要补水二仙，其高涨可知”①。

由于广州铜仙价格变动对国内经济有一定影响，各地研究机构也纷纷将广州铜仙成色和重量等变化作为判断经济状况的重要依据。1923 年 1 月，上海化学研究所就选择了清朝和民国广东造币厂铸造发行的“当十铜圆”作为研究样本。

清末光绪至宣统年间，广东造币厂共铸造发行“当十铜圆”12.26 亿枚。1912~1918 年，广东造币厂共铸造发行“当十铜圆”1.19 亿枚。② 同是“当十铜圆”，民国的比清朝的轻 2 分。上海化学研究所选取了清朝和民国广东“当十铜圆”重量最重者和重量最轻者各二十枚之平均重量，最重铜圆含铜比例和最轻铜圆含铜比例，最重与最轻重量差，最重与最轻成分差等 7 项指标进行分析。结果发现，在“最重与最轻重量比”项中，清朝为 14.8%，民国为 26.55%；而在“最重与最轻成分比”项中，清朝为 21.1%，民国为 27.8%。从而得出结论：民国时期广东所铸造的铜圆，无论是在重量还是成色上都不如清朝。③

三　风卷残云般的“仙荒”与“仙潮”

仙值虽低却是广州等地商民日常零星找赎使用最为频繁的辅币，尤其是在远郊墟镇，“在省属各农村贸易大多以铜仙交易”④；也是那些被称为“市蠹”“银蠹”“银虱”的金融投机者挖空心思，“藉铜圆之周转以为低折纸币之媒介”牟取暴利的工具。1912 年 10 月，广州“有市蠹低价买纸币，卖者持一元纸币往，则先给与铜仙，然后再着其以铜仙易毫子”。此事惊动了粤督，粤督批准临时省议会咨请严禁一事，示谕“由警察厅通行所属切实值察，严禁异价”。并警告“经此布告之后，如市蠹仍敢把持图利，有碍币政，即由警察厅拘究严惩”⑤。

① 《中行纸币涨之原因》，《国华报》1927 年 12 月 6 日。
② 广东省地方史志编纂委员会：《广东省志·金融志》，广东人民出版社，1992。
③ 广东省地方史志编纂委员会：《广东省志·金融志》，广东人民出版社，1992。
④ 《程育圃谈发行省辅币问题》，《广州日报》1934 年 11 月 3 日。
⑤ 区季鸾：《广东纸币史》下编，国立中山大学出版社，1936。

但在政治混乱、经济动荡的年代，政府的禁令往往是一纸空文。“市面低毫充斥，铜仙之需要甚殷”。造成“低毫充斥”的原因复杂多变，在各种因素的影响下，广州等地铜圆价值忽高忽低、大起大落，犹如过山车一般，随之而来的是各种金融恐慌的出现。

（一）一仙难求的“仙荒”

每逢夏历新年期间，省属各地农民进省城办年货，使铜圆需求旺盛，造成辅币奇缺，广州铜圆的价格往往一路飙升，甚至是一仙难求，于是“仙荒”出现了。

以 19 世纪 30 年代为例。1932 年 2 月，广州“在废年岁底之数日（铜圆）起价尤甚，每银一毫仅找换（铜圆）十五枚。同时，市上铜仙奇缺，几有仙荒之势”①。

1936 年初，广州铜圆价格由平日的“每毛三十二枚涨至二十六枚，连日更为高涨，大有不可遏止之势”。1 月 5 日，广州的“铜仙市价已涨至每毛二十枚或二十一枚”。广州铜圆价格几天内提高了 1.62 倍。为了找赎方便，交易双方大多自行制定铜圆与银毫之间的兑换价格。广州长途汽车票价一律“以每毛二十二枚计”②。“一般钱银找换业商人均乘此辅券缺乏之秋极力从中操纵，以逐其牟利目的”。根据以往经验，“一俟农历年关过后，铜圆方能渐复原状”。

1937 年初，广州“受米荒影响，各项物价随之高涨。同时，商场交易急需大量辅币为之周转”，“铜仙尤为各界所急需”③。1 月 22 日，广州铜圆价格涨至每毫十五六枚之间，“酒楼茶室及公共汽车以及一般小商贩对铜仙的找赎价格分歧，每毫有行使十六枚者，亦有行使十五者。而钱台找赎，表明价格每百元只值一千五百八十枚”。两天后，广州“市面铜仙几不敷需求，商场交易甚少找赎，且形成有入无出之势，每毫多以十五枚为准。各

---

① 《铜元价格回跌》，《国华报》1932 年 2 月 11 日。

② 《广州市金融现况》，《广州民国日报》1936 年 1 月 6 日；《铜元涨势仍盛》，《广州民国日报》1936 年 1 月 6 日。

③ 《铜仙价格续涨不已》，《广州日报》1937 年 1 月 25 日；《铜仙价格继续高涨》，《广州民国日报》1937 年 1 月 23 日。

找换店标明价目：每百元找仙一千五百二十枚，闻亦有一千五百枚”①。此时正值广州“各行货物大批上市，各腊味店纷陈货色，罗列门首”，各商场也把物价标至铜圆。例如，“南安鸭每斤一元二毛，腊猪心每斤二元四毛，猪头肉每斤五毛五仙”。

国家经济政策的失误也会导致“仙荒”出现。例如1935年，国民政府实行法币政策，将白银收归国有。广东省政府以广东省银行银毫券加二替换流通中的银毫，导致广州铜仙价值再度上扬。

（二）麻袋装仙的“仙潮”

“铜仙为辅币之一种，其需要量有一定之限度，超过其需要限度，则其银币兑换之价格未有不因而低落者。”② 仙值价格低落的极端结果是“仙潮”的出现。此时，广州商民提着手袋甚至用麻包袋装满铜圆进行商品交换。铜圆在流通过程中“怪象百出，纠纷时起，在金融史上亦可算奇闻”③。

1929年2月下旬，正值“客岁残腊”之际，“因私运铜圆入口者多，以致本市铜圆价格一日数跌”④。“每铜圆一千枚仅值银五元六毫左右，市面零星找换，每枚双毫可换铜圆三十四枚至三十五枚”，各地铜圆“多系先运到香港，再由港运入各属”。3月初，“自财政当局严令禁止后”，广州铜仙“市价已不复跌，入春以来亦无甚起落”。但到了7月，广州铜圆再次大跌，“一般小贩感受莫大之影响，问其低跌原因，纯为连月由上海、南京、天津等地源源运入之劣质轻量铜仙，供过于求之结果”。8月，“梧州方面拒绝（粤铜圆）输入，故（广州市面上的铜圆）价格益落，其广西以金融拮据，梧州各商人以大利所在，莫不千方百计在粤购买铜仙输入”，广州市面上的铜圆“略涨少许”。到了11月，广州“金融益形杌陧，中纸又为一般银蠹

① 《铜仙价格续涨不已》，《广州日报》1937年1月25日；《年近岁晚　腊味生意状况》，《广州日报》1937年1月23日。

② 《金银及铜仙市情》，《广州八月份金融商情月刊》，广东省政府统计事务处编印，1929。

③ 周斯铭：《五十年来的广东金融概况》，《广东文史资料精编》，中国文史出版社，2008。

④ 《铜元价已稳定》，《广州民国日报》1929年3月2日；《铜元价值日贱》，《广州民国日报》1929年2月28日；《金银及铜仙市情》《广州七月份金融商情月刊》《广州八月份金融商情月刊》，广东省政府统计事务处编印，1929；《民国十一月份金融概略》，《广州七月份金融商情月刊》，广东省政府统计事务处编印，1929。

所操纵，高低无定，普通商人皆不敢收贮，大都随有随卖”。在中央银行纸币被“视同一种商品，无复货币之价值”情况下，广州铜仙的价格有所回升，甚至能“肩挑负贩者之所损失”。

1933 年，“华北大帮铜圆运入吾粤，价格低跌不已，街边小贩均受无形损失”。是年七八月间，广州“每双毫一枚可找五十二枚（铜圆），商店零星找赎则每枚作二厘七算”。到了 12 月底，广州“仙价更为低跌，每双毫可找五十六枚”①。

为了减少各地劣质铜圆涌入对广州经济和社会稳定的影响，地方当局不遗余力。1934 年 7 月，广东省政府饬令全省水陆缉私机关“严缉偷运铜圆入口歹徒，铜圆来路断绝”。广州“铜圆价格渐告回涨”，至 7 月 11 日，广州“市面找赎已由每毫（兑换铜圆）三十四枚而涨至三十枚，小贩咸现喜色”②。

四　遭劫掠，见证日寇侵华暴行

1937 年，广州发生了严重的铜圆事件。铜圆价格莫名其妙地疯涨和暴跌，“仙荒”和“仙潮”叠加出现使广州等地的社会经济秩序遭到严重破坏。

（一）“仙荒”和“仙潮”叠加出现

1939 年 3 月初，“广州市仙价自月初回涨后，每毫券一元可找一百七十枚或一百七十一枚之间”。到了 7 月 13 日，仙价“忽再涨，每元仅找一百六十五枚，相差五六枚”。市内各找换钱台认为铜价的飞涨会带动“当二十文之大仙”价格的上扬，于是纷纷“以重量或枚数为价值标准”，高价收买“此种不流通之大仙及碎钱（价值一文之钱仔）”③。

商民还没有走出“仙荒”影响的阴影，“仙潮”汹涌而来。广州坊间盛传上海方面将有大量的铜仙抵穗，接着又传抵穗的铜圆都是日本人私铸的低质铜圆。于是广州市内各找换店开始拒绝兑换铜仙，广州商民也纷纷抛

① 《铜仙价格仍低跌不已》，《越华报》1934 年 1 月 3 日。

② 《铜元价续涨》，《广州日报》1937 年 7 月 12 日。

③ 《铜圆价再涨之影响》，《越华报》1937 年 3 月 14 日。

售铜圆，用铜圆进行商品交易“不讲枚数，以重数计值”。铜圆沦落到“段斤称”（以斤论价）的地步。小商贩和草根市民因此苦不堪言。于是，广州市商会组织商民到省财厅请愿，要求政府将市面流通的铜圆送往广州石井兵工厂进行化验，以正其价。根据兵工厂的化验结果，如果将100枚铜圆熔成铜料在市场出售，折扣价约值三毫银币。省财厅即命令广东省银行印制100万元毫券，投放市场用于收购铜圆。经过地方当局出手救市，铜圆价格逐渐回升到每百枚值三毫六分银币左右。“仙潮”才慢慢退去。

（二）惨遭日寇劫掠

这次严重的铜仙事件的始作俑者是日本军国主义。在发动全面侵华战争前夕，日本军国主义为进一步扩充军备，大量制造大炮和炸弹等杀人武器需要大量的铜料。于是他们派出大量的特务到远东和东南亚各地大量收购废铜烂钱。1937年初，在香港等地的铜钱几乎被收购完，他们又将魔爪伸到中国内地，在澳门、广州、广州湾、石龙、江门和中山等地开设专门机构大量搜集中国铜圆。

在中国铜圆中广东铜圆（龙仙）的含铜量最高，价格也最为稳定。一粤毫通常可兑换30枚铜圆。1935年，国民政府为抑制巨额的白银外流，统一全国货币制度以适应政治需要而颁布《新货币法令》，一粤毫也可兑换二十多枚铜圆。广东铜圆被商民视为良币而优先储存。加上粤海关早有明令严禁偷运铜圆出境。因此，广州等地市面上流通的铜仙数量相当充裕。

日本特务把收购的重点放在广东铜圆上，通过操纵香港市场使香港的铜圆收购价不断攀升，一元铜圆在香港可兑换一元五毫粤币。也就是说，从广州等地携带铜圆到港兑换获利甚丰。日本特务以此为利诱，唆使并雇用内地一些无知妇孺、小商贩甚至无业游民等铤而走险，从广州等地大量偷运铜圆到香港兑换。当年出版的《人间十日》甚至用“如蚁赴羶”来形容那些偷运铜圆到港年取暴利的贪民。

初期，日本特务雇用人员携带铜圆到港并没有引起粤海关和九龙海关的注意，海关关员认为粤人携龙仙赴港只是为了购买日常用品。然而当这种“蚂蚁搬家”式的钱币走私成为气候的时候，海关关员想制止已是不可能了。

随着铜圆的不断流失，广州等地铜圆的价格日益飞涨。“一粤毫曾一度值龙仙（铜圆）三十枚，平时也值二十多枚，自被日人大量收购后，价格随之飞涨。”“一粤毫仅值龙仙十一枚，而香港毫仅可换龙仙十枚。”① 省港两地铜圆价格相差 10%。1937 年 3 月 13 日，广州银业公市早市，每担铜圆的收购价为五十四元四毫至五十四元四毫半，到了晚市，每担龙仙的收购价竟飞涨至六十三元。一天之内涨幅如此之大实属罕见。翌日出版的《越华报》称：“广州市仙价自月初回涨后，每毫券一元可找一百七十枚或一百七十一枚之间，尚无起跌，惟自昨日起价忽再涨，每元仅找一百六十五枚，相差五六枚，市场交易多以十七枚作一毫算，亦有以十六枚作一毫者。”②

铜圆数量的日益减少导致广州等地出现钱荒，各银号现金日益枯衰。为了应付日常收支，各银号不得不转而收购其他铜钱以补充铜圆缺额。但此时广州市面上的铜钱也十分短缺，每担铜钱的收购价也高达六十三元，而且十枚铜钱才抵得上一枚铜圆。因此收购起来十分困难，即便是一些大型银号一天最多也只能收购到一担左右的铜钱。于是，一些在广州市面上消失多年的老钱币，如价值仅一文的“钱仔”（也叫碎钱），以及每枚当二十文钱的“大仙”等各种杂钱币又被商民重新拿出来使用。各银号见有利可图又以高价抢购老钱币，而且抢购老钱币的标准五花八门，有以枚数算，也有以重量算或者以枚数和重量混着算。

在日寇魔爪的搅动下，广州等地金融秩序极其混乱，民众苦不堪言。日本特务更加变本加厉抬高铜圆收购价格。日本人抢购铜圆的订单在广州等地满天飞，每担铜圆的收购价高达六十六元也难求现货。

尽管粤海关和九龙海关等采取各种补救措施严防内地铜圆大量流入香港，但为时已晚，铜圆正源源不断地流入日本。1937 年，香港出口署的报告指出：“一月份从香港输出日本的龙仙为一万元，二月份因日人在港的极力收购，输日龙仙突增至五万四千元”。《人间十日》杂志愤然刊登题为《偷运铜圆》的一组漫画，揭露日寇在广州等地掠夺铜仙、破坏中国金融秩序的罪行。③

日军占领广州后，广东铜圆再次遭到劫掠。广州失陷初期，市面还有

① 《日本在港搜购龙仙》，《人间十日》1937 年 4 月 10 日。

② 《偷运铜元》，《越华报》1937 年 3 月 14 日。

③ 《偷运铜圆》，《人间十日》1937 年 4 月 30 日。

铜圆流通交易。但没过几个月，广州铜圆“差不多绝迹，是为（汪）伪政（府）收去供应日寇”所致。[①]

五　结束语

铜圆从发行之日起便与广州社会结下了不解之缘。铜仙价格微不足道，如果变动超过一定幅度，便会引发广州社会的恐慌，交替出现“仙荒”和“仙潮”的背后是错综复杂的社会矛盾。日寇对广州铜圆的掠夺给广州社会和货币制度发展造成了难以估量的换失。对铜圆价格变动下的各种社会矛盾进行研究，有助于全面真实反映近代广州社会的现实，丰富广州学的研究。

① 徐思道：《广东铜元的铸造和流通》，《银海纵横·近代广东金融》，广东人民出版社，1992。

语言与地方：《皮格马利翁》在广州

高文平　杨晓红[*]

摘要：本文为笔者在广州大剧院、方所书店及院校外语节所做的公共讲座讲稿整理而成。讲座从“语言与地方”角度对2016年《皮格马利翁》在广州公演进行了艺术欣赏和文化评判。通过萧伯纳原剧本与1964年好莱坞改编的《窈窕淑女》之比较研读，笔者得出以下结论：对西方作品需要深层次理解西方文化经典的艺术性，同时需要了解西方经典推广背后的商业性与意识形态因素；通过选择性的批判吸收，创造本土艺术经典。

关键词：西方经典　改编与翻译　商业性　意识形态

一　百老汇与好莱坞

纽约百老汇（Broadway）是一条街，相当于北京市海淀区的宽街。美国每个小镇都有一条主要街道，在纽约皇后区有一条中国人聚居的主要街道，华人起名为“缅街”。刘易斯·辛克莱的小说 *Main Street*，中文译为《大街》。百老汇大街很长，从下东区（Lower Eastside）到上西城（Upper West）纵贯曼哈顿岛，通常所说的百老汇主要是指中城（Mid Town）段百老汇大街上的剧院。Off Broadway 指的是百老汇以外的剧院，中文常译为“外百老汇”“非百老汇剧院”。很多剧院都有自己常年演出的主打剧目，如《歌剧魅影》（*Phantom of the Opera*）、《妈妈咪呀》（*Mama Mia*）、《彼得·潘》（*Peter Pan*）等都在固定剧院常演。太阳马戏团（Cirque du Soleil）在

* 高文平，文学博士，中山大学外国语学院副教授，粤港澳知名同声传译专家；杨晓红，文学硕士，中山大学外国语学院高级讲师。

澳门由威尼斯人驻演多年的曲目 *Zaia*，就是我们身边的一个例子。

几年前，笔者在纽约与中国朋友谈起华人在纽约的社会地位时，说起如何在百老汇创立中国的音乐剧。当时探讨了几个曲目的剧本，其中有反映中国陶瓷的 *China's China*，有反映犹太人在上海的《哈同外传》，还有海外少林寺弟子参演的拯救美国吸毒女子的故事。笔者写出几个剧本后，在好莱坞寻找风险投资。后来在哥伦比亚大学，笔者邀请 *M. Butterfly* 的作者 David Henry Wong 来做讲座，谈及写 Bruce Lee（李小龙）的音乐剧，请王力宏等参加演出。我们这个团队，请来了住在布鲁克林的华裔商人 Wayne 加盟。他说：在海外，中国人吸引“粉丝”的还是功夫，拉丁裔和非洲裔的人特别喜欢，不如拍摄一部功夫片，会更受欢迎。于是，做过电影融资的 Wayne 亲自执笔，写出 *Invisible Hand*，要拍纽约华埠新黑帮的故事，以围棋为文化背景，拟筹拍功夫黑白片 *gongfu noir*，笔者离开纽约之前已经报批纽约警察部门申请拍摄外景等。回国之后，不知他们的进展如何。

近年来，国内影视业资金雄厚，几天前在香港国际影视展（Filmart）上举办了一场“电视世界 2016 国际论坛：‘一带一路’共享经济影视文化如何乘势”，探讨如何通过国际合拍，在“一带一路”地区推广中国影视作品。投资《美人鱼》等国内大片的 DMG 副总裁陈彬先生说，中国影视界坐拥与北美和媲美的大市场，国内投资商可以请得起国际上任何“大腕”参演；中国完全有能力拍得起国际大片。说起影视作品与文化侵略，陈先生还对韩国电视剧《大长今》耿耿于怀，说一部韩国电视剧俘获了全中国的女性观众。不过，近年来中国的电视剧，如《甄嬛传》以及最近播出的《芈月传》都很受东南亚包括日本的东亚以及海外华人市场的欢迎。如今，《延禧攻略》在海外流行，陈先生不必再吃韩剧的醋了。

两年前，一位中山大学外语学院英语系本科生毕业后，在广州博物馆做讲解员一年，接触到中国陶瓷文化，后报考牛津大学读东亚研究，专攻考古、陶瓷研究。她私下告诉我们，她最大的动力是通过专业学习，掌握历史知识，然后写电视剧本。希望他日她仍不忘初心，写出一部影响力堪比《甄嬛传》的电视剧本来。

2016 年之后，作为一种印证，广州迎来更多的美国百老汇及英国伦敦等经典音乐剧、戏剧的演出。2017 年，英国著名环球剧团到穗演出《威尼斯商人》，笔者以“种族与宗教”视角在中山大学“西方经典”和“世界文学”本科与研究生课程、研究生外语节，华南农业大学外国语学院、广州大剧院重新解读《威尼斯商人》。同时，与 20 世纪 80 年代粤剧改编版《豪门千金》的原作者与演出者倪惠英，探讨《威尼斯商人》从粤剧改编到英国环球剧团在穗原汁原味演出背后的文化意义。对西方经典戏剧的改编与接受，反映的是文明主体在不同历史发展时期对客体文明的选择性吸收。

同时，我们欣喜地看到，珠三角以广州为中心建立起高品位大剧院，原有的戏剧重镇香港和新兴起的澳门，纷纷申请加入“国际戏剧名都”行列，尤其包括东莞、佛山等市政府大力扶助国际戏剧在本地的演出：2018 年百老汇名剧《芝加哥》在广东佛山新建的大剧院演出，然后在东莞的玉兰大剧院演出，比广州演出时间提前近两个月。

笔者讲的以上几个故事是想说明，中国文化在国际上要占有与经济腾飞相应的地位，需要更深的文化底蕴支撑。不过今天的话题不是谈中国文化如何在国际文化交流中通过影视舞台走出去的问题，而是谈其如何汲取西方文化的精髓，将传统文化发扬光大，从而与西方文化交相辉映。

说起大片，在 20 世纪 60 年代由音乐剧改编的电影《窈窕淑女》（*My Fair Lady*）绝对算是大片，直到今天依然有很强的生命力。笔者在 20 世纪 80 年代初第一次观看《窈窕淑女》，大学三年级时，英国老师带着我们演过这出戏。20 世纪 90 年代，笔者每天跟着香港 Pearl 英语频道的 930，记得每年圣诞前都会播出《窈窕淑女》。每次观看，都有不同的感受。关于音乐剧，除了《音乐之声》，在国内以至亚洲，《窈窕淑女》可能是最受欢迎的了。不只是因为演员赫本的美丽，也不仅仅是音乐剧歌曲的流行，英语语言与英语学习同样是这出戏令人难忘的原因。可以说，通过香港文化媒介，《皮格马利翁》影响了几代人，培养了无数百老汇和英语的“铁粉”。从百老汇的音乐剧到 20 世纪 60 年代美国好莱坞推出的《窈窕淑女》电影，以及奥黛丽 · 赫本的迷人形象，使这部作品成为“英语族”“英语想象共同体”的经典文本。

作为一位英语语文教师，一名英美文学学习者、研究者，一名文学批评家来看《皮格马利翁》，不只是分享这部作品中语言对话的迷人之处，同时还有责任和义务看到戏剧与音乐剧、改编与原著之间的关系，经典剧本改编背后的商业推手，艺术和社会与意识形态以及语言艺术与文化殖民的关系。

二　改编与翻译：关于英文版本与中译本

《窈窕淑女》取名于英国鹅妈妈童谣 *London Bridge Falling Down*："London bridge is falling down, falling down, falling down; London bridge falling down, my fair lady."据说《窈窕淑女》是指收取伦敦桥过桥税的英国女王。

杨宪益先生分别于1982年和1987年两次翻译 *Pygmalion* 剧本，第一版被译为《卖花女》，重译版为《匹克梅梁》。电影译名《窈窕淑女》很可能是来自商业嗅觉更为敏锐的港台市场。

萧伯纳的戏剧原著以《皮格马利翁》为名，侧重希金斯教授如何通过语言培训将伦敦东区的一名卖花女"脱胎换骨"改造成为一名"匈牙利公主"。按理希金斯应该爱上他的作品，犹如希腊神话中的国王雕塑家"匹克梅梁"从厌恶凡间女子到爱上自己的艺术创作女神加拉提雅。《卖花女》或《窈窕淑女》其实反映了不同历史时期、历史背景的市场期待。1982年，中国内地意识形态领域对宣扬封建迷信、才子佳人等题材的文艺作品审查比较严格，对译本还是有影响的；至于《窈窕淑女》更贴近电影的"浪漫化"改编主题，出自港台市场也不足为奇。

作为一名具有社会主义倾向的进步作家萧伯纳在《匹克梅梁》（《皮格马利翁》）中致力于打造一位具有独立意识的劳动女性；同时，对上层社会关于下层社会的虚伪伦理关怀进行了讽刺。所以萧剧使人对伊莉莎和希金斯的结合不看好，认为伊莉莎与弗雷德的结合更合理。

冷战后的美国歌舞升平，对于萧剧中的社会意义、伦理说教不感兴趣。从一定意义上来说，《窈窕淑女》其实是对萧伯纳《匹克梅梁》的重写，重新恢复了奥维德《变形记》中的浪漫主题。好莱坞于1964年推出的《窈窕淑女》淡化了萧伯纳对社会的批评，着力渲染卖花女伊丽莎与新生创造者希金斯教授之间的爱情，结尾更是暗示二者的结合，突出其与弗雷德之间的三角恋爱关系，将此片拍成好莱坞经典爱情大片。同时强化了标准的英语（口音）改变命运的主题。

作为国人，我们喜欢的到底是哪个版本？《窈窕淑女》令我们百看不厌，首先体现了音乐剧的艺术魅力，正因为一部戏在历史中穿越，留下了不同时期的痕迹或解读，甚至重写、重拍。好戏绝非一个简单的文本，只有内容丰富的文本，艺术上成熟的文本，才能激起不同时期的观众共鸣。甚至对于同一位观者，不同观看的场景和心境也可以引发不同的体验与感受。

在广州，《皮格马利翁》音乐剧的再次公演，为我们提供了一次重新欣赏这部艺术作品的绝佳机会，重新思考这部艺术作品所带来的社会影响和意义。笔者在公演前后，为不同观众、不同媒体做过多场公开演讲，有机会与市民、学生共同探讨该剧长年在世界、在国内、在粤语地区流行的商业和意识形态因素。是我们重新思考西方经典的时候了，不只是为了学习和欣赏，而是思考本土与世界如何建立联系；不只是培养西方经典的“粉丝”，而是通过选择性、批判性吸收，创造本土的经典，如此中华文明方能屹立于世界优秀文明之林。

三　语言与地方

语言在《皮格马利翁》剧本中表现为“口音”，口音决定了个人的社会地位和命运。口音“暴露”一个人的出生地、成长的地理痕迹和所属阶层。

笔者先来考量一下剧作家萧伯纳的语言背景。1876 年，刚刚 20 岁的萧伯纳来到伦敦。他对自己的都柏林口音非常敏感，担心一开口就会泄露自己的身份。他对发音的兴趣从那时开始，因为其意识到口音给他带来的尴尬和耻辱。当然，最后他还是保留了自己的爱尔兰口音，只不过是已经过滤的完全可以接受的口音。萧伯纳一直将自己看作是超越了英国阶层的分类。

18 世纪德国诗人赫尔德曾说过，民族意识表现在语言与土地，共同的语言与长久生存的地方形成一条长河，源源不断。国与国之间、语言之间的界限划定了不同民族之间的文化差异。差异无所不在，有人群的地方就存在区分，同一国土、同一民族、同一语言内，可以无限细分。从 20 世纪

70年代开始，地理概念不再是科学的分割，而是以人文为界的细分，以“人文”为坐标重新定义地理，即地方。

英语有一句俗语：“The moment when you open your mouth, you are placed.（你一张口，就暴露了你的身份）。The moment you speak（open your mouth), you're placed.“Place”有两层意义：可以指“rank”，即社会地位、阶层；也可以指“地方”，即我们所说的“籍贯”（birthplace）。当代人文地理区分了local、place和space，分别用以指代区位、地方和空间。空间涵指抽象意义，local有定位含义，而“地方”则包含更多的“人文”含义。“地方”指居所，你的生活、工作之所。

萧伯纳本人来自爱尔兰，爱尔兰与英格兰（或更广泛的不列颠）之间存在着语言、宗教、文化上的巨大差异。也许这样的出身与背景，使萧伯纳笔下的伦敦更具有“地方”所带来的人文差异。海德格尔说，这是一个语言与存在的关系；维特根斯坦提出，语言的界限就是世界的界限。这是在讲语言的地理穿越性。

而在剧中的男主人公希金斯教授看来，社会是由语音（phonetics）来划分的。对于希金斯，世界是语音的世界，他研究的范围界定在伦敦地区，亦即伦敦口音（Cockney）。在《皮格马利翁》第一幕，夏季，暴雨如注，圣约翰教堂门廊前，站着拿着笔记本记录语音的希金斯教授、焦急地等着出租车的母女、卖花女和来自印度的侨民上校以及几位陌生人。开场戏，几段对话，足够令希金斯教授听出他们各自的出生地。

希金斯可以从爱尔兰人穿的布洛克粗革皮鞋判断出此人是爱尔兰人。底层出身者如何尝试摆脱乡音，进入上层社会。为此，希金斯向皮克林提出挑战：训练伊莉莎的口音，令一个卖花女跻身上流社会。

在剧本第二幕开始，萧伯纳对希金斯进行了细致的人物描写。希金斯性格的“科学性”，或者女性主义者所警惕的性别优越论，这在20世纪初的英国文学中不乏代表人物，从维多利亚后期开始，科学与人文、艺术表现为一种对立关系。同时期的弗吉尼亚·伍尔夫的《到灯塔去》与《达洛维夫人》中的两位太太都是人文、艺术、心理、生物性的代表人物，而她们的先生都被塑造为她们的对立面，即科学、哲学、政治。希金斯的性格代表了社会达尔文思想，弱者无须怜悯，应当自立，优胜劣汰。

希金斯教授自认是一位科学家，对语言进行科学研究，对语音学颇有专长。他对贫穷的态度反映了社会达尔文进化论的思想，适者生存；对女性的态度同样体现了他对人性的忽视。

伊莉莎求学讲价，显示出她的市井气，也体现出她的独立性一面：教母语（英语）怎能比教外语（法语）贵呢？从对话中我们可以看出伊莉莎与希金斯之间的关系。是女儿与父亲对话的口吻吗？父女恋？而后找上门来的伊丽莎父亲——杜特里尔又与通过语音改造给其女儿第二次生命的希金斯形成对比。

萧伯纳在剧中通过人物探讨了 20 世纪初英国人对于“体面”的追求。1852~1858 年，亨利 · 纽曼在担任爱尔兰都柏林大学学院校长时著有《大学的理念》（*The Idea of a University*）。书中直接提出大学的理念在于培养绅士（gentleman）！

19 世纪“英语的兴起”与英国社会变革紧密相连。英国剑桥大学文艺理论家伊格尔顿在《文学导论》“英语的兴起”一章中，讨论 19 世纪的英国随着工业化以及海外扩张，社会发生巨变，需要文学作品为国民提供“润滑剂”。

萧伯纳写作《皮格马利翁》是在英国历史上的爱德华时代。这一时期属于“最好的也是最坏的时代”。日不落帝国在此年代达到顶峰，但工业革命同时带来了贫富分裂，阶层需要融合，这部文学作品正反映了这一贫富变化，为贫苦群体带来希望。同时，随着艺术商品化，正如阿多纳在《听觉下降与艺术作品的拜物教》一文开篇指出的，听音乐会已经成为上流社会的身份象征。

20 世纪初的英国爱德华时代，社会阶层分裂对立，女性为争取选举权、同工同酬，发起女权运动。英国政府出台济贫法（Poor Law），也尝试解决这一社会问题。反映社会阶层之间的矛盾，沿袭维多利亚时期批判现实主义传统，正是萧伯纳的《皮格马利翁》的写作背景，伊莉莎的性格体现了当时的社会分化、矛盾，以及融合的努力。

细读《皮革马利翁》，笔者对第一幕与第二幕感受很深的还是阶层。萧伯纳是一位社会主义者，与易卜生一样关心的是社会问题。阶层分化是乔治时代的一个社会问题：狄更生在维多利亚时代即开创现实主义小说先河，在乔治时代，社会融合更引起关注。同时代的英国作家 E. M. 福斯特在小说《霍华德别墅》中就描写了不同阶层之间的融合问题。《皮革马利翁》当代的理论兴趣在于对女性问题研究。爱德华时代的作家尤以弗吉尼亚·伍尔夫为代表，探讨女性独立问题。伍尔夫在其作品《一个人的房间》中，直接提出女性独立需要经济上的独立做保障，即女性作家写作需要一个独立的房间和500英镑的年收入。萧伯纳在这部戏剧中探讨了阶层与女性问题。他坚持这部作品的教谕意义，始终认为文学作品的价值体现在作品的教谕（didactic）意义上面。

萧伯纳是一位社会主义运动的支持者，他的这一思想意识形态，在20世纪五六十年代冷战时期的美国，似乎更加需要小资情调，而不是20世纪初对社会的批判。萧伯纳作为作者一直在呼吁维护原作的批判性。在他看来，文学作品的伦理性、教育意义是衡量一部作品的关键；而《皮格马利翁》的成功证明了艺术教谕性的胜利。

第一幕：结尾改动。原剧本的讽刺性不见，增加伊莉莎舞蹈音乐“Wouldn't be lovely?”。主题：浪漫、梦幻的伊莉莎。原剧本中的思路则更倾向于女性解放与独立。改动最大的应该是标题——My Fair Lady，而中文的窈窕淑女，则突出“君子好逑”的含义，几乎像是“仲夏夜梦”的浪漫戏了。萧伯纳的剧本应该是“讽刺+批判现实主义”的，中英文剧名的改编，改变了整部戏的寓意。

第二幕：有一场戏是希金斯与上校皮克林讨论何为“正人君子”（Good character）。皮克林在伊莉莎眼里是一位绅士，算得上正人君子。希金斯不相信人性，在女人面前有正人君子吗？这句话透露出希金斯是相信科学，或者是“生理科学”，承认男女之间的相互吸引，但又认为自己可以超越人类的主观情感，在情感问题上能够理性处理。在《窈窕淑女》中的“Without”歌曲中，改编者对希金斯关于女性的矛盾心理做了进一步刻画。其实，“My Fair Lady”作为剧名，中文译为《窈窕淑女》，很提神，容易记，但的确有误导之嫌。而音乐剧将*Pygmalion*改为*My Fair Lady*对原文同样是一种强力误读。Pygmalion是雕塑家，即使爱上自己的塑像，塑像成为His Fair Lady，名字也应该是Galatea（港台译为“嘉拉缇雅”），而非Pygmalion，（皮格马利翁，港台译为“比马利昂”）。

故事发展到这里，伊丽莎的父亲，清洁工杜利特尔登场了，他舌战希金斯，显示出他的语言天赋，并发表了他个人的贫穷伦理观。杜特利尔关于伦理的一段话，道理在于人人平等。皮克林讲的道德底线是中产阶级设定的；杜特利尔说自己是“不值得同情的穷人”，不需要跟他讲道德，在财富面前，一个穷人做什么都是错。

第三幕：聚焦于伊丽莎在赛马日与大使晚会上的语言表现。晚会中伊丽莎的感受是走在梦里，就这样走下去，希望希金斯教授不要唤醒她。皮克林安慰她，上校第一次上战场也是怕得要死。伊莉莎回答道：我是在做一场梦，请别让希金斯教授叫醒我，不然我又回到了特鲁里巷了。显然，伊丽莎本人已经“入戏”了。

第四幕：故事结束。对于希金斯，不过是一场游戏的结束；对于入戏太深的伊丽莎则是无法从中自拔。伊莉莎向希金斯扔拖鞋时说：我会怎样，接下去会变成什么？希金斯陶醉在自己的成功里，对此无动于衷：我怎么知道你会怎样，跟我有何关系？希金斯认为按规则游戏结束了，而伊丽莎的感伤来自主观情绪，个人想象，无人在伤害她。伊丽莎不断表示出自己如何担心自己的前途，未来会怎样。希金斯非常理性，认真地与伊丽莎讨论未来，一切回归原点，伊丽莎回到自己的阶层，谈婚论嫁，如此而已。

第五幕：在希金斯夫人家里。伊莉莎在房间里，希金斯与杜特利尔分别来访。伊莉莎父女对希金斯夫人讲述自己“被”中产阶级的绑架。杜特利尔问希金斯夫人：你儿子对我做了什么？此时的他大吐苦水：“他毁了我，毁了我的幸福，让我被中产阶级道德观绑架作茧自缚。”

如此遭遇归咎于希金斯的一场“恶作剧”？他写了一封信给他在美国的一位富翁学生埃兹拉·温拿菲勒，后者投入500万英镑在世界各地成立道德改革社团（Moral Reform Societies），请希金斯设计发明一种世界通用语言（universal language）。希金斯告诉他英国最具代表性的伦理家是清洁工杜特利尔先生。而这位美国富翁为证明美国与英国不同，美国尊重每一个阶层的人，便留下他的Pre-digested Cheese Trust信托，每年从中拿出一笔3000英镑的资金给杜特利尔。条件是他每年要为“道德改革社团”做六次讲座。杜特利尔做演讲没问题，但他认为自己的人生幸福被这次“道德改革”毁了：“以前的快乐，无忧无虑的人生被彻底毁了。”于是，杜特利尔又来找希金斯，“要学习讲中产阶级的标准英语了”。

回到希金斯这句有名的伦理评论：“杜特里尔，你或是一位诚实的人，或是一位烂仔（honest or rogue）。”

王小波在《我的精神家园》“沉默的大多数”中写过一篇“萧伯纳的芭

芭拉上校”杂文。文中提及罗素的伦理观，提及过斯蒂芬的“明辨是非”观，也提及 *Pygmalion* 中希金斯对杜特利尔说的这句话：“你要么是个诚实的人，要么是个流氓。”而杜特利尔的回答同样经典：“像大多数人一样，两者都有。”而罗素的伦理观就是：“伦理的基础就是人人平等。”斯蒂芬的伦理观就是：“我们不需要科学、哲学、文学或者法律的专门知识来成为一名合乎道德，明辨是非的人。”杜特利尔是反抗中产阶级的英雄，还是被中产化了的流氓？他的“不值得同情的穷人”的意义在于：贫穷不是不幸的来源，贫穷无须别人怜悯，贫穷同样可以幸福。

伊莉莎走出房间，与希金斯夫人和皮克林谈“皮格马利翁效应”：一位淑女与一位卖花女的区别在于你如何对待她。对于希金斯教授，我永远是一位卖花女；对于皮克林上校，我却可以成为一位淑女。

伊莉莎讲起自己对身份的迷茫：“我忘却了我过去的语言，只能讲习来的语言。我无法再回到过去。”“我能回到过去会有多好，独立的生活，不用依赖父亲和希金斯教授，你为什么拿走了我的独立性？我为什么放弃了我的独立？我成为我华丽衣裳的奴隶。”

在剧作家萧伯纳看来，他所创造的伊丽莎是一位觉醒的、追求独立的新女性，他补写的《续篇》提醒读者：浪漫大团圆结局不适合这个故事。伊莉莎最终选择了弗雷迪，而非希金斯教授。而弗雷迪成为伊丽莎的模范先生，为太太留下足够的个人空间，尽管希金斯教授是伊丽莎的偶像，但失去自我，即使生活在同一屋檐下，意义完全不同。而杜特利尔成为去阶层化的典型。他依靠他的口才超越了善与恶，成为上层社会的宠儿。婚后的伊莉莎，依然常去参与教授与上校的个人生活。

结　论

《皮格马利翁》依然在世界各地的剧院巡回演出，为不同时代、不同地方的观众带来思考。而广州作为国际都市的一个成员，人们通过参与经典剧作的阅读与观看，可以与世界保持同一频率，经历同样的感动和思考。同时，我们也需要留意西方经典创造、改编的“文化陷阱”，一部“大片”背后依然存在着商业性和意识形态推手。当然，假以时日，我们也希望中国、广州也会推出自己的经典，加入世界文化、艺术对话之中，而这正是艺术的魅力、经典的魅力所在。我们期待着广州的《西关小姐》《花月影》也会走向世界舞台，我们更期待着诸如广州珠江交响乐团正在筹划的关于广州历史、关于“海上丝绸之路”的交响乐作品，甚至从纽约唐人街走出的反映新老唐人街的音乐剧能够进入百老汇剧院演出。毕竟一个城市以及其所承载的文化、文明只有在艺术层面的双向理解和交流中才能真正地走向世界，真正成为一座国际化大都市。

私立广州大学校址变迁述略

吴小强　王惠婷　周　密　张紫璇*

摘要：私立广州大学校址变迁分为三个时期：初创时期、抗战时期和抗战之后。其中抗战时期为避战火，学校历经七度迁徙，在极其艰苦的条件下坚持办学，为国家培养了大批急需的应用型人才，为中国战胜日本的野蛮侵略做出了重要贡献，并淬炼出坚韧不屈、自强不息、为国分忧的“广大”精神。

关键词：私立广州大学　校址变迁　“广大”精神　自强不息

一　创办初期

1927年3月3日，私立广州大学成立，设文学院、法学院和预科班。创办经费的筹集，分别向中央银行行长黄隆生借款300元、远东银行经理李明德借款200元。主要创办者陈炳权先生后来在其回忆录中写道：“以五百元之经费而开办大学，真是滑天下之大稽！”私立广州大学创办初期没有校舍，暂且向番禺中学校长陈善伯借用，所租用的校舍为广州惠爱中路（今中山四路）番禺县立师范学校校舍，具体校址为禺山书院关帝庙，即城隍庙西侧。

1928年，私立广州大学接办位于广州市天香街（今小北路天香街）的私立广州女子中学，改为私立广州大学附属中学初中部。

1929年9月，大学部和附中部校舍迁至文德路19号，并建筑3层楼

---

* 吴小强，广州大学档案馆馆长、人文学院教授；王惠婷，广州大学人文学院2017级历史专业本科生；周密，广州大学教育学院2017级应用心理学专业本科生；张紫璇，广州大学新闻与传播学院2016级广播电视学专业本科生。

房，作为日班学生上课的场所。

1930 年 7 月，因学生人数增加，学校斥资购买位于广州永汉路（今北京路）东侧东横街 12 号旧警署，作为大学本部法学院校舍（称第一校舍）；文学院和附属中学仍在文德路 19 号万川楼（称第二校舍）。

1931 年 4 月，新建图书馆，设立理学院。11 月 28 日，私立广州大学呈奉国民政府政务委员会第五十三号指令，准予立案，成为名副其实的大学。

1932 年 11 月，购置广州市沙河堡白云山南麓 60 多亩田地，准备建设新校舍。经广东省政府核准，由省库拨补助费 1.8 万元。

1933 年 12 月 17 日，教育部发布"第一三四三二号训令"，核准私立广州大学以广州地名为校名，追认广州大学第一届至第四届毕业生照章取得学士学位，文凭免送教育部验印。

1934 年 7 月，学校斥资 1.05 万元购入广州文艺里第 6 号一座楼房。又租用文德路东路杨姓人家一大段地修建体育场。10 月，经教育部核准，由省库拨放 1934 年度补助费 0.6 万元。

1935 年 8 月，改建物理仪器室和实验室，增购理科设备。教育部颁布令：以本校成绩可观，特每年增拨补助费 1 万元。广东国民军训委员会派员到校视察，认为该校成绩优良，奖掖有加。[①] 从建校到 1937 年，私立广州大学一直处于良好的运营状态。1937 年 1 月，改建东隅教室及新建校长室各一座。[②]

二　抗战时期

1937 年七七事变爆发，全面抗战开始，广州市空袭频仍。私立广州大学校长预料时局将会恶化，便于 1937 年暑期，在香港九龙粉岭设临时授课处。1938 年 2 月，临时授课处迁往荃湾；8 月，再迁九龙油麻地；1939 年秋，在九龙深水埗元洲街建固定校舍。[③]

---

① 胡芸：《民国时期的私立广州大学》，广州大学硕士学位论文，2006。

② 陈炳权：《陈炳权回忆录：大学教育五十年》（上册），香港，南天书业公司，1970，第 103~108 页。

③ 陈炳权：《陈炳权回忆录：大学教育五十年》（上册），香港，南天书业公司，1970，第 103~108 页。

1938年8月8日，日军轰炸广州，“惠福区，中华中路，惠爱西路被投弹一次，五颗，死伤人数为四十五人，炸毁房舍十间，震倒二十一间。”[①]此时，私立广州大学坐落于东横街12号和文德路19号，东邻永汉路（为纪念民国元老胡汉民，后更名为汉民路，1949年后改称为北京路），南近沙太路、康泰路，西北近惠福东路。抗战初期，私立广州大学坚持在原校址上课。

1938年10月，广州沦陷。私立广州大学本部迁往开平沙塱村。同时在九龙附中部设大学分教处，并在澳门白马行街分设附属中学授课处及计政班，借以分别容纳逃散内地与避居港澳的本校学生。1939年秋，在九龙深水埗元州街增设校舍。复在中山县湾仔乡添设大学分教处。私立广州大学1943年编写的《本校简史》记载：“1939年秋，添聘孔院长祥熙为校董，后由校董会推选为名誉董事长。另在九龙深水埗元洲街增设校舍，增设社会学系、会计学系。复在中山县湾仔乡添设大学分教处，旋敌军在中山沿海登陆，湾仔又告失陷，该处学生复在九龙分教处继续上课。”[②]

1940年，学校因开平沙塱村场地狭小，遂改迁台山城铁路公司原址。将理学院扩充为理工学院，增设土木工程学系。[③] 7月，经省务会议议决拨给国币5万元，同时择定台山城铁路公司旧址为正校校址，其九龙分教处暂予保留。广州沦陷后，陈炳权先生坚持“中华民国的大学之校印，以不离国土为原则”，率校本部学生初迁开平县沙塱乡，次迁中山县湾仔，再迁至台山县城。

1941年12月，香港沦陷。私立广州大学在九龙深水埗青山道新建的分教处校舍未及迁入，即被日军占用。香港、澳门等地分教处的部分师生，在文学院院长谭维汉、计政班班主任黄文衮率领下，间接取道抵韶关，另一部分师生在训导主任黄毅云，教授黄兆栋、梁式文率领下偷渡至台山集中。陈炳权由香港奔赴韶关，选定韶关上窑村作为新校址。在韶关曲江孝悌路筹备设立计政训练班（分校）。在孔祥熙董事的襄助下，经行政院批

---

① 广州市防护团：《广州市二十七年八月份敌机空袭各区损害情形统计表》，藏广州市国家档案馆。

② 《本校简史》，《广州大学校刊·十六周年纪念特辑》第11期，1943。

③ 《本校简史》，《广州大学校刊·廿二周年纪念特刊》第51期，1949。

准，教育部特向私立广州大学拨放补助费 15 万元，遂建成韶关曲江上窑校舍，计有大礼堂 1 座，课室 30 多间，图书馆 1 座，科学室 1 间，办公室 10 多间，球场 4 个，宿舍楼 5 座，总办事处 1 个；在桂林开设计政训练班分班。1943 年 2 月，教育部核准增发私立广州大学 1942 年度经费 13 万元和临时补助费 7.04 万元。

《本校简史》载："旋呈奉教育部三十一年四月"高字第一五四二号指令"，准予迁校韶关集中办理，并由部呈请行政院拨助建筑费拾伍万元，由侨务委员会拨助伍万元。旋勘定曲江上窨地点为校址，鸠工庀材，重建校宇，计建有大礼堂一座，总办事处一座，各部办公室若干座，课室二十余间，图书馆、科学室各一座，球场四区，宿舍五区，其他房室若干区。校址位于武溪之湄，笔锋、黄冈诸山环拱于前，飞鼠、岩屏列于后，风景秀美，用以供学子藏修游息之所，最为适宜。经营三月，校舍次第落成，新生早经招考完竣，旧生多如期报到。"于 1942 年 9 月依照校历开课。先前设在九龙的附属中学，亦于是年 8 月迁至韶关复课，原在台山、澳门两地之计政训练班及中学部，则仍继续办理。

1942 年 10 月，奉教育部"高字第四三三三三号指令"核准，将文学院、法学院合并为文法学院；法学院原有之会计学系与银行学系划出，另成立商学院，在商学院内增设工商管理学系；文学院的社会学系奉令裁撤，其附设的计政训练班，于是年春季改在曲江成立。嗣并增办银行班及新闻班，秋季时复在桂林设立计政分班。

1943 年 7 月，陈炳权因公出国，改推校董王志远代理校长。其时寇氛益炽，在敌机威胁之下，1942 年学校迁至曲江上窨重建，增建校舍，开辟扩大新村，装设电机厂，筹设机械工程科等各项。

1944 年 6 月，日军进犯粤北，学校迁至广东罗定船步复课，后又迁至罗定三达洞，部分师生返回韶关曲江上窑校舍。1945 年 1 月，日军再犯粤北，上窑的师生退出韶关曲江，到达连平。6 月，连平告急，学校再迁兴宁。1944 年秋，学校在兴宁文山小学设立分教处。

抗战期间，私立广州大学七度迁徙，艰苦卓绝，在极其困难的条件下坚持办学，弦歌不辍，磨砺出自强不息的"广大"精神。《本校简史》总结道："溯至抗战军兴以迁，敌人摧残我国文化，不遗余力，而学校首罹其祸。然敌人所能破坏者，为有形之物质，所不能毁灭者，为无形之精神；

所能慑服者，为意志薄弱之愚民，所不能胁诱者，为信念坚定之智士。此年来本校员生，随国难以流离播迁，环境愈困苦，其‘广大’精神，亦愈奋发淬励。在政府与社会人士爱护援助之下，校务渐有进展，学生人数，由战前千余人增至三千余人，此从困难中发展之事实，尤足增加吾人之自信与自勉。”

三 抗战之后

1945 年 10 月，私立广州大学奉令在广州东横街原校址复课。1946 年，学校多次呈请行政院和市地政局拨地兴学，例如请拨河南小港废机场公地建校，请拨旧南海县署建校。

《广东省政府通知书》（致广州大学）载：“中华民国卅六年陆月陆日发：查变卖本市惠福西路南海县旧署址由广州大学备价承领免予竞投一案，关于地价问题，业经本府财政厅约集贵校暨有关各方开会，商讨协议要点如下：（一）南海县旧署址照原案全部由广州大学备价承领，专供建校之用，不得转卖，免予竞投，其面积按南海县原报排钱尺六五八市井七二市方尺九六方寸，合八二九市井二六市方尺四二市方寸，仍以市地政局土地登记及实测市井数为准。”（复印件存广州大学档案馆）但此案遭到南海县政府负责人王皓明反对，他称“恕难照办”。1946 年 11 月 6 日，行政院秘书处秘书长蒋梦麟回复私立广州大学，同意南海县政府意见（复印件存广州大学档案馆）。经与越秀区博物馆何健飞校友核实，南海县政府旧署原位于今广州市越秀区中山六路惠吉西（六榕寺附近），康熙二十二年将县衙由惠吉西迁到今惠福西路附近。

学校还购买广州豪贤路一带作为校地。将沙河校地改为农场，又开辟在韶关时原广大新村和广州花县岐山乡两个农场，面积达 83400 多亩。1949 年，又请租用小港松岗附近地段。

1948 年 8 月，陈炳权校长从美洲考察归来，筹集善款 12 万美元和图书 8 万余册，并获得美国波士顿、纽约等 30 多所高校赠设的免费留学名额。增购广州东横东街、仰忠街、仰忠东街和西街、文艺里一带的空地，展拓校舍。1949 年 1 月，加盖 1 座五层楼房，购置 1 间 1000 余平方米的仪器馆，购入图书 5000 余册，其中 2/3 为绝版书。至 1949 年，学校共新建 4 座校舍，即华侨堂、国仁文华堂、图书馆、全美至孝笃亲纪念堂。另设理工实验场。

私立广州大学创办人、中国统计学会创始人、著名爱国教育家陈炳权先生在其《陈炳权回忆录：大学教育五十年》（香港，南天书业公司，1970）中专辟“美洲筹募建校”一节，详细记载了 1946~1949 年广州大学新建校舍情况，兹敬录如下。

抗战胜利后，本校增建新校舍已经完成者计有下列四座，均为钢筋三合土之建筑。建筑及购地费用，先后计共费金圆券二十余亿元，依当时市价折算，合港币百万元，其他如图书、仪器、乐器等购置费用，所值约港币四十余万元，此等建筑设备款项，除尽量应用美洲侨胞捐款之外，余则由本校自行筹措。兹将四座新校舍之内容介绍于下：

华侨堂　此座为四层大厦，命名华侨堂，以纪念美洲各埠侨胞爱护本校及捐资兴学之热诚，面积有七千余平方米。前楼四层，共有房厅二十间，芝城安良工商会，芝城协胜公会以及巫理唐、谭进、甄植三先生等之纪念室，均在本堂之内。而本校总办公处，如校长室、教务处、训导处、总务处、院长系主任办公处、教员休息室、课务组、注册组、考核组、出纳组均设于此。二楼用为教室，四楼用为教室。后楼三层，厅房共十间，用为会计专修科及计政训练班办公处及教室、实习室。

国仁文华堂　此座为本校礼堂，可容两千余人，屋宇宏闳，讲坛阔大，备有钢琴及扩音机，适宜于集会、演讲、演剧及放映电影之用。

图书馆　在华侨堂之前，面积三千余平方米，楼高四层，共有厅十四房间。安良工商会纪念大厅即在第一层，用为特别演讲堂，可容四百余人。秉公总堂纪念室在二楼，现用为标本、陈列室及实验室。李圣宗先生纪念室在三楼，用为特别教室。其余厅房则用为书库、阅览室、数据参考室，中西杂志室、阅报室、教授研究室及电话室等。又经济研究所办公处设在本馆四楼，而庶务组、会计室则在本馆一楼。

全美至孝笃亲纪念堂　一九四六年十月，全美至孝笃亲公所，在大埠举行恳亲大会，各埠代表到者三百余人。当时由陈校长提议敬请美洲各埠陈、胡、袁之团体及个人合力捐资，俾得汇集巨款在广州大学之内建筑大堂以为永久光荣之纪念，当场一致赞成通过。乃由各代表返本埠后极力赞助以成善举，此为建筑本堂之起源。本堂面积三千余平方米，为五层高楼，共有厅房二十五间，用为教室，可容学生两千余人。陈颖川总堂及陈文楼、陈孔芳、陈正珀、胡能济先生等之纪念室，均在本堂之内。各厅房除用为教室，实验室之外，收发室、警卫室亦均设在本堂。

理工实验场　在华侨堂之西，面积六千余平方米，房屋及土地，亦为战后新购置者，内有仪器室、理工室、电机室、汽车房。体育组运动器械室亦设于场内。

以上为近年新建之楼宇，其他校舍于抗战时未被炸毁，近年加以修理而供应用者，尚有下列各处。

前楼　在华侨堂之南，共有房室二十二间，除用为教室之外，如出版组、医药组、贮物组、合作社等均设于此。

会客厅　在华侨堂之东南，学生会办事处现设于此。为一美观独立之屋宇。

附属中学部　设于观音山越秀北路，风景秀丽，环境甚宜藏息。

附属小学部　在华侨堂之西南，共有房室二十间，除用为教室之外，如小学办事处、图书室、运动场、动物园等，亦均设于此。

陈炳权先生的记载，对我们认识仰忠街 11 号大院私立广州大学旧址的历史情况，无疑提供了重要的史料。

至 1949 年，私立广州大学共有大学部，附设机构，各地机构多个。大学部则分为经济研究所、文学院、法学院、理工学院、商学院；附设机构有附设会计专修科、附设职业训练班、附中和附小；各地机构有广州市广大中学及小学、香港的广大中学及计政训练班、澳门的广大中学及计政训练班、台山的广大中学和计政训练班。[①]

档案材料证明，1947 年私立广州大学登记校址为：广州市越秀南路 173、175、177、179 号；业主：王志远（代校长）；机构名：私立广州大学。1949 年 10 月前后，随着时局变迁，经临时校董事会决议，将广

① 胡芸：《民国时期的私立广州大学》，广州大学硕士学位论文，2006。

州大学迁往香港，校址设在九龙深水埗荔枝角道307号。在九龙先设立分教处，接收来港学生。初时办公在深水埗荔枝角道，上课在海坛街广大中学。由训导处训导长黄毅云教授负责校政，并由黄毅云教授向香港教育署申请注册。但由于香港政府的政策是不能设立私人所办之大学。故以“广大书院”为名注册。台北“教育部”将该院核定为“私立广大学院”。香港教育署在1950年3月29日，正式核发“广大书院”学校许可证。①

由上文所述可知，私立广州大学核心校址应为广州市越秀区北京路（永汉路、汉民路）东横街12号旧警署、东横东街、仰忠街、仰忠东街和西街、文艺里、文德路19号万川楼，以及越秀南路173、175、177、179号等。

2016年12月10日，作者经实地勘察，找到广州市越秀区北京南路东横街12号、仰忠街11号私立广州大学旧址，发现了遗存的教学大楼，建筑编号为仰忠街11号大院2号楼和9号楼。现场走访两位老年女性居民，一位年龄80余岁，住东横街12号达50余年，为广东省教育厅家属；另一位70余岁，住仰忠街11号大院2号楼达30余年，为广东省文化厅家属。她们证实：仰忠街11号大院原来是私立广州大学的校舍，周围有很大的球场、教学楼，1951年后被作为广州市第60中学（今省实验中学）的校舍，后来被省文教厅占用。省文教厅分家后，北边的2号楼即五层楼被作为省文化厅宿舍；南边的9号楼及东横街12号院则被省教育厅作为宿舍。仰忠街11号大院2号楼北边立面还残留“广州大学”字迹。据此可以认定：私立广州大学的校址为今天北京南路以东，东横街以北，仰忠街以南，文艺里、青云直街以西。

经与越秀区博物馆何健飞先生联系（何系我校人文学院历史系2007届毕业生），他提供了2008年越秀区进行文物普查时所获私立广州大学遗存建筑备案原始资料，证明仰忠街11号大院2号楼确系陈炳权先生所建全美至孝笃亲纪念堂，只是标注的时间有误，应为1948年建成，而非20世纪30年代。2号楼比较完整，仍在使用，而9号楼则已残破

① 张宜生：《广大书院成立经过与未来展望》，《广州大学全球校友联欢大会特刊》，1994，第10~11页。

不堪，成为危楼。政府将其定性为侨产，不得拆迁。何健飞先生证实，私立广州大学文德路 19 号万川楼校舍，原为广州市第 22 中学，今为文德路小学南校区。万川楼也属民国建筑，列入文物保护清单，保存至今。

2017 年 7 月 11 日，广州市政协副主席、民革广州市委主任委员、广州大学副校长于欣伟在该校档案馆馆长吴小强的陪同下，会同广州市越秀区委宣传部副部长崔晓、区文广新局副局长丁洪波、越秀区珠光街党委书记龚靖及仰忠社区负责人等，实地考察了仰忠街 11 号大院私立广州大学旧址 2 号楼（全美至孝笃亲纪念堂）、9 号楼（华侨堂），并召开现场协商会，提出保护、利用私立广州大学旧址的初步方案。2018 年 6 月 7 日，广大档案馆邀请部分师生和越秀公安分局邱江校友，在文明路居委会的配合下，进行了“6·9”国际档案日寻根之旅私立广州大学旧址考察，分别考察了文德路小学校南校区万川楼、仰忠街 11 号大院全美至孝笃亲纪念堂（2 号楼）、华侨堂（9 号楼），制作了微信推文。6 月 29 日，中共越秀区珠光街工委书记王卫国、街道办事处主任刘晓希、文明路居委会主任吴桂丽和广大档案馆馆长吴小强、原广大保卫处已退休的戴吕武共同考察了仰忠街 11 号大院全美至孝笃亲纪念堂（2 号楼）、华侨堂（9 号楼），王卫国书记对私立广州大学旧址保护与利用工作非常支持。7 月 30 日，在省文化厅和珠光街工委王卫国书记的全力支持和帮助下，在于欣伟副校长的积极协调下，由吴小强馆长随车押运，成功地将仰忠街 11 号大院后庭遗存的 3 件私立广州大学建筑构件（计有 1 条立柱、2 个石础）移取，运回广州大学大学城校区校史馆，永久保存。

陈炳权先生以所募集北美华侨资金建成的“全美至孝笃亲纪念堂”和“华侨堂”，即仰忠街 11 号大院 2 号和 9 号楼，是极其珍贵的历史文化遗存，是广州大学的学脉之源，文化之根，精神家园。因此，广州大学应积极与省文化厅和有关部门协商，争取获得该建筑的使用权、维护权，用学校古建修复技术力量，对该建筑进行维修、加固、复原，作为校博物馆、校史馆的重要组成部分，供师生和校友参观、瞻仰，以弘扬广州大学源远流长的文化精神。

附录1　第三次全国文物普查不可移动文物登记表（主要内容）

名称：私立广州大学旧址

地址及位置：广东省广州市越秀区珠光街道仰忠社区仰忠街11号大院

简介：私立广州大学旧址位于广东省广州市北京南路仰忠街11号大院，原为私立广州大学的全美至孝笃亲纪念堂。1927年，著名教育家、经济学家陈炳权、吴在民等人创立私立广州大学。1930年8月，私立广州大学购买了广州市东横街的旧警署作为校舍。该楼建于20世纪30年代，由私立广州大学校长陈炳权赴美筹款，由旅美华侨捐资兴建。大楼高五层，坐南朝北，宽约17.2米，长约16米，建筑占地面积约为275平方米。钢筋混凝土建筑结构，在大楼西侧女儿墙上还依稀可见“广州大学”字样。学校教学楼内每层原有四个课室，周边地区原为学校的礼堂和运动场，现已改建为宿舍楼。

私立广州大学旧址是现在广州大学的前身，对研究民国时期的广州私立学校具有一定的参考价值。私立广州大学旧址目前只剩下教学楼，教学楼外墙较为残破，墙皮脱落，部分露出红砖外墙。楼顶外墙的“广州大学”字样有损坏，字迹模糊。建筑天台建有一小铁皮屋。

损毁原因描述：私立广州大学旧址的损坏主要是人为因素的影响，该学校旧址的教学楼缺乏必要的维修，生产生活活动对建筑有较大影响，居民因居住需要对建筑内部有较多改动。学校其他附属建筑和运动场地被拆除占用，改建为宿舍楼。自然因素则是风雨侵蚀。

人文环境状况：私立广州大学旧址位于仰忠街内，仰忠街靠近北京南路，地处广州市中心。街内曾有明代清官周新的故居，因当地人民仰慕周新的刚正忠直，才把周新故居所在的高第里的街巷易名为“仰忠街”。20世纪80年代后期，仰忠街因小商品市场一时声名鹊起。至90年代末，小商品市场搬出仰忠街，街道才恢复以往的宁静，至今以旧民居为主。所在的珠光街位于越秀区的中部偏南。与大东街、白云街为邻。面积0.93平方公里，其历史文化深厚，人口稠密，据统计，居民23039户、7.2万人。

普查组建议：对私立广州大学旧址的外立面进行翻新维护，消除安全隐患。特别是对外墙上“广州大学”字样应该重新描绘，恢复昔日面貌。

广州古代企业创新创业研究

——以陈李济初创史为例*

周　雨**

摘要： 本文以广州陈李济药厂400年的成长史为研究案例，从陈李济创业之初的历史背景、技术改革、职业经理人模式、创新文化等方面，介绍了古代私营企业萌芽和发展的路径。

关键词： 陈李济　创新创业　广州

一　陈李济创业之初的历史背景

在古代，由于环境和气候的影响，广东常有疾病流行。唐代刘恂的《岭表录异》记载："岭表山川，盘郁结聚，不易疏泄，故多岚雾作瘴。人感之多病，腹胪胀成蛊。俗传有萃百虫为蛊以毒人。盖湿热之地，毒虫生之，非第岭表之家，性惨害也。"秦国一统天下后，中原地区的医药技术逐渐传入岭南，来到广州。尤其明清两代，广州地区涌现和汇聚了大量的名医，进而形成了具有岭南特色的中医学派。至今，传统的中医药技术在广州仍然群众基础深厚。

《广州市志》卷五（上）记载，广州医药事业的历史可以追溯至两千多年前。第二代南越王赵昧墓就有药丸、药饼等。明朝中后期，中国社会出现资本主义萌芽，广州作为重要的开放港口，国内商品和国外资本在这里

* 本文系"青年羊城学人"研究项目（项目编号：16QNXR18）、广东省青年创新人才项目（项目编号：2016WQNCX119）、广州市属高校科研项目（项目编号：1201630526）等研究成果。文中标注以外的内容均来自广州白云山陈李济药厂有限公司授权。

** 周雨，博士，广州大学广州发展研究院院长助理、政府绩效评价研究中心主任。

聚集、交换，进一步促进了广州经济的发展，广州的医和药逐渐分离，出现医药商品生产分工。通常以“前店后厂”模式进行，前面是坐诊医生和销售门店，后面则是加工制作熟药的工厂，陈李济初创时就是这样“前店后厂”的形式。

二　陈李同心，合作济世

明万历二十八年，南海县商人陈体全，收得货银回广州。船到广州后，他匆忙上岸，货银遗落在船上，被一位名叫李升佐的同船旅客拾获。李升佐也是南海县人，颇谙医道，在广州开设一间中草药店。李升佐拾金不昧，整日在码头伫候，终将遗银归还失主。陈体全被李升佐的高尚品德感动，意欲酬报，被婉言谢绝，于是他诚恳提出，拿出遗银半数，投资于李经营的中草药店。李谦辞再三，终不能却，只好应允。于是，两人用红柬写下合伙文书，“本钱各出，利益均沾，同心济世，长发其祥”。并将其店号定名为“陈李济”，寓意“陈李同心，合作济世”，自此，“陈李济”的店号就在广州城大南门已末牌坊脚（今北京路194号）创立起来。①

（一）产品颇负盛名，名扬海外

陈李济以丸剂起家，陈李济苏合丸、大活络丸和乌鸡白凤丸生产历史悠久、效果显著，颇负盛名。

1. 苏合丸

中国药材公司朱晟在1985年5月第二次全国工业药剂学学术讨论会论文中写道：“蜡壳药丸先是在清初于广州陈李济药铺出现。1600年由陈体全、李升佐二人开店，同舟共济，故名陈李济药铺，主要传统产品也是苏合香丸等，地址在原双门底，即目前北京路现址。”

1993年出版的《中国资本主义工商业的社会主义改造》广东卷广州分册记录：“据记载，清朝同治皇帝曾服广东陈李济药厂的追风苏合丸效果良好，乃敕赐‘杏和堂’称号，以示嘉奖。”“在1951年8月成立陈李济职工临时代管委员会。……当时，全厂职工93人，靠生产理中、苏合丸两个品

① 朱晟：《有关蜡壳药丸的一些史料》，《中国药学杂志》1986年第8期，第491~493页。

种维持”。

陈李济档案室现仍有苏合丸注册商标，由此可知陈李济创立时便售卖苏合（香）丸，且药效良好。1951 年仍生产苏合丸，后因苏合丸成分之一的麝香（人工麝香效果不够好）难寻，才逐渐减少苏合丸的生产。

2. 大活络丸

陈李济的科技档案资料记载：“大活络丸是我厂传统名牌产品之一，历史悠久，疗效卓著，据记载在我厂生产已有三百多年的历史（约 1650 年开始生产）……具有祛风祛湿、舒筋活络的功效，对风寒湿痹产生的关节疼痛，屈伸不利，尤为特效。对中风后遗之四肢不收，或瘫疾日久不愈也有明显作用。”

日本横滨中华会馆所藏成书于光绪十八年（1892 年）的《选录验方新篇》有这样的记载：“有数岁幼儿，偶患惊风，头足往后扯成弯曲，谓之角弓反张，叫唤难闻，百药无效，后服活络丸一颗即安睡，再服数颗脱然痊愈，神效无比。此丸以广东省城大南门陈李济店为真，别店多假，用之不效。”①

由此可知陈李济生产的（大）活络丸在创立初期已有生产，因效果显著在清末已名扬海外。

3. 乌鸡白凤丸

陈李济的科技档案资料记载：“我厂 1650 年生产乌鸡丸，后又有所创新、提高。解放前生产的乌鸡白凤丸，销售于国内及东南亚、中国港澳等地，1982 年经省卫生厅批准，正式按《中华人民共和国药典》大蜜丸的处方，本厂以水蜜丸工艺生产。”陈李济乌鸡白凤丸于 1985～2000 年，分别荣获省优质产品称号、市优质产品称号、1991 年第七届“羊城杯”质量奖荣誉称号，1996 年和 1999 年均被推荐为广州品牌产品。

（二）应运而生的蜡壳丸制作工艺和偶然发现的陈皮秘制工艺

中国药材公司朱晟考证，蜡壳丸最早出自陈李济。广东香药多，气候湿热，同时还是进出口贸易要地，药丸要经得住潮湿和长距离的运送。明朝中后期，作为重要的开放港口，广州积累了大量的资本，出现了一批有

---

① 广州市地方志编撰委员会：《广州市志》卷五（上），广州出版社，1998。

较高技术的制药工人，这为蜡壳丸的发明创造了条件。为防止药丸受潮，失去药效，陈李济在生产过程中逐渐摸索出蜡壳丸制作工艺，使蜡壳既不过硬也不过软，蜡壳与药丸不粘连，既保证了药效也避免了对药丸的污染。具体而言，蜡壳药丸是将蜂蜡与木蜡等材料混合铸成蜡壳，割成半球形，然后将药丸裹在其中，再用蜡密封。陈李济流传下来的蜡壳丸制作工艺共有八道工序，分别是煮蜡、串圆子、蘸蜡、锲壳、入丸、封口、剪蒂、盖印。陈李济老工人说，抗日战争时期为了不让日本侵略者抢走蜡壳药丸，工人把药丸都扔进陈李济附近的一口井中。抗日战争结束后，被捞上来的蜡壳大蜜丸尽管经过十数年侵蚀，却丝毫无损，陈李济蜡壳丸良好的密封性由此可证。

偶然发现的陈皮秘制工艺。俗话说，广东三件宝“陈皮、老姜、禾杆草”，其中更有“百年陈皮胜黄金”的说法。陈李济在初做蜡丸的时候，创制了另一种引以为傲的产品——对祛风化痰有绝佳效果的百年窖藏陈皮。由于“陈李济”创始人有陈家，所以避讳“陈皮”，厂内一般称为果皮。几百年来，每逢广东新会（新会所产的大红柑的干皮果皮，具有很高的药用价值，又是传统的香料和调味佳品）冬柑上市季节，陈李济药厂都会事先派人大量收购冬柑皮，就地加工晒干，然后用草席袋包好，每袋以竹牌标明年号，运返广州总厂。过去总厂是木楼结构，果皮仓设在二楼。果皮仓位于煮汤炉灶的上方，楼下制药煮糖时，煮沸的蜜糖香味上升，果皮仓里的果皮受蜜糖蒸汽长期熏染，果皮变成黑色，内肉变为深茶色，香气持久，久煮不烂，化痰下气。400 年来，陈李济的百年陈皮只送不卖。

（三）资本与技术合作的超前模式与职业经理人管理

“董事会”“职业经理人”这两个属于新时代的词汇所包含的意义，作为“400 年不倒翁”的陈李济早在 400 多年前即已领略。

陈李济从一开始就采取了资本合作。当初陈体全和李升佐合作投资开办药铺，并写立合约“本钱各出，利益均沾”，与当今的股份制公司相似。陈李济不是单一家族企业，更不会因某一家族的兴衰而起伏。“陈李济”由陈、李两族轮流选任司理（厂长），司理是当今职业经理人的雏形。这样做的好处有：一是两姓族长在无意中形成类似今天的董事会，董事会成员共同监督、同舟共济；二是司理（厂长）执行两姓既定目标，就像今天的职业经理人，无能者下一届就会自动落选，每年换另一姓氏司理，从而充分化解家族式企业中管理者单一的经营风险。[①] 这在某种程度上来讲，正是现代企业的管理模式。

（四）国家级非物质文化遗产——陈李济传统中药文化

2008 年，“陈李济传统中药文化”被列入“国家级非物质文化遗产”。陈李济传统中药文化包含“合作济世”的创业文化、“首创蜡丸”的兴业文化、“古方正药”的精业文化，“百年陈皮”的养生文化、“红色血脉”的爱国敬业文化五个层面。

1.“合作济世”的创业文化和“古方正药”的精业文化

陈李济的创立源于一则诚信故事，因诚信而生、合作济世的“陈李济”以诚信作为看家本钱，一直坚持古方正药。陈李济一直本着“工艺虽繁必不减其工，品味虽多必不减其物”的宗旨，制药务求精工，选料必须上乘：应用中药阴枝的就不用阳枝，应用根茎的就不用其叶。为了充分发挥药材中的效用，陈李济还采用皮肉分离的制作方法，“肉”用水熬制浓缩，“皮”用粉碎的方法去掉纤维，务使产品质量精益求精。在炮制技术方面，炮制鹿茸必须选用东北枝茸，规定“燎去茸毛，用尖刀刮清，开片后再用酒炖使用”，经过独特的系列工序精心炮制入药，才可让药材发挥最佳功效。陈李济几百年来定下一条规矩，就是同心济世，救急扶危。凡是路过门市者，一旦不测晕倒或受伤，必施药相救。故在门市经常备有如追风苏合丸、行军散、万应如意油、黎峒丸等以应不时之需。[②] 当时汉民路（今北京路）时有火灾发生。陈李济组织了一支义务消防队，三辆水车用漆写上“杏和堂——救急扶危”，因此很得街坊口碑，现在在陈李济中药博物馆中还保存着当时的消防水枪。

2.“首创蜡丸”的兴业文化和“百年陈皮”的养生文化

在贸易、资本和技术的推动下，陈李济研制出蜡壳丸；在机缘巧合下发明了陈皮秘制工艺。从此创新基因便在陈李济流传下来，使得陈李济历经公私合营、改革开放等社会改革，依旧能找到属于自己的发展之路。

---

① 白科：《陈李济：先进营销思想铸就长寿不倒翁》，《中国中医药报》2009 年 3 月 6 日。

② 陈绘如：《论百年名企“陈李济”的成功发展之路》，《魅力中国》2014 年第 5 期。

3. 陈李济的"红色血脉"的爱国敬业文化

在20世纪20年代，中国共产党早期领导人、中国工人运动的先驱、广州起义的组织发动者之一杨殷，利用广药陈李济开展党的工运活动，建立党的革命联络点。在陈李济陈家的大力支持下，杨殷以制药工人身份，经常深入陈李济各车间，向工人师傅宣讲革命道理。杨殷还与陈李济陈家的养女潘佩贞结为夫妻，被称为"陈家女婿"。

"陈李济"创始人李升佐的后人李朗如，曾以其商业奇才让陈李济摆脱经营困境跃升成为全国三大中成药厂之一。国难之际他又弃商从戎，矢志不渝追随孙中山先生参加民主革命，新中国成立后支持党和国家的建设，鞠躬尽瘁。

一直以来，陈李济都在挖掘、丰富杨殷和李朗如这两位革命先辈的资料，以各种形式学习纪念两位革命先辈的先进事迹。1993年，陈李济与广东工运研究委员会办公室编印《革命先驱杨殷》连环画；组织人员到广东省档案馆、国家档案馆查阅宋庆龄给李朗如家人的回信，信中谈及陈炯明观音山叛变李朗如营救孙中山先生的事情；每年结合党工团活动强化"红色血脉"的爱国敬业文化教育；在陈李济中药文化园，为国父孙中山和两位革命先辈立像，让员工在耳濡目染中继承传播陈李济的"红色血脉"。

三　技术改革和创新让陈李济稳步向前发展

陈李济延续400多年依旧熠熠生辉，尽管在发展过程中遇到不少困难，但仍然稳步向前，不断发展，成为吉尼斯世界纪录认证的全球最长寿药厂、中国现存最古老的中药老字号，关键在于陈李济不断适应时代变化，紧跟时代潮流进行技术改革和创新。

（一）公私合营时期

1993年出版的《中国资本主义工商业的社会主义改造》广东卷广州分册记载，陈李济在公私合营前受到重创，公司合营后在政府的组织下，陈李济发动团结干部、职工开展提合理化建议，开展技术革新活动，改进流水线操作，创双手烙丸法和研磨机，改变了生产落后的状况，生产的品种从10多个发展到20多个，产值和利润翻了一番。

（二）改革开放后

改革开放后，广州医药面临两大挑战：一是省内外崛起一批大型医药集团公司和众多投资大、起点高与中外合资医药企业；二是国外大企业的药品进入中国市场，各地出现一批代理商家。原先那种以仿制品为主、原料输入为主、国内外市场为主、中小企业为主、传统剂型和制作工艺为主的生产经营模式已不适应现代市场竞争。陈李济为适应医药行业的变化，开始了现代化改造和创新之路。

1. 进行技术改造，生产管理和质量保证与国际接轨

陈李济先后从加拿大、英国、意大利等国引进自动化设备和生产线，从手工生产发展为机械化生产，先后通过了省级先进企业认定（当时中药行业第二家省级中药厂）和省级节能单位认定；建设高标准的药品质量检测场地并配备各种高精度检测仪器，采用严格的生产工艺系统和高标准的质量体系组织生产，建立GAP药材生产基地，保证紧缺原料的供给和产品质量的稳定。经过一系列的改造，陈李济不但通过了国家GMP认证，还获得加拿大GMP认证和澳洲的GMP认证，在生产管理水平和质量保证体系方面不断与国际接轨。

2. 探索现代剂型，更好地适应市场变化

陈李济以丸剂起家，在做好传统丸剂的基础上，陈李济开始探索现代胶囊剂型。2006年，新产品昆仙胶囊取得新药证书和生产批文。昆仙胶囊是“九五”时期的国家重点项目——“中药复方药物标准化（范例）研究”四个复方中药中唯一实现产业化的品种，用于治疗国际公认的重大疑难疾病——类风湿关节炎（RA），采用“大孔吸附树脂技术”对中药成分进行分离纯化，是现代中药提取分离纯化高技术产业化的典范，获得国家发明专利和俄罗斯的发明专利。

3. 宣传推广传统中医药文化，守住中医中药文化根基

以陈李济中药博物馆为平台，充分发挥其作为全国中医药文化宣传教育基地的作用，陈李济在普及、弘扬传统中医药文化方面做了大量工作：开设“国家级非物质文化遗产之百年陈皮文化体验班”、定期开展中医药互动小课堂，承接“广州科普自由行”等大型团体旅游项目，接待中小学团体参观，扩大中医药文化的受众群体，让更多的人了解中医药、接受中医药，为中医药的发展守住文化根基。

4. 紧跟市场动态，发展大健康产业

2014 年，为满足消费者对健康养生的需求，陈李济以“百年陈皮”为依托开发陈皮大健康产业。在习近平总书记“健康中国”的号召下，2017 年成立广州市陈李济大健康有限公司，专门发展大健康业务，为陈李济发展开辟了一条新道路。

四　陈李济的创业创新文化源自广州独特的地理位置

广州地处岭南，在历史上封建中央政权对广州的控制与内陆地区相比相对较弱，加上广州在唐宋元时期就是古代中国重要的开放港口，较早进行对外贸易，可以接触到西方的思想和技术，社会思想较为开放，创新意识得以孕育，这些为后来广州经济和工业技术发展打下了基础。陈李济在明万历时期创立，采用资金和技术合作的模式，正是得益于广州优越的地理位置和开放、创新的社会思想。

尽管远离中央政权，广州仍受到传统儒家思想的影响。陈李济因诚信创立，诚信便是儒家道德的重要范畴。《论语 · 为政》云：“人而无信，不知其可。”陈李济两位创始人深谙这个道理，于是在李升佐拾金不昧之后，陈体全意欲酬报并将遗银半数投资到李升佐的药铺，创立陈李济。历代陈李济人传承诚信、济世祖训，坚持以古方正药把陈李济发扬光大，使陈李济一直延续至今。由此可见儒家诚信思想对陈李济的影响。

广州独特的地理位置，让传统和创新在此碰撞。在广州居住的人们，在保留传统思想文化的同时，以开放包容的心态接受外来文化和技术，让创业创新文化在羊城得以落地生根，茁壮成长，拥有 400 多年历史的陈李济便是其中一个实例。

图书在版编目（CIP）数据

当代广州学评论. 2019年. 第1辑：总第5辑 / 涂成林主编. -- 北京：社会科学文献出版社，2019.11
ISBN 978-7-5201-5557-1

Ⅰ. ①当… Ⅱ. ①涂… Ⅲ. ①区域经济发展-研究-广州②社会发展-研究-广州 Ⅳ. ①F127.651

中国版本图书馆CIP数据核字（2019）第198076号

当代广州学评论（2019年第1辑·总第5辑）

主　　编 / 涂成林

出 版 人 / 谢寿光
组稿编辑 / 任文武
责任编辑 / 高　启

出　　版 / 社会科学文献出版社·城市和绿色发展分社（010）59367143
地址：北京市北三环中路甲29号院华龙大厦　邮编：100029
网址：www.ssap.com.cn
发　　行 / 市场营销中心（010）59367081　59367083
印　　装 / 三河市尚艺印装有限公司

规　　格 / 开　本：787mm×1092mm　1/16
印　张：17.5　字　数：276千字
版　　次 / 2019年11月第1版　2019年11月第1次印刷
书　　号 / ISBN 978-7-5201-5557-1
定　　价 / 88.00元